Indaba of Urban Archivists Journal

IoUA

都市アーキビスト会議ジャーナル

Indaba of Urban Archivists Journal

都市を予約する

Booking Cities

目次

本書は、論考・インタビュー・座談会・作品紹介などで構成されるChapter 01–06と、アーカイブとプロジェクトで構成されるChapter 07に分けられる。Chapter 01–06とChapter 07は参照関係にあり、紙面右端の「Archive Link」によって、各稿とアーカイブの参照関係を示している。各稿とアーカイブの間を行き来しながら、本書を読み進めていただきたい。

都市をアーカイブする

都市アーキビスト会議／IoUA（Indaba of Urban Archivists）

なぜ都市をアーカイブするのか

都市の建物や通り、オープンスペースなど物理的なものと、形のない人々の活動や現象、イメージが都市の総体を形づくっている。単体の建築物では実現できない刺激やコミュニケーションを生み、人々を惹きつける。同時に都市は変わりつづける。時とともに蓄積されながら、新しいものがパッチワークのように共存する。一方で、建物や街区は変わり、都市で行われる活動や文化やアイデンティティも生まれては消えていく。都市は予定どおりの歴史的変遷や進化をしない。まちが消滅してしまうことを私たちは大災害を通して改めて思い知った。経済状況や政策、ライフスタイル、世界の動向によっても都市は一変しうる。都市は生活の基盤としてあり続けるものではなく、日々、刻々と様相を変えていく。

われわれはそのような都市をアーカイブする。ただノスタルジックに都市を記録するためではない。都市生活を面白くし、新しい都市の使い方を見つけるために、今の都市をもっと知りたいからである。

これまでも都市はリサーチされてきた。都市のリサーチにはまず調査の目的があって、それにかなった方法と分析を行って結論を出す。調査対象に影響を与えないように、調査主体を消す。しかしどんな調査や分類、分析も必ず恣意性を孕む。同時に建築や都市のリサーチでは知りたい内容、目的が強く方法や分析に影響を与える。新たに計画する建物の根拠となるリサーチが、建設後の都市をいかに変えてしまうかは予測し難しい。こうしたリサーチは本来暫定的で流動的であるはずだが、結論が計画されるプロジェクトを根拠づけ、制約する。リサーチ問題は、都市がふとしたきっかけや偶然、人々の感情や行動によって変わるという視点がなく、リサーチが目的を果たすと同時に閉じて固定化してしまうことだ。

一方、都市をアーカイブすることとは、都市のリサーチと比べて、その意識のレベルから異なっている。アーカイブは私たちが都市に住むことと、都市を理解することとのあいだをつなぐ役割を果たし得る。

都市を知ることはアーカイブ的

私たちがあるまちを知っていると感じるとき、特有な理解の仕方をする。そのまちの人口動態や産業構造、公共建築や交通の充実度、犯罪発生率を知っていることではない。別の意味で、まちが好きとか嫌いとか、自分に合うとか合わないとか、そんなふうに都市を知っている。その日の気分でどのあたりをぶらつくか、雨の日に駅から家までどの道を選ぶか、そんな知識も都市を知ることだ。まだ行ったことがないエリアがそのまちにあることも、いつか行く楽しみとして魅力であったりする。私たちはこんなふうに知らないことさえもひっくるめて都市に特有の感情を持ち、都市を知っていると感じることができる。そもそも都市をすべてリサーチして理解することなど無理なのだ。しかし、私たちは日々、都市の情報を集めているのだ。集める対象も人それぞれで、まったく自由に開かれている。

アーカイブはすべてを集めることはできないが、集め続けることはやめない。集め方をとりあえず決めてはいるが、その範疇も厳密ではなく、対象を結論づけない。アーカイブは何かの目的や根拠になることを契機にはしていない。むしろそれは開かれたままである。もちろんそれがいつか何かの目的になることも否定しない。近所の人たちに公開したい、趣味やアーカイブの対象へのサポートに役立てたい、投資などの目的にしたいと考えるかもしれない。これを発展させて、その知識を再編集し、コラージュし、維持する方法を手に入れることが、私たちが目指す「都市をアーカイブする」ことである。これは日常の都市生活の延長線にあり、都市の理解の自然なあり方から生まれる調査の方法である。私たちはプロのアーキビストではないが、都市生活者であり、都市空間の使い方に対して、程度の差はあれ関心がある。そのことが私たちの都市理解をアーキビスト的にさせる。

ここからは、都市アーカイブの目的を問うことから、都市理解はなぜアーカイブ的に立ち現れるのかを問うことにする。

都市は「かた」をもつ

私たちは突然まちを知るようになるようになるわけではない。家は都市への愛着の基盤となる基礎的な空間である。大人になるにつれ、家を出て生活の範囲を広げることでその空間を延長していく。そうして都市という社会空間において、場所や人に対する共感や愛着、公共感覚が磨かれていく。この過程において、身体知と呼ばれる場所や空間に応答するひとつの身体の「かた」が形づくられていく。私たちの身体の反復的所作によって体得されるものである。かたとは、身体とそれを取り囲む空間との相互作用や、生きることの基本的な枠組みといえる。身体能力や生活空間の変化に応じて成長を続けていく。生きる身体と空間がある限り、喪失はしないが、磨かれたり錆びついたりするものである。これがまさしく、都市空間で実際に活動する人々の行為と場所の緊張関係が築かれた状況＝かたなのであり、われわれがアーカイブすべき対象である。

同時に、われわれの都市アーキビスト会議の取組みにおいて、かたは都市をアーカイブする際の、有効な分類法でもある。菊竹清訓はかつて『建築代謝論——か・かた・かたち』（彰国社、1969年）において、空間の認識とデザインの実践両面において段階的なプロセスを論じた。か・かた・かたちを、原理・法則・現象という制作プロセスと対応させ、同時に人々が現象から原理に至る認識のプロセスを逆回りのかたち・かた・かとした。か・かた・かたちの円環のなかでかたは、都市理解においてもっとも示唆深い。かたはかとかたちの中間にあって、どちらにも展開できる起点となる。かたという立脚点は、都市を変える制作の原理にも、我々の都市特有の認識にも通ずると理解できる。かたなるものは、都市において人々が場所に応答してふるまう重要なアーカイブ対象であるのと同時に、アーカイブの対象を分類、整理し、再編集する手法となり得るのだ。

都市アーカイブの心得

ここからは、都市アーカイブをするうえで考えてほしい、いくつかの視点を挙げたい。何を、どこまで、どうやって集めるか、集めたものをどう理解、整理するかについてヒントになればと思う。

1 何に着目して集めるか「主体探し」

都市には思いもよらない主体がいる。住人や働く人々、旅行者だけでなく、さらに存在すら捉えられていないマイノリティの人々。人間だけではなく都市に棲む動物や植物、都市の表層にあふれるエレメント、車などの交通手段、イベント、天候や光、風など。これらを都市に関与する主体と捉え、それぞれの行動原理をもつと考える。

2 アーカイブする自分はどう関わるか「自己言及する存在」

観察者でありながら、都市を共有する当事者であるという二重の眼差しを持つこと。そのためには特定の人々の視点に入り込んでみる。複数の視点を超越した客観性を担保するのではなく、どのような人々の視点に依拠しているかを自己言及して客観化する。どんなカテゴリーの誰として参与するかを使い分けて都市に関与しながらアーカイブする。

3 どの範囲でアーカイブするか「広げない、比較しない」

都市アーカイブにおいて比較は困難である。類似した複数の地域を比較するより、むしろその場に留まって、より深く徹底的なスタディを試みること。ひとつの地域の複数の現象間の関係や葛藤を捉えるべき。

4 どうやってアーカイブするか1「最強の空間の原則は排他律」

ある時間、ひとつの場所はパブリックな場所やシェア空間であっても一人またはひとつのものしか占めることができない。これが排他律である。安易にパブリックやシェアで結論づけない。都市は過剰な占有が重大な問題になる前にそれを調整する公共感覚がある。それを都市の複雑な主体が具体的に回避している方法、かたを捉える。

5 どうやってアーカイブするか2「主体が置かれた世界を知る」

われわれの求めるアーカイブは、不合理に見える主体の合理性を理解すること。他者を知るために相互不理解の壁が立ちはだかるとき、各主体が直面している状況を捉える。他者が見ている世界、環境、都市の側面を知る。

6 アーカイブをどう理解するか1「因果関係を疑う」

因果関係は原因があって結果が生まれると物事を捉えること。ものごとは時系列に沿って変化し、原因が結果を生むことで、過去から未来へと連鎖する。私たちは相関関係が見つかると、ついそこに因果関係があると考える。因果関係の危険な誘いにのってはいけない。

7 アーカイブをどう理解するか2「なぜ複数のものやことが同時に共存するのか」

ある場所、空間のなかで複数の現象が見られるとき、因果関係ではなく、意味ある偶然と捉えること。それらが、なにかの目的にかなうから同時に現象していて、その目的は何かを考える。また、ある現象が見られるとき、同様の目的にかなう別の現象がさらにあるはずと考えること。

松岡 聡

都市を予約する

松岡 聡 ｜ 近畿大学教授（建築・都市デザイン）／松岡聡田村裕希 共同主宰

地域とホテルの深刻な分断

私たちはホテルを予約する。予約サイトであらかじめ予約しておかなければ、思い通りの部屋には泊まれない。最近の旺盛なインバウンドのせいだけではなく、以前からネットを通して予約することがあたり前になっているからだ。多くの人は宿泊施設を、最寄り駅とそこらかの徒歩距離、室料、ベッドタイプで決める。

　便利さと習慣は取り除きがたい。便利に泊まれることはもちろんいいことだし、そういったホテルが、急な出張や気軽な旅行を可能にした。しかし、一旦身についてしまった習慣は、泊まることでしか気づくことのできない、見知らぬ土地に対する感度を驚くほど下げてしまった。われわれの感度や意識の問題だけではなく、いざ周囲をぶらついてみてもホテルの周囲には何もない。もはや地域はホテルの宿泊者に期待しなくなり、魅力的な店や場所はどんどん減っている。宿泊施設と地域は深く分断されてしまった。

「泊まる」ことは本来、もっといろいろな体験を含んでいたはずだった。部屋から見える風景や地元の食事、仲居さんとの会話、夜や早朝のまち歩き。泊まることは観光そのものである。しかし、文字通り「泊まることは観光そのもの」をホテルがワン・ストップでやってしまった。大型リゾートホテルやビジネスホテルである。1980年代にリゾート法ができ、観光地の宿泊のあり方が一変した。ホテルに大型バスで乗りつけ、われわれが大好きな大浴場、夜は宴会場で食事、朝食も付いて、みやげ物店もロビーにある。もはやまちを出歩く必要はなくなった。観光地の店はほとんどが日帰り客を相手にするようになる。

同時に都市部の宿泊も変わる。1979年に生まれたカプセルホテルは個人旅行者を対象に、小さな就寝用スペースにテレビなどの設備を備え、一旦着替えたら外に出る気を起こさせないタイプの別の抱え込みを始める。ビジネスホテルも、1990年代から急速にまちにあふれ出したコンビニとリンクするかたちで、地域と孤立した個室空間を生み出していった。こうして圧倒的多数が、宿泊施設を駅・室料・ベッドタイプだけで宿泊先を決めるようになる。都市のどのエリアに立地しようと、県外資本チェーン、外資系ブランド（こうしたホテルはその地域にお金を落とさない）であろうともちろん気にすることはない。

民泊はこうした状況を変えるかと思われた。実際、一風変わった家に泊まるのは楽しい。しかし現在、収益物件として新たに建てられた民泊が増えている。民泊などのシェアリングエコノミーに関連したビジネスへの関心は増え続け、異業種からの新規参入や、利用者をつなぐプラットフォームの提供者の参入も増えている。その多くは県外、海外の事業者であることから、これら民泊がその地域に根づいた関係を築いていけるとは言い難い。民泊が地域で起こす問題の多くは、オーナー不在によるものだ。

インバウンドのリピーターは宿泊に満足しているか

民泊新法は、増え続けるインバウンドに対する宿泊施設の量的確保の切り札である。インバウンド、訪日海外旅行者を2020年までに4,000万人とする政府目標がよく話題に上るが、この政府目標の中には他にも、リピーターの割合を現在（2015年）の60％という高い水準のまま維持することも含まれている。日本に詳しくなり目が肥えたリピーターは、旧来型の観光地だけでなく、新しい魅力を求めて、これまで行ったことない場所に出かける。地方にも外国人旅行者が訪れる機会がやってくることになる。政府目標が達成されれば、2,400万人がリピーターであり、60％が維持されて続けているのであれば、リピートの回数も増え続ける。

地域を見つめ直すことによって、新たに浮かび上がってきた文化遺産や魅力的な景観、食文化を地域活性化につなげようという試みが始まっている。田舎暮らしや食生活がそのまま文化的な意味を持つようになるチャンスがやってきた。リピーターは普通、個人旅行者である。そのため日本滞在中、どこをどのように旅行しているかを把握することがますます難しくなる。リピーターによる成熟した観光パターンはドメスティックの旅慣れた旅行者と区別がつかなくなる。インバウンド向けの観光という考え方は無効になる可能性もある。

宿泊においては、地域が主体となって地域の民泊を運営するなどして、民家を活用してこうした旅行者を満足させる必要がある。こうして定住人口がかなり減少している地域や、人口密度の低いため良好な生活インフラが整備されていない地域は、観光まちづくりが旅行者を増やすことによって、現存の生活インフラを維持し、住民の生活を豊かにすることに貢献する。またグリーンツーリズムやエコツーリズムを受け入れる地方の生活インフラを充実させ、特別の体験型滞在にむすびつけていくことにもつながる契機となる。

日本らしい宿泊文化に未来はあるか

一方、少子高齢化によって国内旅行市場は、将来、減少することが予想されている。しかし、現状では人口減少よりも宿泊する国内観光客数の少なさが顕著だ。観光庁の「旅行・観光消費動向調査」によると、2015年に宿泊観光旅行をまったくしなかった国民は50%近い。この原因は、経済的制約だけでなく、家族が休みを合わせて取れないという時間的制約による。

インバウンドのリピーターの観光動態は多様化し、宿泊を通して日本の生活を深く体験するようになると予想されるが、一方の国内市場はテーマパークなどの短期滞在の観光か、画一化したビジネスホテルでの宿泊にとどまり、長期的には、宿泊施設の質の低下を招きかねない。宿泊国内旅行者の増加には、長期滞在を前提とする観光資源の面的なつながりと、その土地にふさわしい宿泊施設の形を追求しつつ、長期滞在から別荘、その後の定住へとつなげる一連の流れを生む必要はないだろうか。京町家などの伝統的家屋のリノベーションのブームは宿泊施設と定住が同時または相互に起きている好例である。

自治体では、人口の減少を食い止め、就労機会を増やすこと、観光地であれば観光客を増やすイベントが地方創生であるという短期的政策に注力せざるを得ず、長期的な取り組みが後回しになっている。地域の文化的景観や生活を生かし魅力を高め、新たな定住者も視野に入れた地域の新たな宿泊文化を築いていくことが求められる。そのためには地域の既存ストックをベースにして、風景として認識される「やど」の本質を明らかにし、質を高めていく合意を地域で共有することが必要となるだろう。

都市を予約する

本書は前半を6章に分けて、座談会、論考、インタビュー、作品事例を掲載、後半に7つのアーカイブと7つのプロジェクトを収録した構成となっている。日本らしい特徴的な都市が集積する関西をフィールドとして、都市における宿泊のアーカイブを各研究室が担当した。

第1章では、大手外資系ホテルの進出とビジネスホテルの立地、シェアリングエコノミーの登場、観光政策と地域の問題など、現在の宿泊をとり巻く環境を概観する。

第2章では、民泊の地域管理と、都市をレジリエントにする手段としての宿泊施設の可能性など、地域との関係から宿泊施設を考える。

第3章では、京町家の簡易宿所へのコンバージョンについて、リノベーションのデザイン手法を含め、伝統地区のストックを生かす宿泊のあり方を事例とともに考える。

第4章では、すでにまち全体を宿泊施設として捉える谷中《HAGISO》の取り組みや、釜ヶ崎で行われてきたドヤとまちの強い結びつきをリポートする。

第5章では、帰属意識を前提とした宿泊、体験型宿泊、医療やケアの現場に見られる日常的なロビー空間のホテルへの転用可能性を取り上げている。

第6章は、都市アーカイブを行った研究室のスタジオマスターらによる2つの座談会を収録した。

30年以上小さな部屋のなかにおし込められてきた宿泊空間を、現代の都市に定位しなおし、拡張するこの試みが、こうした問題に取り組んでいる方々のヒントになることを願っている。近い将来、「都市を予約する」状況を、インバウンドの常連リピーターが楽しみ出す頃に、われわれは地域と宿泊に次の一手を打てているのだろうか。

Indaba of Urban Archivists Journal

CHAPTER
01

現在の宿泊を取り巻く環境

「宿泊」を考える際、現在の「観光」の状況を抜きに語ることはできない。いま、日本では盛んに観光立国化が叫ばれているが、その実態はいかなるものなのだろうか。直近のムーブメントの発端をたどると、2006年に、観光基本法を全面改訂した観光立国推進基本法の存在が見て取れる。人口減少という大きな趨勢のなかで、交流人口を増やし、地域の活性化を図るというものである。法制の成果か、趨勢によるものかはわからないが、実際に2006年には700万人強だった訪日外国人数は、2,800万人を超えるほどに急拡大した。また、宿泊を伴う国内旅行者は3億2,000万人にのぼり、延べ宿泊者数は5億人弱まで迫っている。宿泊旅行統計調査開始時の2007年の数値と比較すると、じつに10年で2億人近くの延べ宿泊者が増えていることになる。この増加を、日本の都市はどのように受け止めるのか。まずは宿泊を俯瞰的に見ることと、従来型の観光施設の現在形を見ることからはじめたい。

インバウンドの現状とステイ立国の国家戦略

浅見泰司｜東京大学教授（都市工学・都市分析）
饗庭 伸｜首都大学東京教授（都市計画・まちづくり）
阿部大輔｜龍谷大学教授（都市計画・都市デザイン）

2017年2月17日｜東京大学 工学部14号館 浅見研究室にて

民泊新法の議論——宿泊施設の不足にどう対応するか？

阿部　民泊新法（住宅宿泊事業法）が現在国会で審議されているように（2017年2月17日時点）、観光立国として都市に宿泊施設を量的に充足させようという流れがあります。浅見先生は厚生労働省（以下、厚労省）の民泊委員会の座長をおつとめでしたので、まずは国としてのインバウンド戦略と民泊という新たな滞在のスタイルについて、どのような議論がなされたのかを伺いたいと思います。また、都市における宿泊行為が都市をどう変えていくのかも論点です。もちろん、今までも宿泊行為はなされてきましたが、この数年でインバウンドの急増やそれに応じた宿泊形態の多様化、典型的にはAirbnbを代表とするシェアリングエコノミーの台頭があり、地域との摩擦も懸念されます。私が住んでいる京都では、知らぬ間にまちなかに民泊が進出してきて地域と揉めている状況が多く報告されていますが、一方で都市における宿泊は地域や都市を変えていく存在として肯定的に捉えることも必要かもしれません。最初は浅見先生から委員会での話を少しいただければと思います。

浅見　民泊委員会がなぜ始まったのかというところからお話します。2004年に観光庁ができて、政府は観光立国を進めようとしていました。確かあの時は、2,000万人弱だった年間のインバウンド観光客を、2,000万人超にしようというのが政府の悲願でした。それが厚労省の会議が始まった頃からインバウンドが急に増えてきて、その年は必ず2,000万人を超えるだろうということで、次は3,000万人だ、さらに4,000万人だ、という計画が立った。そのくらい、規制改革会議や官邸では観光推進をかなり強力に進めようとしていました。当初は、「民泊をどんどん産業として進めよう」「とにかく民泊をどこでもできるようにしよう」という雰囲気で始まったのですが、厚労省としては必ずしもそれがいいとは思っていなかったし、多くの自治体もそうは思っていなかった。根底には民泊に対するかなり大きな不安があったわけです。たとえば、周辺に迷惑がかかるのではないかとか、場合によっては治安が悪くなるのではないかとか、ですね。だったら有識者会議を立ち上げましょうということで始まったのがあの委員会です。

阿部　厚労省の委員会ということは、旅館業法をどのように規制緩和するかが焦点だったということでしょうか?

浅見　旅館業法は厚労省の管轄ですので厚労省がメインで、サブとして観光庁がつきました。厚労省としては旅館業法のもとで民泊を位置づけられるのではないかと考えつつも、もしかすると旅館業法ではうまくいかず新法が必要になるのではないかと考えていた。そのため、最初は法的な基盤を旅館業法にするか、民泊の新法にするか、そこが決まらずに会議が始まりました。

阿部　会議の当初から、新法の可能性は見えていたわけですね。

浅見　法的にいろいろなコンフリクトがあるわけですよ。民泊の基本は「住宅を宿泊施設として利用する」ということですので、基本は住宅なんです。一方、旅館業法はもともと旅館とかホテルを対象につくられた法律ですから、住宅が宿泊施設に転用されることは想定していなかった。

そのため、いくつかある旅館業法のジャンルの中で、一番簡単な簡易宿所をいちおう当てはめようということになったのです。簡易宿所はご存知のように日雇い労働者が宿泊したりするような施設も含まれますが、ある意味では最も規制が緩いんですね。下手すると一部屋にいくつも2段ベッドとか3段ベッドがあったりするようなものです。ちなみに、もうひとつ参照されたのが農家住宅です。農家を宿泊者、ツーリストに開放するものです。基本的に農家の自宅に住まわせるという形で、なおかつ場合によっては食事をサービスする。これは簡易宿所よりもさらに緩い規制でしたので、さすがにこれはなしになりました。

ただ、簡易宿所は住居専用地域には立地できない。この解決策のひとつは、簡易宿所とは別に新たな類型をつくることです。つまり、民泊という類型をつくる。いわゆる住宅の転用の形で位置づける。もうひとつは、旅館業法の枠組みを諦めて新法にする。最終的には新法の制定になりました。

阿部　旅館業法の改正ではなく新法にする、ということは、民泊は旅館業として位置づけるのではなく、住宅のまま、ということですね?

浅見　ええ、住宅として見なせず、商業地域にしかできないのだと宿泊施設が広がりません。また、空き家対策として、空き家を民泊の対象にすればいいだろうという考えもありますが、そんな単純な話ではないですよね。やはり既存の住宅を転用できないといけない。そのため、住宅として見なすための要件が問題になったのですが、じつはこれがいろいろあり得ます。たとえば、「貸す面積が半分未満とする」「1年中営業してもいいが、実施に泊まるのは年間の半分未満とする」などがすぐ思いつきますけど、安易な基準は悪用される危険性があるわけです。それはまずい。今の我々の答申では、180日以下の日数制限を出していますが、この基準はパリなどでやっている規制を母体としています。たとえば、フランスだと長めのバケーションに行くため、その間に空いたパリの住宅を使うという、一定の合理性がある基準です。しかし、日本はそういう休暇形態ではないにも関わらず、フランス以上に緩和することになってしまいました。

阿部　それでは明らかに旅館業ですよね。

浅見　民泊は悪用されると限りなく旅館に近くなっちゃうわけですよ。そうすると、旅館業者はかなりいろんな規制を遵守しているにもかかわらず、民泊は守らなくてなくて済むため、明らかにコスト面でアドバンテージができてくる。

阿部　委員には旅館組合の方であるとか、不動産業の方の名前がありますね。

浅見　委員は、学識者を除くと、いわゆる旅館業系の方と民間の賃貸住宅の運営業者、どちらかというと推進派の市場関連の方です。それ以外だと、衛生に明るい方や警察関連の方などです。

　最初は30日から180日という幅をもって検討していました。ただ、もしかすると、結局最初から180日を目指していたのかもしれません。民間の賃貸住宅の経営を方々は、最初は少し傍観者のようなところがありましたが、途中で「これはビジネスチャンスだ」と思われたのか、委員会の中でも「30日とか60日とかではとてもじゃないけどビジネスとして成り立ちません」と指摘されていました。そういうせめぎ合いがありましたけど、最終的な落としどころが180日だった、ということですね。

阿部　官邸としては一貫して宿泊施設を増やせ、という意向だったんですね。

浅見　厚労省は旅館業法を所管しているので、彼らが絶対受け入れられないものを制度化するわけにもいかないわけですよね。片や官邸としては緩和を求めていました。結局どちらかというと規制改革会議側が案を出して、それを後追いする形で決まったんです。我々が主体的に決めるという形ではなかったので、そこはある意味残念でした。ただ

あの政治情勢だとやむを得なかったのかもしれません。それが委員会の流れですね。

観光政策の進展と宿泊施設の不足

阿部　国家戦略との関係でもう少しお話を伺います。現在、観光業は世界のGDPの約10%を担い、雇用も同程度創出しています。どの都市も、製造業が衰退した後の産業の確立がうまくいっていないというところで、急激に観光が産業として成長してきたという背景がまずあろうかと思います。それと、地域としては、まちづくりの文脈でまちの魅力を伸ばすという話が観光の促進と表裏一体となっています。本来は別のベクトルだった「観光」と「まちづくり」が接近してきているのです。つまり、地域は地方創生の話も含めて、観光とは切っても切り離せないという状況にある。マスツーリズムからの変容というのがよく言われていますが、ツーリスト側の我々としてもやはり地元の人が行く居酒屋に行きたい、1泊2食付きじゃないほうがいいというニーズが高まっている。そういう中で、既存のホテル業界の多様性のなさの間隙を縫って民泊が進出してきていると理解しています。インバウンド自体には国家戦略の話と円安の話など諸々の話と重なっていると思いますが、国家としては観光を主要産業に育てようという意思がかなりあるという理解でいいのでしょうか？

浅見　今後、内需はそれほど伸びないわけですよね。人口が減少すれば、とくに生産年齢の人口が減少すれば基本的に内需はどんどん減少しますので、結局外需を呼び込むしかありません。外需を中で消費してもらうので一番いいのが観光です。

阿部　昔は、「地域活性化のために工業誘致だ」と言っていたのが、観光に結びつき、これが一気にスピードをもって展開しているという感じですよね。ちなみに饗庭先生は東京にご在住ですが、観光客がずいぶん増えた印象はおもちでしょうか?

饗庭　増えましたね。いわゆる普通の住宅地で、地図を片手に宿泊先を探しているのではないかというような人は、結構います。

浅見　じつは民泊の会議中でも、住宅地に宿泊所が増えることについては、かなり不安視する発言があったんですよ。とくに京都市のような観光地でも、ある自治体は「かなり不安感があるので規制を厳しくしてほしい」という意見を言っていました。

阿部　京都市の門川大作市長は「自治体にも上乗せでもう少し規制できるような余地を残してくれ」といったような趣旨の発言をしていましたが、一方で京都の場合は宿泊施設が圧倒的に足りない。そして、あまり宿泊施設にバラエティがありません。高級旅館はありますが、超高級というわけでもない。かといってビジネスホテルもそんなに多くない。修学旅行生用の昔ながらの旅館はありますが、一般的に旅情がそそられるかというと、必ずしもそうではない。インバウンドが増えて、京都の宿泊客数も当然ながら増加しています。今は年間で1,300万人くらいですね。客室数が足りていないのは誰の目にも明らかなのです。京都ではホテルがとれないので、はるばる滋賀県の長浜に泊まったり、今まで宿泊が弱かった奈良が近頃急激に宿泊者数を増やしていたりという状況になりつつあります。宿泊機能が地理的に散らばりつつあるのですね。

浅見　でも、奈良はまだ宿泊施設は弱いですね。

阿部　だから、今がホテルの建設ラッシュだとも聞きます。京都では、再建築不可のため業者に買い叩かれていた路地奥の長屋が、今では1,000万円、場合によっては2,000－3,000万円で買われています。不動産の運用という観点からは一定のメリットはあることは否定しませんが、元学区や町内会がまだ色濃く残っていて、そこに無遠慮に侵入してくる民泊や宿泊施設に対して、相当な不安感というか抵抗感があります。とくに、路地奥というのは歴史的には比較的立場の弱い人たちが間借りをして住んできた、今でもコミュニティが強く残っている場所なので、かなり異物が入ってくるという感覚があって、生活環境を乱されるのを嫌がります。実際には、悪影響がまだそこまで顕在化していないので議論が難しい。

　しかし、観光が儲かるというのが確かな流れになれば、マナーの問題なんか通り越して、地価の上昇、それに伴う住民の追い出し、つまりは観光ジェントリフィケーションが起こるのは避けがたいと思います。もともと居住していた側からすれば、それは市場の必然、ということで済ますわけにはいきませんよね。世界的に見ても、人気の観光地であるヴェネツィアやバルセロナでも、どんどん老舗のカフェや古本屋なんかが潰れて観光客目当ての安っぽいジェラート屋やお土産物屋に変わっています。ツーリストフレンドリーなほうにマーケットは動いていくので、結構無視できない影響が出てきています。一方で、宿泊施設が足りないのも確かです。委員会の中ではどの程度足りないという認識だったのでしょうか?

浅見　我々の研究会では、民間の需要予測を出して、間接的に足りないという言い方をしていましたね。

阿部　宿泊の需要に対して、都市計画や都市政策はどのように対処できるのか、対応すべきなのかという議論が抜けているように思うんですね。都市の大きな変化の時に、さまざまな施設や住宅の位置づけを変えていく存在になっているこの観光産業を、放っておくわけにはいかないのではないでしょうか。

饗庭　観光客数は数えにくいので、ベッド数を数えることから始めるのではないでしょうか。病院の病床数と同じで、明確に弾くことはできますよね。

阿部　今は予測すらないという状況だと思うので、やはりそこに都市計画の介入の余地があるというか、介入しておかないといけない。でないと、好調なインバウンドの波が去った後には、相当悲劇的な状況が待っているのではないかと思うのです。たとえば、インバウンドが下降に転じたときに、増殖しすぎた宿泊業はどうなるのか。ひとつ考えられるのが宿泊施設が経営の観点から単価を下げることです。単価が落ちると、宿泊客のマナーはどうしても悪くなり、地域としてはさらに受け入れがたくなる、という悪循環です。やはりコントロールすべきことはあると思うのです。日数規制もありますし、ベッド数の総量規制もあります。あまり効果はないかも知れませんが、そういう可能性も検討すべきではないはないのかな。

地域に相応しい宿泊のモデルは可能か

饗庭　もしかすると、開発の途中で業者が撤退してしまって、幽霊ホテルみたいなものが地域の中に5年や10年も残ってしまった、というバブル直後のような状況が起こるかもしれない、ということですよね。「地域にこれ以上のベッドをつくってはいけない」というような総量規制は、あまりにも問題が顕在化した時の緊急手段のようなものとして取っておくとして、まずは良質な開発を丁寧に判断するということを考えるべきではないでしょうか。総量で縛っても「止める」ということにしか効果はないので、地域との関係としても優良なビジネスモデルはどういったものかを見極めていって、許認可の段階でちゃんとチェックする、ということです。

また、今までの話で聞くと、民泊の多くは木造ですよね。それに、新築だけでなくリノベーションをしているところが多い。とすると、じつはそれはレジリエントというか、すごく打たれ強くて、ダメならダメですぐ別のものに変化するのではないか、それは都市にとってプラスではないか、と思います。つまり、路地裏の敷地に光が当たって、そこに少しでも投資されたという状態をプラスに捉える、ということです。たとえば、宿泊事業がダメになった後に、高級な住宅に変わるかもしれない。宿泊事業が破綻した時に、別のところから知恵をもった業者が現れてきて、債権をクリアした上で、宿泊需要が去った後に、それを質の高い住宅にしていくという可能性はありますよね。巨大な投資をしてホテルにしか使えないコンクリートの硬い建物をガンガンつくるよりはよほど良いのではないか、地域にとってレジリエントではないかと思います。その回復力を妨げないような規制を探ってみる価値はありますよね。たとえば、単体規制では住宅に戻しやすいように規制をしておく、ということはあるかもしれないですね。

浅見　今まで都市計画はマーケットに手を突っ込んでいないですよね。あるいは手を突っ込んでもだいたい失敗している。

饗庭　住宅で失敗していますからね。

浅見　だから、あまりガチガチの規制でマーケットを抑えつけてもダメだと思います。バブルの時だってマーケット対策は大失敗したわけだから。ただ、問題は地域にいろいろ波及することなので、我々専門家側の責任としては悪影響のないように対応することです。先ほど仰ったことをもう少し敷衍すると、コンバージョン・フレキシブルにするということはあるんだろうと思うんですね。むしろ用途規制的なものを少し厳しめにして、他の用途に波及していかないようにするという方法もあるかもしれない。ただ日本の用途地域の規制というのは結局混合なので難しい。

阿部　用途地域の緩和の話も含めて、やはり宿泊行為自体を都市計画が想定していなかったですよね。語弊を恐れずに言えば、地域側からすると宿泊施設は何か生活の便に役立つわけではない。関わりももちづらいんですよね。コンビニは便利でよいのですが、宿泊業は1階でカフェでもつくってオープンにすれば地域の人も関わりをもてますが、ほとんどそうはなっていない。地域としては地域の良さみたいなものを収奪されている感覚がどうしても残ります。旅館のような宿泊施設はこれまでも建ってきましたが、それが立地する地域側は何となくまずい行為なのかもしれない、ということをほとんど認識してこなかった。雨後の筍のように急増する宿泊施設を目の当たりにして、地域側も慌てているという状況が少なくとも今の京都にはあります。

浅見　京都は、いわゆる今の民泊の仕組みではなく、ホステルみたいな感じで、入れ代わり立ち代わりいろいろな人が来るけど、彼らの行動を見る役目の人が必ずいて、最終的に何かあった場合はその人がちゃんと対応するという形になれば、もうちょっと受容されるようになると思うんですよね。とくに不在型の民泊は地域の人は不安なので、不在型ではない形の民泊を進める。ないしは、いわゆるシェア居住型の短期型みたいなね。京都に限らず、もう少しそれぞれの地域に応じた地域型の民泊や宿泊形態があるといいと思っています。

阿部　まだ少ないアプローチですが、《HAGISO》や東京圏のリノベに強い建築家はそうした取り組みを始めているようには思います。

浅見　むしろ京都でこそできる。

阿部　京都の中でのつくり方を見てみると二極化しています。ひとつは、安かろう悪かろうといいますか、諸々切り詰めながら儲けるよっていうタイプ。あとは単価を上げていく、富裕層がリピートしてどんどんお金を落としてくれるようなラグジュアリー・ステイのようなタイプで、民泊は後者のタイプが増えていくかもしれません。一方、前者のようなタイプは合法な宿泊施設にもあって、小さな敷地に無理矢理詰め込んで地域への説明もおざなり、という業者が残念ながら増えています。そんな調子なので、地域の宿泊業に対する不信は高まる一方です。

浅見　京都の問題って、マンションの中の民泊とも似ていると思うんですよね。じつは、我々の会議の中では戸建ての民泊とマンションの民泊をメインに議論したのですが、今の話を聞くとかなりマンションに近い。マンションの管理規約のようなものを、建築協定とはまた違った形でうまくつくっていけるといいのではないでしょうか。

阿部　私が住む町内でも、数日前にホテル建設の説明会があってたいへん紛糾しました。地域側が求めるのは運営側に関してのルールづくりで、管理人が常駐する／しないということで議論になりました。事業者は常駐させたくないが、地域の人は有事の際の対応を考えると管理人が必要だと言い、結局平行線で持ち帰るということになりました。結局、地域としては何かしらの形で事業者と協定書をつくらざるを得ない。

浅見　常駐の部分を暗に地域の人に任せる形にすると、結局地域の人は「あいつは儲かって俺はなんか迷惑ばかり被っている」と頭に来るわけですよね。そうではなくて、地域の人もビジネスに参加してもらい、場合によってはある程度ベネフィット得られるようになれば感覚も変わると思います。だから単に一住戸のビジネスではなくて、地域ビジネスみたいに組み変えれば民泊はあり得ると思うんですよね。

阿部　その時の主体は地域ですか？

浅見　協定を結んだ人たちです。マンションも実際そういうところが出てくると思います。今の仕組みだと、管理規約などで禁止できるのですが、ただ禁止してしまうとせっかくうまく運用してお金を稼げるチャンスがダメになる人もいる。なので、たとえば、マンションの管理人が民泊の管理者も兼ねるという形などで、民泊をうまく共用する。そして、その売上の一部がマンション管理に回るような形にすれば、賛同する人も出てくると思うんですよね。まったく反対というマンションももちろんあっていいけど、そういう形でマンションの中のビジネスにしていくというものがそのうち現れると思うんですよね。

　民泊って固定的なひとつのものではなくて、いろんなものが民泊になりうると思うので、これからどういう風にビジネスをつくるかだと思います。

阿部　共生関係を踏まえたビジネスモデルみたいなものが、これからまさに検討され、動き出そうとしている。

浅見　ええ、僕はこれから出てくると思っています。

インフラとして宿泊施設を捉える

饗庭　道路や路地など、まちには実体のあるインフラってあるじゃないですか。そういったものを使ってまちは経営されています。民泊業者がそれにフリーライドしているように見えるから、腹が立って、対立が起きるのですよね。しかし見方を変えると、民泊業者は実体のあるインフラはあまり使わず、バーチャルなインフラを使って入ってきているのかなと思います。

　ちょっと抽象的な言い方になりますが、まちにはまちの暮らしを支えるための実体のインフラがあるのと同様に、彼らには彼らのインフラがあるはずなのです。たとえば、インターネット上のセキュリティシステムですね。業者もタダで泊まって逃げられたり、問題を起こされても困る。だからそのバーチャルなインフラを読み切った上で、実体のインフラと共存させる。さらには、まちの人もそのバーチャルのインフラを使えるようにするということを考えられないでしょうか。インフラというのはそもそも共有するためのものですしね。

まちのインフラを使わせてあげるかわりに、まちの人はバーチャルのインフラを使うことができる。そういう抱き合わせの条件で手を結んでいくのがいいかもしれないですね。バーチャルなインフラにまちの人も入っていって監視をすることができるとかね。たとえば、管理人常駐を置くという話は、まちのインフラに投資するということですが、民泊業者はそこのコストを削って事業を組み立ててきているので乗れないはずです。その代わりに、バーチャルなインフラをまちの人に開放する。このように、お互いにインフラをシェアしたり、交換したりするということができるかもしれません。

浅見　おそらく新法でも、条例などでかなり上乗せなどできるようになると思います。その意味では、それぞれの自治体で自分たち独自の民泊のあり方を思い描いて、それを条例にしていくといいのではないでしょうか。京都も単純に「民泊はダメ」というのはどうかなと思っています。というのも、あれだけ宿泊場所が不足しているのだし、逆にそれだけポテンシャルがあるのだから、地域もそれを活かさない手はないのではないかと。ただ地域の不安はよくわかるので、京都型民泊みたいなものを編み出してそれを地域で運用できればいいと思います。

阿部　京都や民泊に限らず、最近の宿泊施設は業者が地域のことを等閑視しているところが問題なのかなと思います。突然来て説明もなしに工事を始めたり、名ばかりの説明会で何も歩み寄る余地がなかったりとか。そこがクリアされれば、すんなり地域に根づく宿泊施設は増えるはずです。

浅見　最近の事業者は、民泊を始めるときに近所の人たちに言わないことが多いんですよね。それはちょっとまずいから、もっとわかるようにするべきではないかと民泊委員会でも意見が随分出ていました。

阿部　京都市では、民泊110番というのを2016年の夏に設置しました。電話は鳴りっぱなしという話で、ほとんどが苦情のようです。手続きがまずいところはある程度淘汰されていくのだろうと思っていて、やはり問題はその先にあります。京都でもエリアによっては空き家活用も含めて積極的に民泊に取り組もうとしているところもあります。私のゼミでお手伝いしている東山区の六原元学区というエリアがあるのですが、長年着実なまちづくり活動を積み重ねてきたところで、近年では空き家再生を含めさまざまな活動が実を結びつつあります。ところが、そうした時間をかけ苦労してまちづくりをしてきた成果が、観光によって消費されていくという認識があります。たとえば、まちづくりの共通資産、資源として彼らは空き家を大切に思って取り組んできたのに、それらが市場に乗った瞬間、すぐに宿泊施設に変わっていくという状況があります。地域としては、そのための空き家再生を図ってきたのではなく、本当は家族連れに居住してもらうことが目的だったのにも関わらず、です。

浅見　残念ながら、まちづくりの仕組みというのは、ハードは縛れるけれどソフトは縛れない。本来民泊はソフトも縛らないとうまくいかないので、協定や条例で上乗せしていければ、きっといいモデルができるんだと思います。

阿部　こういう種類の議論は、かつてありましたか？　景観保全が問題となった時の雰囲気とはまた様相が大きく違うように思います。うまくコントロールしたいと考えている自治体はたぶん多いですよね。東京都も多くの区が上乗せでやるって言っていますし。

饗庭　以前、ワンルームマンションがもめた時代の議論と質としては似ているかなと思いました。ワンルームマンションというビルディングタイプが発明されて、事業的にもまず計算し易いのであちこちに建ちましたよね。

浅見　ワンルームの場合は、ゴミ捨てなどのマナーがちゃんとできていないという話がありましたが、最近のワンルームはほとんど漏れなくちゃんとゴミ捨てケージが付いていて、カラスの被害対策などが講じられていますよね。結局スタンダードをどういうふうにつくるかだと思うんです。民泊についても、周辺にいろいろ迷惑が掛かるかもしれない。しかし、入居者に対しての心得や施設のつくり方で、ある種のスタンダードをつくる。そして、それを少しずつ工夫していくことによって、迷惑でない施設に変わっていくのではないかと、個人的には思います。

饗庭　まだ、かなり改良の余地がありますね。

実際に泊まると民泊は楽しい

阿部　最近、観光というとインバウンドの話に傾きがちになりますが、国内旅行の話は委員会ではどのように議論されていましたか。ホテルが足りないという話は国内旅行についても当てはまりますよね。その部分でも民泊がポテンシャルを秘めているのは確かです。学生を見ていても、旅行の時はAirbnbを使うことが多いようですし、ホテルが埋まってしまう学会のときなんかはよく活用しています。

饗庭　僕も最近いつもそれ。面白いから。

浅見　私の学生もそうですね。あと、研究室でこの間沖縄へ行ったときは民泊に泊まりましたよ。立場上、許可証があるかどうかは確認しましたけど（笑）。実際泊まってみるといいんですよ。ホテルみたいな冷たい感じじゃなくて、家庭の香りがするんです。

阿部　既に、国内でも一部の旅行客の受け皿にはなっているわけですよね。そうすると、少し話が大きくなるかもしれませんが、宿泊施設が地域のキャパシティを規定するわけで、旅行業界がこのキャパシティをどのように再編・整備していくかということでもありますよね。それ自体の議論がほとんどなされぬまま、民泊が敵になってしまっている側面も否定できません。

また、既成のホテルを含めて、地域の宿泊可能者数を考える必要もありますが、ホテルってあまり融通が効かないところがありますよね。何人で行っても部屋ごとの値段ではなく一人あたりで支払わないとダメで、何人で行っても安くならない。旅のスタイルや旅できる人を相当限定していました。そこにシェアリングエコノミーとして民泊が入ってきて、経済面以外の可能性も含めてユーザーに実感を持って受け入れられているんだろうなと思います。

饗庭　民泊を運営することは、次のビジネスを始めるきっかけになるんじゃないかと思っています。民泊を通していろんな宿泊客と出会って別のビジネスチャンスが見えてきたりして、「もしかして俺はこんな仕事もできるんじゃないか」と思って次に展開するとか。それこそちゃんとしたホテルを持つとか。それで民間ホテルの弱点を突いて競争を仕掛けていって、古き良きホテル業界を創造的にクラッシュしていくというようになれば、すごく面白いと思います。

浅見　一方で、ホテル業とか旅館業も民泊にもっと進出していいんじゃないかと思っています。宿泊のノウハウは彼らが一番もっているわけで、普通の民泊ではない、＋αの民泊を提供できるはずなんです。そうすると彼らは民泊コンサルティングもできるし、民泊業もできる。そういう形であれば、既存の旅館業者もジョブチャンスを広げられると思うんですよね。

饗庭　自分のところを本館みたいにして、まちなかに民泊を点在していくこともできますよね。とても面白そうですね。

阿部　そうした傾向は、多くはないけれど出てきている感じはします。リノベ系不動産の人たちとか。

浅見　賃貸住宅の管理業もかなり進出したがっていると思うんです。

都市戦略として観光をどう位置づけるか

阿部　人口が減ると空き家を含め物理的に空きが出てくる中で、観光を使わない手はないのは確かです。一方で、京都のように観光資源に恵まれている場所ばかりではないので、すべてのまちで民泊みたいな話が展開できるわけでもない。観光という現象自体は相当冷酷です。リピーターを増やすと簡単に言いますけど、知らないところに行ってみたいというのが普通ですし、なかなかリピートしてくれるほど人生と関連する観光地っていうのはそんなには出てこない。という中で、都市戦略として観光をメインに打ち出すことの危うさは常にあると思います。都市戦略としての観光はどのように位置づけるべきか。これは地方創生の観点からも重要な視点です。

浅見　一昔前、「まちおこし」というのは、自分の手で何かを創り出すような産業じゃないと難しかったわけですが、そこに観光業というもうひとつのオプションが加わったといえます。そういう意味では、どこでもチャンスを得られたのはいいことなのではないかという気がしますね。もちろん歴史的な資源や自然、温泉だとかそういう資源があればいいんだけど、資源がなくても新しい何かを始めれば観光においては勝ち得る。たとえば、人という資源を使えるかもしれないし、知恵を出せば何かができるかもしれない。そういう意味では前よりも環境は良くなってきているんじゃないかと思います。

饗庭　まちづくりの相談を受ける時、じつは僕はあまり観光をおすすめしていません。観光に寄り掛からないようにまちづくりをしようという考えです。やはり、やや水物っぽいですしね。みんなが観光をがんばろう、というのはまちとしてはあまりもってほしくない。1,000人の村ならみんなで進めるのもまだわかるんだけど、1万人のまちで観光だけでまちづくりを進めて、主な雇用は飲み屋の店員、みたいな状態は良くないなと思っています。だから、観光の次に何を持ってくるかを常に意識して、まずは観光で小さなビジネスの成功体験をみんなが得る。そして、次は何かやってやろうじゃないか、というステップだったら、とても意味があるんじゃないかと思います。常に次のゴールをもって、観光は手段だ、この5年間みんなでつながるための手段だ、というくらい割り切って取り組まないと、将来的にまずいと思っています。

浅見　最近、体験型の観光が流行りつつあるじゃないですか。あれは新しい産業の呼び水になるかもしれないですよね。だから、最初は観光として趣味的にやればいいかもしれないけど、そのうちそれがすごくよくなってきたらそれをまちの産業にすればいい。たとえば、まずはアンテナショップを観光ベースにやりつつ陶芸体験なんかを組み合わせて、うまくいけばそれを産業にして、陶芸のまちといったふうに時間軸を伸ばしていくのはあり得るかもしれない。

饗庭　クラフト系ですよね。

浅見　アート系などもですね。

饗庭　食もあるかなあ。要は「誰々さんのブランド」みたいに、個人のブランドが確立しやすいタイプの産業ですね。あるまちに他所から観光でやってきて、すごく気に入ってしまうことはやっぱりある。「ここは俺のまちだ」みたいになる可能性はあるんですね。僕は「都市の使い手を増やしましょう」という言い方を時々するんですけど、都市を使ってくれる、アクティブに使ってくれる人を増やしていかないとその都市は死んでしまうと思っているんです。そう考えると、Airbnbも捉えようによっては地域に役立つかも知れない。普通は住まないとそのまちの一員にはなれないんだけど、Airbnbだと擬似住人のようになれるじゃないですか。それでまちとしていろんなことをやってみて、「あぁ、ここは俺のまちになれるかもしれない」と感じてもらう。そういうチャンスを広げているかも知れません。

浅見　沖縄はそういうケースが結構ありますよね。居ついちゃう人が結構いる。

阿部　僕が最初にAirbnbを使ったのはバルセロナでした。バルセロナもホテルバブルで高いのですが、そこは1泊3,000円くらいで。行ってみたら本当に住宅の間借りで、ホストはタトゥーの入ったイタリア人のお兄ちゃんでした。それで、この泊まり方を好きになる人はたくさんいるだろうなと感じました。なぜかというと、付かず離れずだけど聞けば親切にいろいろ教えてくれるし、近所に普通のスーパーや地元の人々で賑わうカフェがあったりする。理由はいろいろありますが、まさにAirbnbの「暮らすように旅をする」という標語を実感することになります。先ほど饗庭さんが仰った、使い手というか、ゲストに好きになってもらうことが、都市が観光を捉える時に欠かせない視点だとすると、変にツアーだったりまちあるきルートを設定して観光客を誘導するよりも、Airbnbの方がかなり効率よくその点に貢献できるのかもしれないですね。

ただ、民泊はその立地を戦略的にうまく誘導することが原理的に困難です。どうしたってランダムに散発的に出てきてしまう。ゼミで京都の六原元学区という地区の民泊の立地を調べてみてわかったことは、約半数が違法状態だったことです。地区によってはもっと違法なものが多いかもしれません。確か京都市はAirbnbに、違法な物件は掲載しないように要請しましたが、Airbnbはできないという回答でした。

浅見　Airbnbは、登録するときに「合法施設ですか?」という設問があり、「はい」か「いいえ」で答えます。そのため、形式的にはみんな合法のはずだと言っている。

阿部　現状ですと、路地奥の空き家だけでなく、集合住宅で民泊をやっているケースも多いですね。マンションで多いパターンは、築30年くらい経っていて、老朽化もしているから市場価値が下がりつつあって、実際空き部屋も出ている物件なんかをオーナーが違法であることをわかりながらやっていたりする。

浅見　そういう体験談はありましたね。

饗庭　結局、空き家のまま誰もいない状態よりはアクティブに動いてい

Archive Link
A1
A2
A3
A4
A5
A6
A7

るってことですよね、良くも悪くも。誰かは常時いるし、オーナーさんも見ている。

阿部　だから地域としては痛し痒しみたいなところがあるんです。六原のように、なるべく家族世帯を呼び込めるように時間をかけて戦略的に空き家を再生してきたエリアは、なおさらです。せっかく丁寧なプロセスで空き家を修復したのに、すぐに宿泊施設に取られてしまう。でも、住宅用途は地価負担力が相対的に弱いので、競うとどうしても負けてしまいます。所有者としては、より利潤が出るように思える宿泊業に売ってしまったりする。

饗庭　売ってるんですね、所有した状態じゃなく。

阿部　売っているところも多いみたいですね。所有してくれていれば、まだいろいろと可能性が残りそうですが。

浅見　ちなみにどういう人に売るんですか？

阿部　京都だと、中国系の人をはじめ、海外の人も多いみたいです。現地は見ていないけど、電話だけで購入した例もあるようです。

饗庭　民泊にしたらこのぐらい稼げますよという利率を出した状態で情報がリリースされており、そこに香港の人がお金を出しているということですよね。

阿部　結局地元の人が誰もかかわれない状態で売られてしまった、というのをよく聞きます。考えてみれば変なことですが、地元の不動産が絡んでいれば管理はできますよね。

饗庭　地元の不動産屋が、海外からお金を集めるということをある程度できるようになっておいた方がいいと思いますよ。彼らも民泊というオルタナティヴをもっていて、かつ彼らも香港からお金を集める手段をもっておく。それは企業の努力として僕はやるべきだと思います。

宿泊を介した都市環境のストック化

阿部　インバウンドはいつまで続くのかは予想がつきませんが……。

浅見　すぐに途絶える感じではないですね。2020年までは増加するでしょうし、2020年以後もすぐに数が減少することはないでしょう。日本にはやはりそれだけの観光資源や観光価値があるからね。

阿部　最近は、京都のまちなかで看板が立つと8割くらいの確率で旅館業です。資本の動きがとても早い。大通り沿いの敷地で、今までだったらファミリー向けのマンションだったのがだいたいホテルになりますし、普通の生活道路沿いで今までだったら絶対ホテルにはしなかったような小さな敷地ですら旅館業になっています。変な形状のペンシルホテルや、プチホテルと謳いながら帳場は形だけで実際には管理人が常駐しないといったような質の低いものが増えていますね。

饗庭　先ほど言ったように、ストックとしては扱いやすいかもしれないんですよね。区分所有のマンションはとりあえず最初は売れるけど、だんだん抜けていき、合意形成できなくなって建物の意思決定ができなくなり、それが都市にとってのリスクであるわけです。その状態よりは、少なくとも意思決定は一発で取れる状態にあると思いますから、将来的には扱いやすいかもしれない。民泊をポジティブに見るならば、やや過渡的な形態としてはオッケー、というふうに思いますね。

阿部　そうですね。形態上は意外とプラスに働くような気はします。

饗庭　デザイン性は平均して高いですからね。

阿部　客商売なのでそこは結構がんばるのではないかと。でもあくまで過渡的だし、今が一番問題を孕んでいて見えているのは確かです。今の動きが一段落してくると、地域とうまく共生、共存する事例が出てくるのかもしれません。

浅見　民泊の成功事例って、じつはなかなか宣伝されないんですよね。新聞なんかは対立している事例を記事にするじゃないですか。この前、ある新聞社の記者さんが来て、民泊の話をしました。「何か要望はありますか」と聞かれたので、「悪い例だけでなく、いい例もできればニュースにしてください」と言ったら、「ああそうですね」って帰って行きました。

阿部　いい事例の捉え方、描き方も問われそうですね。それは研究者側の仕事でしょうけど。今回の問題は、地域が試されているように感じます。これまで何となくスルーしてきた地域のまちづくり活動の疲弊や矛盾みたいなものが、改めて表面に出てきた。地域での説明会でも、事前の町内の調整が十分ではなかったり、まだまだ要求の声ばかりが大きい人がいたりとか。地域の意思をどのように整理するのかが問われています。

浅見　民泊を地域の問題や機会として捉えるのに、とてもいい機会だと思います。

地域に貢献する宿泊のカタチ

阿部　むしろ京都は日本を代表する観光都市であるにもかかわらず、まちなかのコミュニティにはそこまで影響が及んでこなかったのが、ある意味特殊だったように思います。だから業者がまちなかを狙うのも流れとしては理解できるし、地域がそれに対して強く反発するのも当然です。ただ、二項対立的な視点に閉じきらず、関わるアクターがWin-Winの関係をどのように導けるかを考えなければなりません。

六原で議論しているのは、もし民泊に管理人が常駐しないならその時間帯に住民がアルバイトを兼ねて駐在するとか、宿を含め周辺の清掃を地域の方が請け負うとか。雇用の創出とまではいきませんけど、何かしらそういったアプローチを試してみたいよね、という話はしています。結局、民泊は地域住民にとってなかなか関わりをもてず、絡みづらく、挨拶すらできない。この壁をどのように突破するのかという視点が地域側にはあるんです。

浅見　たとえば、民泊の近くにお昼ご飯とか朝食とか出す店があって、そうやってつながっていくといいんでしょうね。

阿部　そういう展開になれば、それこそ宿泊行為そのものが地域の生活を連動していくというひとつのモデルになるでしょうね。京都でよく聞くのは、昔からのタバコ屋や町工場が潰れて、レンタル着物屋さんになる。レンタル着物屋って完全に観光客のみの店舗で、地域は使いようがない。ただ、それでも短期的には儲かるから、この1年あまりでたくさん増えました。観光客志向の用途、業種というのが確かに存在するんです。

饗庭　聞いていると、京都がすごく羨ましい(笑)。全国のまちづくりはそもそも産業的な部分ですごく苦労していて、何をやってもダメだったりするので……。入れ食いじゃないか、と思いながら話を聞きました。たとえば、地元の人がみんなで資金を出し合ってまちづくりの会社を経営するみたいなことは、とても大事だと思うんですよ。そうやって責任をもってまちに関わらないと、まちはよくなっていかないので。そういう時にホテルってすごくいいと思うんですよね。「お前のところに空き家があるからみんなでお金出し合って改修してホテルやろうぜ」となれば、それを核にみんなが結びついて組織化されていく。それこそ、近くにカフェを出そうとか、まちで使えるポイントカードをつくろうよとか。そういうふうにしていくと、まちが育つ大きなチャンスにもなるはずだと思います。そんな流れがもしできてきたら、京都は敵なしだなあと。

阿部　そういうような提案を少し地域で申し上げたことがあります。「むしろ地域で民泊をやっちゃえばいいじゃないですか」という提案です。最低限こういうことを考えると宿泊施設としても面白いことができるし、それが地域のためにもなるというモデルを示すことにもなりますしね。地域の資源を顕在化させて、連動させていくみたいなことが宿泊業から見えてくるというところも確かにあるでしょうね。

学生　東京と京都はロジックが違うと思いますが、六原だとやはり地域を一番に考えなきゃならないという議論がありました。そういうところに周囲に気遣いのない宿泊客が来ると地域は困ってしまうと思うんです。その時に一番必要なのが、民泊業者や宿泊客が地域と関係性をもつことだと。結局、民泊のいい形とは何なのでしょうか?

浅見　いい形はわからないですが、京都だったらやはり地域で経営する民泊がいいんだろうと思います。一方、東京で問題になっているのはマンションタイプで、マンションタイプは絶対反対という話はよく聞きますが、戸建てはそれほどまでにアレルギーはない感じです。ただ、東京も京都も問題は同じで、面的に住んでいるか、立体的に住んでいるかの違いなんです。東京はマンション全体で、京都は地域全体で民泊を運営する母体や協定をつくることができれば、ひとつのプロトタイプになると思います。

阿部　マンションにおける民泊問題と構造が似ているというのは新たな発見でした。管理規定みたいなものが、京都にある不文律のまちの作法みたいな。

浅見　マンションの管理規約は文章化されていますが、京都のまちの作法は、残念ながら文章化されていないと思います。現代で共同生活するためには文章が必要で、マンション側は民泊に合わせた規約づくりを進めている。京都もまずは文章化を進めることが必要だと思います。

阿部　去年の札幌での学会の時に、学生と一緒に民泊に泊まったのですが、そこは本当に普通のマンションの角部屋だったんですよ。今思えば絶対違法な気がするんですけど(笑)。でもそこは長年やっているのか、結構まちに溶け込んでいる感じでした。

　これを見て難しいなと思ったのが、当然違法状態はまずいとしても、合法だからいいというわけでもないだろうということです。結局、宿泊行為というものが人と人の基本的な関係性の問題で、これまでの他の行為と違うのではないか。宿泊と都市の関係というのはまだ理解がしづらいのだろうと強く思うんですよね。だからこそ、まちづくりにつながりやすいとは思います。

浅見　国としても、東京都大田区などを民泊の特区としていますが、あまり進んでいません。特区ではあるのですが、実際には周辺住民の合意を取るよう区が言っているので、これが結構足かせになっている。だけど逆に言うと、それでも民泊をできているところもあって、周辺から合意がもらえているわけです。あれはひとつのプロトタイプですよね。

阿部　そういう取り組みを増やす時期なのだと思うんですけどね。だから、地域が宿泊施設を育てるみたいな観点ももう少しあった方が本当はいいかもしれないな、と今日のお話伺って思いました。あと1点お伺いしたいのは、都市における宿泊は基本的にはレクリエーションやオフの行為なので、どういう休日の体系になっているのかが大きく影響します。日本ではヨーロッパの国々のように大型の休みがあるわけではないので、どうしても宿泊に対する理解度と寛容度が低い気がします。

浅見　民泊は必ずしもバケーションハウスじゃないですよ。日本の民泊は新しい超短期賃貸業でもあるんです。

阿部　捉え方としては、宿泊というより短期滞在なんですよね。それを宿泊に変えて、コンテンツも合わせていかないとダメだと考えています。

浅見　逆にもっと賃貸住宅風にしていくという手もあるかもしれません。普通の賃貸住宅の場合は内装や家具がないけれど、それらがちゃんと備え付けてある賃貸住宅として捉える。だから、おそらくオーナー不在型の場合は、オーナーがそこに戻ってくることはあまり考えていない、ビジネスとしての民泊なのだと思います。そういう意味では、やっぱり民泊は簡易宿所で、それを無理矢理に住宅と言っているところに、新法でも無理が生じるだろうとは思います。実際、本当に180日を守っているのかチェックできるかも難しい。

阿部　1年たたないとわからないですもんね。地域側がチェックしていたとしても。

浅見　しかも紹介サイトはたくさんある。下手すると海外のサイトなんかは、日本政府が何を言ったってそんなのまったく関係ないというかもしれない。日本政府ができることは、せいぜい「このサイトは違反である」みたいな情報をどこかのウェブに出すわけですけど、そんなの普通の宿泊客は見ないですよね。そういう意味ではコントロールできないかもしれないので、最後はオーナーに責任を課すしかない。

阿部　腹積もりひとつみたいなところありますけど。

浅見　すでにいろいろな自治体で、京都も確かそうだと思うのですが、指導して止めさせるているのはありますよね。それで、いちおう止めるんだけど、しばらくするとまたやってるかもしれませんから。

増え続ける宿泊施設をどう捉えるか

阿部　民泊は住宅の宿泊用途への転用で、それを旅館業法ではなく新法をつくることで対応しようという流れであると最初に伺いました。一方で、地域の旅館業者には若干の混乱が生じそうにも思います。というのは、合法に建つペンシルゲストハウスは旅館業法ベースですから厚労省、民泊は国交省の管轄です。今年1年、私のゼミでは民泊の実態を調べてきましたが、もう一方でわかったのがホテルや旅館などの宿泊施設も同時に急増しているということです。こちら側は相変わらず旧来の規制のまま、とくに地域との接続についてはほとんど考慮されないまま進んでいます。旅館業法にも手を入れないと、地域が絡む素地が少し下がると思うんですよね。

浅見　ただ一方でそれは用途地域で規制できる。立地規制はできるからね。

阿部　立地規制で薄く広くコントロールしつつ、後は地域の景観づくりと絡ませながら地域との関わりをつくっていくということですね。なんとなく展望が見えました。

学生　民泊のありかたを考える際の、良し悪しの判断の根拠や数値などをどのように探っていけばいいのでしょうか？

浅見　数値で測れるかはわからないけど、最終的には、やっぱり地域にもベネフィットがあるかどうかだと思います。オーナーだけがプラスになって、地域がマイナスになるような仕組みだと絶対にうまくいきません。地域に何らかの還元があるような仕組みの枠組みづくりを地域としてまず行い、それをそれぞれの人が守ることによって地域全体で潤うというのがいいあり方です。さっき言ったように、民泊業者が宿泊で利益を得て地域の人が飲食をして潤うとか、民泊の受付や管理を地域の人がやるとかね。たとえば、路地奥の民泊だったら、路地のとば口のところの人がそうしたことをできれば、路地全体でまとまりをつくれるし機能的です。

学生　まちのロビーのような……。

浅見　マンションの1階の守衛室みたいなものですよね。そういう形をつくっていければいいのではないかと。

阿部　六原なんかは「帳場をまちなかに」という言い方をしています。具体的にどこというよりかは、帳場機能自体をまちの中にあるようにできないかというような話をしています。六原みたいに、民泊をはじめ宿泊施設に狙い撃ちされているところは、業者側にも誠実に取り組んでいる方もいらして。そういうところとうまく協力しながらいい形を示していきたいです。

浅見　たとえば、掃除機能やリネンのサービス機能を、地域の中でうまく還元していくようになればいいと思うんですよね。それを全部外に回していっちゃうとうまくいかない。

阿部　「宿泊」は、なかなか都市計画の本筋ではない感じに見えて、じつは都市にぐさりと入っていくテーマだということがわかりました。本日はありがとうございました。

Stay into City
宿泊行為が変える都市のカタチ

阿部大輔 | 龍谷大学教授（都市計画・都市デザイン）

都市戦略としての浮上する「観光」

途上国・先進国を問わず、観光がこれからの地域・都市を支える主要な産業として認識されて久しい。世界観光機関（UNWTO）によれば、近年世界的に急速に成長を遂げている観光産業は、2015年には世界のGDPの10%を占め、全雇用の10%を生み出している。近年の都市再生の文脈から見ると、既成市街地を再生することは、文化や創造性をキー・コンセプトに界隈を活性化させ、観光的魅力を界隈に付与していくことと、多くの部分で重なり合っている。今や観光は都市のマーケティングや再生にとって不可欠な存在なのだ。

ステイ立国の国家戦略

好むと好まざるとにかかわらず、地域・都市の再生は「観光」を考えることから逃れられない構図がある。現実のまちの様相は、観光とそれに付随する宿泊行為によって、徐々に変わりつつある。その社会的背景として以下の4点を指摘しておきたい。

1 | 観光の国策化＋観光まちづくりの進展

2003年1月の観光立国宣言、2007年6月の観光立国推進基本法の施行、2008年10月の観光庁の発足以降、訪日外国人数2,000万人を目標に、インバウンド観光が国レベルで推進されてきた（2016年3月に初めて2,000万人超を記録した)。また、全国各地で多様な展開をみせるまちづくりも、地域へのアイデンティティの醸成および経済効果への期待から、観光を軸とする取り組みが多数を占めるようになってきた。

2|産業としての観光のポテンシャルの高さ

産業としての観光のポテンシャルの高さはさまざまな都市で認識されている。多くの都市が次世代を担う産業(たとえば、IT産業やテクノロジー、映像といった創造産業)の育成に失敗している現状も、観光の産業としての可能性にさらなる期待を寄せざるを得ない状況を生み出している。

3|「観光」と「まちづくり」の接近

まちづくりとは、本来的には住民から発生する居住環境改善運動である。一方、観光は経済活動であり、本質的にはまちづくりとは相反する関係性である。しかし近年、地域の魅力の再発見とそれの活用による地域再生の有効性がさまざまな事例から確認されるようになってきた。

4|「正しい観光」の定着:観光スタイルの変容

マス・ツーリズムにかわり、1980年代から新たな観光のスタイルとしてオルタナティブ・ツーリズム(グリーン・ツーリズム、アーバン・ツーリズム、ヘリテージ・ツーリズム、ダーク・ツーリズムなど)が生まれ、観光のコンテンツが多様化していく。そうした中、観光名所を巡り、大型のホテルに1泊2食付きで泊まるという楽しみ方から、地元の生活に触れながら、「地域らしさ」を体験することの楽しさが認識、実感されつつある。つまり、観光客の受け入れ側は、地域の生活らしさそのものを商品化していく必要に迫られる。

観光は「場所を消費する」?

一方で、観光への過度の期待は、旧市街などの観光的魅力がとくに高い地区を徐々にテーマパーク化させていく危険性を孕んでいる。マス・ツーリズムが拒絶される中、好みの多様性が増大し、現地の生活を疑似体験できるような観光スタイルが人気を集めつつある。観光客(消費者)が支配的になり、生産者(事業者)はより消費者志向的にならざるを得ない。その結果、本来観光客を惹き付けていたはずの場所/空間そのものが商品化され、消費されていく。社会学者ジョン・アーリ(John

Urry／1946－2016年）は、こうした現象は「場所の消費」（Consuming Places）であるとして、1995年の段階で早くも警鐘を鳴らしていた。アーリの著書『場所を消費する』（原著：1995年／邦訳：法政大学出版局、2003年）をもとに、本稿ではいくつかの概念を以下のように整理する。

まず、投資や資本がグローバルに移動する現在、それらを引き出すような都市イメージの構築（＝マーケティング・プログラム）が都市政策の基本任務となりつつある。そうした中、観光的魅力のポテンシャルを秘めた場所／空間は、実際の「カタチ」が生産される前に、観光客が望むであろうイメージを創出し、消費市場の有効な「商品」として市場に並ぶ。これが場所の消費の前段階としての「場所の商品化」である。

そして、とくに観光地においては、地区のいくつかの「場所」が、次第に商品およびサービスの展示・購入・使用のための場所を提供するような消費の中心地へと姿を変えつつある。観光客がその場所に関して相応しいだと考えるもの（建築、街並み、歴史、産業、環境）は、時を経て掘り尽くされ、食い尽くされ、使い尽くされる。これが「場所の消費」である。

やがて、観光的魅力を秘めた場所は、再生事業が実施された後、消費ならびにレクリエーション・文化・グローバルツーリズムなどの活動の場として現れる。観光地では、ギャラリー、しゃれた書店、カフェ、ことさら地元感を強調するレストラン、土産物屋というお決まりの連な

fig.1｜行き過ぎた観光地化が進むバルセロナでは、観光客目当ての店舗が急増している

りが街並みを埋め尽くす。歴史地区の公共空間は、訪問者＝観光客がツーリズムとして触れることを期待している（と観光業者が理解する）歴史を視覚的に表現するべく、レジャーランド化していく fig.1。また、メディアによってイメージがつくり上げられることで、個人の数だけあり得るはずの場所のイメージがお互いに似通ってしまうことがある。これは「空間のテーマパーク化」にほかならない。まさにアーリの指摘するところである。

観光がもつ危うさを捉える

筆者は、急増するインバウンド（訪日外国人旅行者）は決して否定的に捉える必要はないものの、かといって観光を明確に想定した都市政策が不在である現状では、諸手を上げて歓迎すべきでもなく、一刻も早く都市構想としての観光戦略を講じるべきであるとの立場をとる。なぜか？ まず、観光の場合、消費者である「ゲスト」は否応なく現地を訪れる。ヴァーチャルな市場でモノを買うわけではない。重厚長大か、軽薄短小かを問わず、従来型の産業とは異なり、観光は都市に暮らす庶民の生活と密接に関連するのである。少なくとも以下の点を入念に検討すべきであろう。

1｜産業としての観光の脆弱性

観光は都市の経済面で極めて重大な産業である。しかし、都市を支える産業として位置づけるには、脆弱な面が多い。たとえば、ハイ・シーズン／オフ・シーズンという言葉があるように、観光は年間を通じて安定的な産業ではない。災害や大事故といった都市が制御不可能な被害を受けやすく、再起することが困難であるというリスクと常に隣り合わせである。また、競争にさらされ続けるため、マーケティング的に新しい何かを生み出す必要に迫られるが、ヴィジョンなき観光開発は地域資源を無惨に消費してしまう危険性がある。

2｜観光系業務の地価負担力の高さがまちの社会空間構造を壊す

観光客（消費者）が支配的になり、生産者（事業者）はより消費者志向的にならざるを得ない。観光産業は一時的／短期的にはわかりやすく利潤を生むため、観光系業務は相対的に地価負担力が高い。したがって、適切な制御なしでは、居住用途の衰退や地元に根づく日用品店（食料品など）小商いの商店などの小規模商業用途の駆逐、界隈に根づ

fig.2 | 宿泊需要に起因する地価の高騰が招く地元商店の閉鎖
(旧市街に唯一残っていた玩具店も閉鎖し観光客向けの土産店に)

いていた地場産業が廃れるなどの地域経済の陥没を招いてしまう危険性を孕んでいる fig.2。短期的には収益を上げ、地域経済に貢献するかもしれないが、プラスであるが長期的にみると地域の社会空間構造(街並み、商店ネットワーク、コミュニティなど)を瓦解させてしまう危険性を孕んでいる。

3 | 消費者(観光客)の好みの多様化

観光の選択肢が広がっている。鉄道の高速化やLCCの台頭により、経済的な観点から見ても、今では訪れることのできる都市が世界中にある。かつては「行き先」をどこにするか? というのが観光の主たる関心であったが、現在ではそれだけでなくそこでどういった過ごし方をするか? という「観光地との触れ合い方」自体がマーケティングの対象となってきている(アーリ2003)。旅先だけでなく過ごし方に関する多くの情報がメディアを通して提供されており、これが消費者(観光客)の好みの多様性の増大に拍車をかけている。旅先で重視されるのが「視覚イメージ」との一致である。つまり、人々は旅先の空間のイメージに目を向け、現地ではツーリストとして振る舞うことに熱中する。

たとえば、バルセロナやヴェネツィアの旧市街では、Airbnbの出現や市街地の一般的なフラットを転用したゲストハウスの人気を背景に、近隣住民と観光客の軋轢が深刻化している fig.3。ヴェネツィアでは、世界遺産でもある旧市街に唯一残っていた下着屋が閉店し、今ではそれらを買いにいくためだけにイタリア半島本島に戻らなければならない。バルセロナでは、良い生ハムやワインを売る商店が閉店し、代わりに観光客向けのジェラート屋さんやホテル、クラブといった地域には必ずしも必要でない観光客目当ての業種が増加し、近隣住民との軋轢を生んでいる。また、ここ2年ほどは不動産価格が急騰し、地元の老舗商店が閉店に追い込まれグローバルチェーン店が入居するだけでなく、これまで慎ましく暮らしてきた借家人が家賃の上昇により住み続けられず追い出されてしまうなど、「観光植民地化」(tourism colonization)が進んでいる。観光の問題は、住民の追い出しという社会的な住宅問題すら、惹起している。地域社会の営みに埋め込まれた社会・文化・空間資源の持続的な維持の仕組みが瓦解しつつある。

4|観光のもたらす利潤は誰のもの?

観光で賑わいづくりというが、その利潤は誰のものか? 基本的には土地所有者や観光事業者(旅館業者や土産物屋)、飲食店に利潤が還元されていく。つまり、その地域に住み続けてきた住民に直接的なメリットはあまりなく、むしろ騒音などの居住環境の悪化にみられるような観光公害や場所の消費を惹起し、地域らしさを壊しかねない存在へと変わってしまう。

fig.3|住民による宿泊施設反対運動:「バルセロナは売り物ではない!」

fig.4 | 都市の多様性の確保や地域との共存に寄与する観光スタイル

都市の変化としての観光がもつポテンシャル

とはいえ、上述したいくつかの懸念される点がクリアされるのであれば、観光は都市を支える大きな産業として定着していくはずだ。なぜなら、観光とは地域の奥深さに触れ、歴史を知り空間を知りそれぞれの人生に何らかの深みを与えうる行為なのだから、上手に付き合えば地域資源を顕在化・最適化・最大化させ、地域の多様なアクターを有機的に連動させる大きな動力となるはずである。宿泊行為を都市戦略のひとつとして創造的にデザインすることで都市の多様性が担保され、社会的にも文化的にもレジリエントな都市として再生していく。その道筋を丁寧に見出していくことが、都市デザインの新たなミッションとなる。本設計演習で試みられたいくつものスタディは、そうした未来へ向けた建築・都市デザインの意思のひとつである fig.4。

| ATKINSON, Rowland & BRIDGE, Gary (ed). Gentrification in a Global Context. The new urban colonialism, New York: Routledge, 2008.
| アーリ、ジョン『場所を消費する』(吉原直樹・大澤善信/監訳)、法政大学出版局、2007年

成熟した都市にふさわしいホテル建築

大谷弘明 | 話し手 | 建築家/日建設計 副統括
松岡 聡 | 聞き手 | 近畿大学教授(建築・都市デザイン)/松岡聡田村裕希 共同主宰

2016年8月23日 | 日建設計 大阪オフィスにて

景観規制へ真正面から挑む

松岡　京都の鴨川沿いで自然環境も良く、賑わいもある河原町二条近くの絶好の敷地に、低層ボリュームのホテル《ザ・リッツ・カールトン京都》を設計された際の意図をお聞かせください。

大谷　まず、高さの制限が厳しかったからこういう非常に横長の設計になりました fig.1。背後のマンションや、近くのホテルオークラは高層ですが、今はもう建てられないんですね。これは、鴨川の「景観条例」という厳しい規制によるもので、普通、他の都市にホテルを建てるときにはない規制です。私たちはそれを逆手にとって、どうせ低いならそれを価値にしてしまおうとしたのです。

日本の中でも京都は、唯一「低さ・狭さ・暗さ・細長さ」が価値となる土地です。まあなかなか変な話です、ネガティブな要素を喜んでくれて、日本中、世界中の人が見に来るわけですから。

結局、地上は全部客室になっています。ラウンジやロビー、レストラン、宴会場、スパなどの類は全部地下にあります。地上レベルから見ると、1.6m下がったところにロビー階がありまして、一見1階なんだけど、法規上は地下1階なんです。図面を見るとわかるように、地下のボリュームの方が地上より大きい fig.2。そこで、地下に感じさせない工夫として、もともと《ホテルフジタ》にあった滝などをライトウェルと一緒に地下3階まで掘り下げるようにしています。

松岡　地下であること感じさせないくらい明るいですね fig.3。

大谷　じつは、全体が暗いから、自然光が入ると明るく感じるだけなん

fig.1｜ザ・リッツ・カールトン京都を鴨川越しに見る

です。京都の景観規制で唯一の助けになったのは、勾配屋根は3mまでは最高高さからはみ出ていい、というものでした。勾配屋根の角度まで決まっているので、それを考えると和風建築にならざるを得ない。和風にするなら徹底的に軒の出までがんばって、普通の旅館風情にならないようにしようとしました。景観規制も真正面から挑みかかればこわくない、ってことなんですよ。

歴史都市・京都のお手本となる建築を

大谷　そもそも、このホテルが立地する場所は、平安貴族の公家たちの別邸があった場所です。江戸時代の初期までは、鴨川から東側には何もなく、西側には豪商の角倉家の屋敷がいっぱいありましたfig.4。江戸後期のこの土地は、九條、鷹司、近衛という宮家の別邸が並びます。なぜかというと、ここは東山に出てくる月を一番早く見るための敷地なんですね。なので、みんな東向きになっていることが特徴です。《ザ・リッツ・カールトン京都》は、歴史の結果としてできた京都風建築ということなのです。

今、京都には低層の高級マンションがいっぱいできていますね。す

上｜fig.2｜断面図
下｜fig.3｜ロビーから地下3階のライトウェルを見下ろす

ごくオーバースペックにしているけれど、あれじゃ中途半端です。そうした高級マンション・ホテルが模範にすべきひとつが、村野藤吾設計の《佳水園》です。できてから50年以上経つ建物ですが、この手の建築が京都にないって思ったんです。別に数寄屋がすべてではないですが、本格的な日本建築というものが京都においてさえもなかなかつくられていないんですよね。

あとは《京都迎賓館》。これは私の先輩にあたる人が設計した建物で、なかなか見事な出来です。《ザ・リッツ・カールトン京都》も、屋根のディテールは《京都迎賓館》のものを使わせていただきました。また、これは奥へ奥へという空間構成なんですね。日本建築というのは、本来あまり全体計画なしに雁行しながら水平に伸びていくことが多く、回廊建築といえます。とくに寝殿造の伝統ですね。こうした空間構成が相応しいし、そうせざるを得なかったこともあり、視線が奥に向かって伸びていく空間構成をとりました fig.5。こういうことが、ホテルの格としては大事だと思ったのです。

松岡　《京都迎賓館》の敷地も昔は東山を望む絶好の土地だったと聞きます。

大谷　本当のことを言うと私は村野藤吾は嫌いでして、本当に好きなのは吉田五十八です。吉田五十八は数奇屋を現代化した人なんです。《成田山新勝寺》のように寺院建築を現代化した人でもあるけれど、一番成功したのは寝殿造なんですね。平明な造りなんです。

どうしても吉田五十八と吉村順三が好きで、東京藝術大学へ進学したんです。ところが、今回のプロジェクトでは吉村さんの《ホテルフジタ》を壊す側に回らなければならなくなった。ですから、結構な覚悟をもってこの仕事に臨みました。

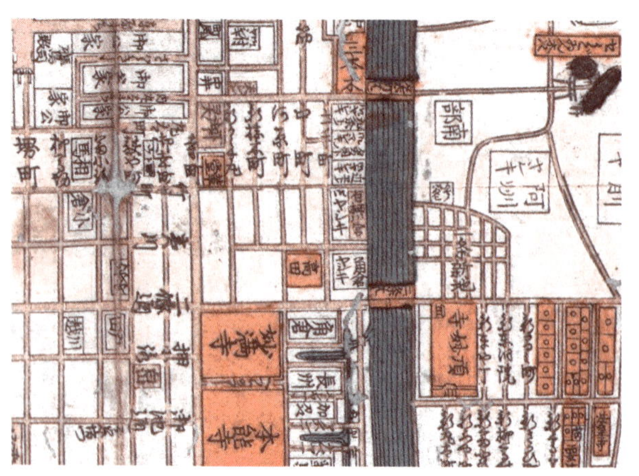

fig.4｜1863（文久3）年の敷地周辺図

fig.5｜路地のように長いアプローチ。
スロープで下がっていく

fig.6｜深い軒の出と雨樋

細部にこだわり、歴史を織り込む

大谷　本来、「リッツ・カールトン」というブランドは、《ザ・リッツ・カールトン大阪》が典型ですが、ライオンマークに象徴されるように、豪華に、贅沢にやらないといけない。でも、今回は真逆をいっています。先ほども言ったように、軒の出がかなり豪華に出ています。躯体から3.3mも出てるのですが、それを敢えて浅く見せるように、出窓風の窓がついていて、樋の溝の奥の方にじつは柱がありますfig.6。また、軒先をやたら薄く見せているのですが、軒天井をPC板にすることと、軒先を押し出し形材とすることで、成り立っています。これによって樋の水上と水下の勾配が全く見えないようになっているんです。これが型材ですから真っすぐ通るんですね。

松岡　板金を使わない、と。

大谷　使わない。やっぱり板金というのはペコペコするので。

松岡　あとは欄干ですね。

大谷　これも押し出しの型材を組み合わせてクロスジョイントになっていますfig.7。これもかなり完璧な造りで、外国の人が見ると、これは日本でしかできない仕事だとわかってもらえる。木の組み物はすごい技術でできますけども、金属もやり方によっては工芸の世界にもっていけるということですね。

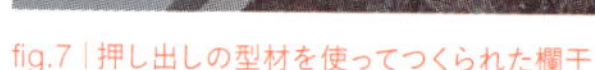
fig.7｜押し出しの型材を使ってつくられた欄干

fig.8｜段葺きのステンレス板金屋根

屋根はステンレスの素地ですけれども、ブラストをかけ反射しないようにし、それを板金して段葺きにしています fig.8。

地下3階まで落ちる滝は、《ホテルフジタ》にあった荒木造園がつくった素晴らしい滝をほとんど再現するつもりで取り組みました fig.9。ここに使ってあった石というのは全部もともと角倉の屋敷の中にあったものだそうで、今回もそれを転用しています。あとは、ここにあった藤田男爵の屋敷《夷川邸》の一の間と二の間を、こちらに移築することになりました。そういったいろいろなエピソードを持ち込んだことも大事だったと思います。

松岡　みそそぎ川を借景として利用するために、緻密なレベル調整をし、蛍が出てくる環境を保護していますね。先日行ってみたら、庭師が二条通り側にホースで水をかけて前庭の手入れをしていました。

大谷　法被を着ているでしょ。

松岡　ええ。

大谷　あれ、格好いいんですよ。絵になるサービスです。

松岡　そうですね(笑)。ああいう光景はあまり他のホテルでは見られませんが、それが日常に溶け込んでいる。みそそぎ川とロビーの隙間を歩いている人たちからロビーが見えるのもいいですよね。古くから文化のある特別な立地ですから、こういう風土や文化を活かすべきだと思いますし、それが見える設計になっていると感じます。

大谷　それはみなさんが活かして下さってるからであって、私が仕組んだわけでもなんでもない。これを良かれと思って大事にしてくれる人がいるからなんですよね。たとえば、建築主が異常なほどこのビルのメンテナンスは気を使っていますが、それは儲かっているという意味でもあります。たった134室ですが、いまや平均客室単価が10万円／日を超えているんですよ。でも、それがサービスレベルをキープさせたり、法被の職人さんを置いたり、いろいろなことに作用しているんですね。京都にはそれくらい別世界の、敷居が高い場所があってもいいと思っています。なぜなら、世界中のお金持ちがどっさりここに泊まりに来てくれれば、結果的に京都のためになるからです。必ずや日本が好きになるはずですから。

fig.9｜地上から地下３階まで流れ落ちる滝

松岡　今説明していただいたことに重なる部分もあるかもしれませんが、世界的なブランドが京都で競って展開し、京都らしいホテルのつくり方を各々が提示していると思います。

大谷　それは最初に申し上げたように、結果としてそうなったんですよ。景観条例の縛りのあまりのキツさがこの形をつくりだした。この仕事が来たそもそもの経緯は、《京都迎賓館》ができた当時、弊社の社長が建築主の和田会長をご案内したんです。それでこんなのを自分のところでもつくりたいというお話になったんです。民間の迎賓館としたいと。それからずっと長い間、計画は難航し、ホテルブランドが決まったのは着工直前なんですよ。

松岡　まず建築主さんがホテルをつくろうと考えて、その後にブランドを探しながら建築していくということですか。

大谷　これは五つ星ブランドの時の典型なんですけども、いつもそうなるんですよ。出店したいブランドもあるけれど、招かれればいくよ、って強気なブランドも当然あるわけです。

松岡　なるほど。ここは最後はすごく満足した、ということですが、最初にコンセプトを伝えた時はいかがでしたか。

大谷　リッツ・カールトンに決まったよって言われた時は、これまでのブランドの趣味嗜好を知っていたので「やばいなぁ」って思いました。そして、恐る恐るプレゼンをしますと、京都ならではの唯一無二のリッツ・カールトンにしたいから、他の系列店の後追いは一切しなくていい、と言ってもらえたんですね。なかなかそんなこと言ってもらえないんですよ。

松岡　気に入られたということですね。

大谷　だから、リッツ・カールトンにとっても、京都に出店するということはそのくらい一大事だったんですね。

松岡　作品の解説の中に「何もなかったかのような外観」と「陰影と薄さと簡潔さと素地」というキーワードがあったのですが、一見すると、このような高級なホテルをつくるときの「高級さ」とはかけ離れた価値観だと思います。

大谷　そうですね。それは、じつは私にとってどんな高級ホテルが来るかはあまり関係なかったからなんですよ。本当に、徹頭徹尾「建築」だと思っていた。

　これは私の変なところなのですが、でき上がるまでは建築に没頭しているので、周りのことが見えなくなるのです。そんなにハイグレードなものをつくっている意識もなければ、このホテルがどんなものになる

大谷弘明氏

かということもあまり考えていなくて、まっとうな建築にすることだけを考えている。ホテルはもっと商業建築寄りで、一種のヤドカリだ、ということは後でわかったんですよ。よくビルの上に乗っかっているホテルがありますが、彼らは外装はそれほど気にしていなくて、眺望はあってもガラスの外には環境がないんですよ。でもここは違って、周囲に環境があったのです。それに、私はホテルというものはある種の公共建築だと思っています。なぜなら、ホテルはみんなが使うことができますが、貸しビルや高級マンションだったらそうはいかない。だから、ホテルは京都にとっての公共財なんですね。それもかなり大事な。それをいい加減につくることはできなかったんです。

できる限り静かであること、声高に叫ばないこと

松岡　京都のような場所にホテルをつくるとなると、すでにある景観の恩恵を得ながら、景観そのものをつくっていくことになると思います。「手本になる」という言葉にその意識が表れていると思うのですが、日本の中でも景観行政の進んだ京都で、具体的にどういった景観の手本にしようと考えましたか。

大谷　この建築もそうだし、毎回の私のテーマであるのですが、「できる限り静かであること、声高に叫ばないこと」です。そーっと景観の中に入り込んでいる建築は、京都においてとくに重要だと思いますね。ときどき、高松伸さんみたいなのが建ってもいいかもしれないけれど、その他99%の建物は、できる限り地味目の中に素晴らしいインテリアを携えたらどうか、と思うんですね。《俵屋旅館》や内藤廣さんの《とら

や》がよい例ですね。先ほどの《京都迎賓館》もそう。かと言って主張がないわけではない。それができるようで、簡単にはできないんです。どうしてもみんな自己主張しちゃうから。建築家の自己主張というのは子どもっぽいというか、つまらないのが多い。私、私、ですよ。そういうのはダメですね。

松岡　そういった設計姿勢はスタディの中で、チームに対して仰っているのですか?

大谷　言いませんね。結果そうなるだけです。

松岡　知らないうちにそういうことが伝わっているのですか?

大谷　結局、自分がいつもしていることはそれに近いかなと思います。というのは、日建設計が担当するような建物は図体が大きいことが多いんですよ。圧倒的に大きい。でもそれは社会の要請であり、容積率であり、施主の事業のためですからやむを得ないところがある。それを引き受けて、でも偉そうに見えない、市民レベルに受け入れられる建物をつくるには、静かにつくるしかないのではないかと思います。その方法は千差万別あるわけですが。

　ちなみに、私は過去にあまりホテルを設計してこなかったのですが、このホテルの完成の後、ホテルの設計の機会がどっさり来るようになってしまって(笑)。結局、この《ザ・リッツ・カールトン京都》を設計している時の気持ちに常に戻らなければいけないと思っています。一軒一軒がすべてだと。

松岡　まっとうな建築をつくる、ということに没頭するうちに、いいホテルになっていくという風に仰っていましたね。

大谷　建築は土地にくっついてますでしょ。他に持ってくことできないんですよ。一品生産でもあるし、その場所がもつ特有のムードをいかに纏うかということが成功非成功の分かれ道になるはずです。ヨドバシカメラがいい例で、梅田にできた後、まったく同じ外観のものが秋葉原にできたんですよ。秋葉原の駅降りてパッと見た時にあれが建っていて、デジャブじゃないかと思ったほどです。

松岡　(笑)

大谷　異様なもんですよ。非常にマズい。あんなことしちゃいけない。だから建築というものを悪用すればそういうこともできるんだけど、決してそういうことに加担しないで生きる必要がありますね。

Indaba of Urban Archivists Journal

CHAPTER 02

地域のなかの民泊

成長の裏には、常に停滞が潜んでいる。増え続ける宿泊客にどう対応するかと同時に、成長が止まり、後退しはじめるときに、都市の形をどう保てるかを考えなければいけない。観光という産業の廃退に合わせて、日本中の都市が第二、第三の軍艦島になってはならない。そのために今現在、最も注目を集める宿泊形態が「民泊」だ。主には未使用(長期不在)の住宅を一定期間宿泊者へ提供することで、住人にとっては新たな収入源になり、宿泊者にとっては新たな宿泊体験を得られる。また、都市空間の有効活用にもなるし、宿泊客が減ったとしてもまた元の居住空間に戻すことで、宿泊者の増減による影響を和らげられる。しかし決して民泊は万能の解決手段ではなく、さまざまな問題も孕んでいる。

日本屈指の観光地、京都では民泊が数多く起こり、制度やあり方に関する先端的な議論が行われている。古都の学びから、日本における民泊あり方の視座を得たい。

民泊をいかに受け止めるか
地域、事業者、建築家の立場から

菅谷幸弘｜六原まちづくり委員会 委員長
西村孝平｜株式会社八清 代表取締役
文山達昭｜京都市 都市計画局
魚谷繁礼｜魚谷繁礼建築研究所 代表／京都建築専門学校非常勤講師
阿部大輔｜龍谷大学教授（都市計画・都市デザイン）

2016年10月25日｜京都市東山区 やすらぎ・ふれあい館にて

阿部 最近、さまざまなところで「民泊」という言葉を耳にするようになりました。民泊は大きな可能性を秘めている一方で、それが立地する地域との摩擦も出てきているようです。この座談会では、都市の状況を変えうる存在としての民泊を、地域や行政、事業者や不動産業者はどのように受け止めていくのか、そして建築家はどのような設計で状況に応じるのか、などを中心にお話しできればと思います。

民泊と町家の一棟貸し

阿部 京都市が2016年に民泊についてのデータを公表しました。インバウンドの増加と宿泊施設の不足、そんな中で民泊がある程度の地位を獲得しつつある状況が明らかになりました。
魚谷 まずこの場での「民泊の定義」をお願いします。
文山 民泊とは、法律などで明確に定義されているわけではありませんが、一般的には住宅を活用して宿泊サービスを提供するものをいいます。現在、民泊新法（法律名称は「住宅宿泊事業法」）の制定に向けて国で議論が行われているところですが、成立するまでの間は、一部の特区を除き、民泊の多くは法律的にグレーまたはブラックと言ってよいでしょう。ただし、京都市には特殊な事情があり、町家について帳場の設置義務など旅館業法の規定を緩和し、簡易宿所として町家の一棟貸しを認めています。この座談会では、いわゆる違法民泊だけではなく、こうした町家の一棟貸しのようなものが、地域にとって相応しい存在になっているのかどうか、という点も議論できればと思います。

西村　国は帳場をなくしても構わない、と言う方針ですよね。

文山　はい。2012年に京都市は町家に限って先行する形で規制緩和をしていたのですが、2016年4月に厚生労働省が全国の自治体に向けてOKの通知を出しました。しかし多くの自治体は、地域と問題を起こすなどの理由で、その通知に従わない、あるいは様子を見ているという状況です。

菅谷　それは、特定の京町家に限ったものですか?

西村　京町家であればすべてですが、一棟貸しという条件です。

文山　町家ではない戦後の一戸建の場合は、帳場を設置する必要があります。

西村　私は7年前から旅館業も営んでいます。最初の2、3年は帳場や従業員用のトイレを、無駄に思っていたけれど設置せざるを得ませんでした。役所が許可を下ろしませんからね。しかし、途中から緩和措置で一棟貸しの京町家に限ってはそれらが不要になり、随分とやりやすくなりました。

顔が見えない民泊

菅谷　六原では、2010年から空き家を流通させて住民を増やそうというまちづくりに取り組んできました。始めた当初は民泊はほとんど問題になっていなかった。急に問題化してきたのは、2013年頃でした。地域の側からすると、この地域を活性化しうる人たちに住んでいただきたいという思いで地道に取り組んできた空き家再生ですが、ほとんどの物件が民泊に流れていっているという残念な状況なのです。最近ではバブル状態になっていて、これまではすごく安かった物件ですら、手を出せないような額で流通している。そうすると、本当に住みたい人が住めなくなるまちになっていくな、と。最初は、民泊を排除していきたいと思っていました。でも、市場の動きを考えると、避けて通れない状況です。いまは地域としてどのように民泊と付き合っていくのか、どう立ち向かっていくのかということをみんなで話し合っています。まだはっきりした結論は出してないんですけども。

魚谷　たとえばどういう付き合い方があるでしょうか?

菅谷　事業者、民泊を営業されている方の顔が見えないことが、いま地域で問題になっています。たとえば、旅行者の集団が夜遅くに地域をウロウロする。宿の場所が分からないので、ところ構わずチャイムを押す。住んでいる人は、びっくりしますよね。そういうことが頻繁に起こっている。そのほか騒音やゴミの始末など、一般的にはマナーの問題なんですけれども、もし宿泊施設で火事などが起こった場合はどう

阿部大輔氏

するのか——といったようなことで地域の住人たちは非常に不安がっています。だから、少なくともこの不安要因の取り除き方が、いま私たちの大きな課題になっています。

阿部　六原は昔からゲストハウスがいくつかあったので、宿泊者が地域に来るという状況に対して比較的理解もあったのかなと思っていましたが、最近増えている民泊は地域と関わり合おうという意思がほとんど見られないということでしょうか？

菅谷　まずないですよね。中にはきちんとオーナーと地域とで話ができている物件もありますが、町内会レベルでも事業者を把握できていない物件は根強くありますね。

西村　不動産事業者の中には「私たちは宿泊施設はつくるけれど、運営は買い主さんがやることです」という身勝手な話を地区に持っていく事業者もいます。でもそんな事業者は必ず住民から反発されて、揉めています。住民側からすれば、「お前らの金儲けになんでわしらが犠牲にならなあかんのか」、となりますよ。これからは、旅館業の許可を下ろす際、ハードとソフトを両方ともチェックしていかざるを得ない。たとえば建物の用途変更を審査するだけではなく、運営会社は必ず地域と協議して、建物の外に連絡先を書くなどのルールづくりをしていかないと、ますます住民が不安になるし、結果、私たち不動産事業者も困ってしまう。早く行政はコントロールするべきです。違法な施設は論外として、合法でも運営会社の名前を出さなかったりといった不誠実な業者は排除したらいいと思うんです。

魚谷　常識的に考えて工事を始める時には隣近所や町内会長に挨拶はしますよね。その際に説明はしないんですか。

菅谷　きちんとした業者は来ます。しかしこれは最近の例なんですが、町内の方がご自身所有の空き家を貸しますと挨拶にこられました。でも、そこがゲストハウスになるという話はなかったんです。いま六原で動いている物件はほぼ民泊と言っても過言ではありませんが、そこも蓋を開けたらやっぱりそうでした。僕も町内会長という立場ですし、誰が事業者なのかなどは聞きに行こうと思っています。

西村　それは聞いたほうがいい。連絡先も表に出してもらって。

菅谷　ですよね。いま六原では地域として民泊とどのように付き合っていくかを検討しています。たとえば民泊を絡めて地域で若干の雇用がつくれないか、地域の中に民泊のプラットホーム的な施設がつくれないか。それから部屋のシーツの交換や掃除などの保守サービスを、地域での雇用としてできないか、など。すると、事業者の方と必ず向き合える形になる。そんなプロセスがあれば地域は安心できるのではと思います。そんな関係ができたら、地域が認定する表示をつけて、観光客も迷われることのないようにしたいですね。

魚谷　空き家だった路地奥の町家をどう活用するかという相談を受けたことがあるのですが、私たちの知らないところで他のメンバーが路地奥で一棟貸しの民泊をつくる話を進めてしまっていていました。そこで、それであれば、たとえば地蔵盆のときは地域の人に使ってもらおうとか、近くにお住まいの方に清掃をしてもらおうとか、そういう仕組みを慌ててつくりました。結果的には地域と共存するような形の民泊にすることができました。

菅谷　管理者や事業者と話をして顔が見える形になれば、信頼関係がつくりやすい。一度顔見知りとなれば、不安はずいぶん緩和できると思います。

ストック活用としての民泊

阿部　一方で、内部を大きく飲食店仕様に改変してしまった町家などと比べると、一棟貸しの町家は民泊経営が万が一頓挫しても、その後住居として使い続けられる可能性が高まるとも言えます。不動産としては民泊の動きをうまく利用して、地域の良質な資産にしていくという考えもある。

西村　それはありますね。今のような状況は当時想像できなかったので、7年前に宿泊施設をつくったときには稼働率60%で計算していました。稼働率が落ちてきた時は貸家にしたら——やはり宿泊施設の方が収益が高いのですが、一定の採算は取れるのではとオーナーには言っていました。貸家にできる間取りだったし、店舗ではないから使い勝手が良く、住みやすいんですよね。

阿部　民泊の議論はそのあたりの問題を見落としがちかもしれません

ね。空間としては、民泊は良い。空き家活用の例としても、空き家を宿泊施設にという提案が、今でも多くあります。一方、地域とすれば引っ掻き回される格好になります。しかし、町家が取り壊されてコインパーキングになっていた頃よりも、都市的な意味でのストックにはなっているとも言えますしね。いい側面も確かにある、このあたりが地域のジレンマでもあります。

菅谷　住み継がれるという前提であれば。民泊が斜陽になって賃貸物件となり、誰かが住むことになれば、それはそれでありがたい。

魚谷　経営的には、いまボロボロの町家を修繕してインバウンド利用し、後々に住宅として転用できるというプランニングは良いと思うんです。でも現実的にはちゃんと準備をする必要がありますね。町家の一棟貸しは1泊8−9万円で稼働率90%のような、一種の机上の空論で計画されているんです。それに民泊がダメになった後に住宅になればいいですが、人口減少の中では難しさもある。それに、甘い経営計画で破綻した民泊が安く売りに出て、転売された結果、1泊2千円程度のゲストハウスに変わってしまったら、客層もがらっと変わってしまう可能性もある。

菅谷　経営者が変わったら旅館業法の許可は受け継げるんですか?

西村　いや受け継げません。申請し直しです。そこが難しいところですね。今、路地奥の物件で許可を取っていたとしても、京都市の法的な取扱いが変わったため、次の人には許可が下りなくなってしまうんです。続けるしかないですよ。売れないですから(笑)。

民泊バブルの行く末

魚谷　別の問題もあります。規模の大きい町家も最近宿泊施設への転用が前提で売られだしているのですが、土地の値段自体が高騰して、結果、大きな町家がどんどん壊されているんです。客室数をより多く確保できる新築のホテルにしてしまうためです。どれだけ床面積を確保できるかという相談が出始めているような状況です。町家を改修して旅館にするという話を通り越して、それを取り壊してビルにしないと成立しないくらいに地価が上がってしまっている。

菅谷　ここ最近の高騰ぶりは、ちょっと信じがたいです。

西村　五条橋東の町家が並んでいる地区では13.5坪で7,500万円。アホみたいです。

菅谷　路地沿いの物件なんて、300万円程度で流通していたのが、今では1,000万円を超えていますからね。

西村　収支からの逆算で買うから、今のところは採算が合うんですよ

菅谷幸弘氏（左）と西村孝平氏

ね。いつまで合うのか知りませんけど。

魚谷　そんな計画に出資しているファンドも少なくありません。ファンドの多くは、たとえば3、4年後の転売を視野に計画を進めています。

西村　ファンドが入ってきたりするとろくなことがないんですよ。

菅谷　振り回されますよね。

魚谷　でも、そうした動きをしたたかに利用できたらいいですよね。

西村　行政はこの状況をどう捉えているんでしょう？

文山　基本的には、宿泊施設は観光政策上必要だと言っています。町家の保全や空き家の有効活用にもつながるので、京都市としては地域との調和を前提に、民泊110番で違法なものはどんどん取り締まる一方で、一棟貸しの合法なものを増やしていくという姿勢です。事業者と地域の接点が全然ないという点は、事前の周知説明や標識の設置を事業者に義務付ける指導要綱を定めましたので、今後は地域の方の不安もある程度は緩和されていくのではないかと思います。

菅谷　いま、六原界隈ではプチホテルも含めてホテルの建設が非常に増えています。京都全体でベッド数が1万床不足しているという話の中でこのようにどんどん増えていくと、質の低い民泊は最終的に駆逐されていくんじゃないかという気はしています。

魚谷　どうでしょうね。一棟貸しの民泊とホテルは、競合しないという気もします。泊まりたい人の層が違いますので。ですから、ホテルができて民泊がなくなるのではなく、民泊が過剰になってその中で淘汰されていくのではないでしょうか。

西村　民泊＝一棟貸しの宿泊施設ということであれば、それはホテルと異なる、新たな泊まり方のスタイルだと思うんですよ。たとえば4、5人でホテルで泊まるというのは現状ではなかなか難しいですよね。一緒にお酒を飲むのもラウンジなどに行かなければいけませんが、一棟

Archive Link
A3
A5

文山達昭氏(左)と魚谷繁礼氏

貸しだったらそこで飲めますしね。

魚谷　町家に泊まりたいという強いニーズもあります。

文山　ありますね。海外からと関東圏からが多いです。

西村　私のところも約半分が関東圏からです。今まで「宿泊する」というのはホテルか旅館だけだったけれど、町家に泊まるという新たなジャンルができた。みなさん宣伝が上手いから、「町家」「旅館」のような検索ワードで引っかかってくることも増えました。私も昔は稼働率60%と言っていましたが、今では75%を超えています。

菅谷　すごいですね。

西村　ええ、まあまあブームですからね。

民泊との向き合い方

魚谷　海外には、タイのカオサン通りやシンガポールのゲイラン地区のような安宿街がありますが、今の京都にはなくてあちこちに民泊ができている。それが京都と安宿街がある都市との違いなのかなと思います。安宿街は言い過ぎですが、地域によって民泊を積極的に誘致する地域、しない地域というように区別していくこともありえるかと思います。その際に地域の方々としては……。

菅谷　やはり事業者との付き合い方がどうできるかによって誘致なのか排除なのかという立ち位置が変わってきます。私は地域の人間として、住んでいる人の目線の住み良さが大前提。それを落としてまで民泊を受け入れたいとは思っていません。ですから、住民自身がまちのあり方をどう考え、住み続けたいと思うか、ブレずにいることが大切です。まちでいろんな取組をしていますが、それに沿う形の対応をしようと思っています。

西村　であれば、宿泊施設にしても、地域ごとキャパシティ設定があり得るのでしょうか。10軒中8軒まで宿泊施設だったら困りますよね。やはり2軒くらいが限度じゃないですか。

魚谷　そうなると、京都のどこもかしこも10軒中2軒ということになりませんか？

西村　それはエリアによって考えればいいんです。エリアの議論の中で、もっと多くの建物を宿泊施設にしても構わないようなところもあるわけです。

魚谷　旧五条楽園も、このままでは安宿街になってしまうんじゃないかと不安に感じています(笑)。

西村　8畳1間部屋ひとつで、共同炊事場・共同トイレ。そんな形態の物件も新築で建ってますよね。

魚谷　五条楽園もすごく値上がりしてしまったので多分大丈夫かなと。安心していいのかわからないですけど(笑)。

阿部　五条楽園界隈は、高瀬川沿いにも一棟貸しが何軒かありますよね。

魚谷　増えています。香港や台湾の方々がお茶屋さんと町家の違いや土地柄もわからずに、1回も京都に来ないまま「町家」「京都駅に近

fig.1｜六原まちづくり委員会＋ぽむ企画著『空き家の手帖』。当初は地域住民の啓発用に私家版としてつくられたが、地域外からも好評を得て、後に学芸出版社より一般書籍化。

い」「高瀬川」「鴨川」ということだけで買っているようです。

阿部　外国人にとっては、京都らしいイメージを求める傾向はあるでしょう。だからこそ、そのイメージが宿泊施設として商品化されていくことが地域にとっては迷惑なのかもしれませんね。六原のように長い時間をかけてまちづくりに取り組んできた地域では、空き家再生でも成果を出しつつあったりして、良い物件が出回っていたりもする fig.1。そこに業者が飛びついている印象があります。宿泊業をやりたい人にとっては、六原は地域からいろいろな条件を提示されて面倒。それでも、あるいは、だからこそ六原でやりたいと思ってもらえるかが問われるのではないでしょうか。

菅谷　そうかもしれませんね。五条通沿いに民泊ができることに対しては、あまり違和感はないんですよ。でも、路地の中の、隣近所の顔が見える中に、しっかりした対話もなく入ってこられた時は、地域コミュニティの住み良さが非常に阻害されていくのではないかという意識があります。

魚谷　面倒くさいな、というより、きっちりしている、と受け取ってくれる事業者のほうが良いかもしれないですね。

菅谷　いや、僕はそういう意味では本当に面倒くさいまちでいたいと思っているんですよ。

魚谷　設計者として地域に計画を説明にいく立場からすると、こちらの話を全然聞かずに反論ばかり言われるところより、しっかりと話を聞いてくれて、「すごく面白いからぜひ地域と一緒に取り組みましょう。ところで、こういう困ったところはどうしましょうか？」というやり取りができる地域の方がきっちりしていると感じます。

阿部　六原はそうですよね？

魚谷　人の話を聞かず、ただ反対するような面倒くさい地域、ではなくて、いい形で共存する可能性を探るための対話ができる地域、ってことですけどね。

阿部　当たり前のことをきちんとやっていくべき地域であるという認識をもってもらうことは不可欠ですね。

菅谷　そうですね。

阿部　民泊が合法か違法かという話が最初にありましたけれども、もちろん違法であることは認めがたいのは当然として、地域からするとじつは合法か違法かは本質的な議論ではなくて、地域といかに隣人としてやっていくか、というのが論点なのだろうと思います。

菅谷　合法でも迷惑な民泊はあります。でも、まずは違法物件から取り締まろうという思いはもっています。

阿部　地域側が動けば、違法物件は比較的簡単に把握しやすいという状況でしょうか？

菅谷　はい。町内会レベルでも、毎月こういう話を町内会長さんの集まる場所で問題として共有することに努めています。民泊とどう向き合うのか議論したり、宿泊業をやりたいという方が来られた時のために地域としてのお願い文書のひな形をつくって配布したり、実際に町内の怪しい物件を調査してもらったりしているので、ある程度は把握できていると思います。集合住宅の空き室は少し把握が難しいのですが、実際にキャリーケースを引っ張った一団がぞろぞろ入っていくのを見た、というのはまさに一目瞭然なので、その意味では把握は難しくないと思っています。

阿部　又貸し問題はどうでしょうか？

西村　うちも近隣から通報が来ることがあります。去年は2件同時にありました。町家とマンションです。両方とも宿泊施設にしていましたね。個人で40−50軒借りて運営しているようなケースでした。一応、賃貸契約はしているが、実際には宿泊施設に転用している。

文山　明らかに民泊目的ですね。

魚谷　最近も通報されてニュースになっていましたが、通報できる地域とそうでない地域があるかもしれないですよね。

阿部　町ごとに色合いが違いますからね。六原はできる体制ですが、そうはできないところもあるでしょうね。地域の人と不動産屋さんの顔が通じていて、建物の向こうにいる彼らの顔が把握できている地域であれば、悪い民泊は徐々に駆逐されていくと思います。

菅谷　そう思います。

阿部　だから、地域内でのネットワークも問われているんでしょうね。しかし、そんな六原でも民泊の増殖のスピードには……。

菅谷　追いつけていません。本当にあっという間に増え、六原ではすでに50軒を超えています。

西村　そうですね。ここ2年くらいの間です。

不動産市場の活況と人口減の狭間で

魚谷　去っていくのもあっという間かもしれないですね。ところで現在工事中のものもかなりありますし、宿泊施設はまだまだ増えると思います。稼働率は落ちていないんでしょうか？

西村　ほぼ落ちていないと思います。面白い話がありました。今度、京町家情報センターでセミナーと相談会をするんです。毎年やっているものなんですが、今回は事業用の話は受けませんと書いたら、なんと応募者が来ない（笑）。まだ10人くらいしか来ていないんですよ。今まで

60人くらいの規模の教室を使っていたんですが。

菅谷　そうなんや（笑）。

西村　「西村さんどうしましょう」というメールが主催者から来てね。最近は町家＝宿泊施設みたいな雰囲気すらある。だから、住む人の話が本当に少なくなってきました。それと地価が上がりすぎたというのも問題です。もう京都の町家には住めないじゃないですか。富小路綾小路下がったところで30坪程度の物件が1億円ですよ。しかもそこからまだ改修費がいるんです。

魚谷　しかし海外から見ると、たとえば香港のこぎたないマンションの1室で60m²・2億円とかしているものと比較すると、「京町家、安っすぅ」と思うんでしょうね。

文山　海外からだと相場がわからないですからね。

西村　恐ろしいですねえ。人口は減って空き家は増えていくと言われていますけど、京都はまちなかの居住ニーズはすごく高いんです。でも今はとてもじゃないけど住める状況ではありません。このままでいいのかどうかという問題はあります。

菅谷　本当は人に住んでもらわないと、地域のコミュニティ力がどんどん衰退していったり、非常事態に直面した時に対応できる能力が下ったりするという危惧があります。どんどん地域が劣化していくという思いが強くて、それを食い止めるためには若い層も住んで地域が引き継がれていくようなまちのありかたにしておかないと、阿部先生がよく使われる「まちの資源の消費」になってしまうという危機感がものすごくあります。

西村　路地奥で宿泊施設の許可が取りにくくなりました。そうすると事業者は買わない。これはいいことで、そうするともう住居利用しかありません。だから、路地の住居用の物件がまたやりやすくなる。路地はいくら高くても道路に面しているものほどは高くないので、居住用としての価格で売買できる可能性はまだ非常に残っています。その意味で言うと、路地はとても大切です。

菅谷　この町の形態を残さないとだめですよ。

阿部　住んでもらうという話と、マーケット的には流れを食い止めることは容易ではないという話をどう両立させるか。また地域の資源に乗った形で稼いでいる事業者が地域にお金を落としてくれる仕掛けがほとんどないことで、事業者が丸儲けという形になっています。ですから、事業者に対して地域の雇用対策などのアイデアや働きかけが求められているのだと思います。それから、収支計算の甘さから事業として成り立たなくなった後のことを、地域としても想像した上での対応が必要となるはずです。

左｜fig.2｜淳風ひすい庵（嶋原大門の宿）　右｜fig.3｜新道あやめ庵（宮川町の宿）
いずれも（株）八清プロデュース、魚谷繁礼建築研究所設計監理の、京町家をリノベーションした一棟貸し。

地域社会とインバウンド

西村　インバウンドも含めて、京都の宿泊者が減るかどうかという問題があります。ある人の話ですが、日本の空港では成田も羽田も福岡も発着枠がすでに一杯で、残るは関空と神戸しかない。つまり、関西中心に外国人が来る可能性があるので、関西圏で宿泊者は逆に増えるんじゃないかという考え方があるようです。

阿部　宿泊全体で考えると、インバウンドだけでなくて、ビジネスホテルが足りないというような話も以前からありますので、宿泊自体の需要は当分下がらないでしょうね。

菅谷　オリンピック以降も宿泊客は減らない、というのが一般的な見立てですよね。

文山　国がそう言っていますので、京都市もそう言っています（笑）。

魚谷　さきほど地域にお金を落とすという話がありましたが、お金の落とし方というのはいろいろあると思います。町家がちゃんと改修されていく、いうのもひとつのお金の落とし方だと思うんです fig.2, 3。もう1つはより直接的な落とし方で、たとえば、旅行者向けのつまらない飲み屋が増えたところで地域にとっていいことはありませんが、何か伝統産業がある地域でお金持ちの観光客にお金を落としてもらったら、それは悪くないと思うんですね。そこもしっかり考えれば、地域をどんどん発展的に救ってくれるかもしれない。

Archive Link
A3
A5

阿部　六原にそういう話がありましたよね？

菅谷　あります。六原は比較的高齢化率の高い地域でもあるんですが、外国人に対して不安を覚えている人もいれば、外国人と交流したいという人もいます。自分たちの地域が取り組んでいるお茶をはじめとした教養的・文化的なことを、外国人旅行者と一緒に体験できないかというような話を持ってこられる方もいました。六原は陶芸や扇子など職人さんのまちでもあり、それに興味を持っておられる観光客も多いと聞きます。そうした形で旅行者との関係づくりを考える。その中で、民泊の方にも、体験メニューの内容を旅行者に知らせてもらうことで、交流が生まれないかということです。事業者と地域もお互いが向かい合う形になるので、つながりもうまく生み出す可能性があると思っています。受け入れ側もボランティアではもちませんから、材料費や体験ツアー代のように少しでもお金が回るようにする。

西村　それは理想的ですよね。

文山　少し話は変わりますが、東京オリンピックや大阪万博などを背景に、1970年前後、当時は民宿と呼んでいましたが、今と同じように、宿泊施設にどんどん許可を出していた時代が京都でもありました。その頃、まちなかを海外からの観光客がたくさん歩いていたというようなことを聞くことはありましたか？

西村　いや、外国人は珍しかったですよ。

文山　そうすると、京都市民はこれまでにない経験をしていることになりますね。

魚谷　しかし、観光客が増えると言っても、空港のキャパシティに限度はありますよね。神戸空港は滑走路が1本だけしかないし、入国カウンターも小さいし。

阿部　入国審査も簡易化していくんじゃないですか。国としてはどんどん来てくださいという方向ですよね。ビザも緩和していますし。

菅谷　観光客はまだ2,000万人を超えていませんよね？

西村　1,900万人ですので、ほぼ2,000万人です。

阿部　2013年くらいのデータだと、インバウンドとアウトバウンドの割合が確か1対3でした。要するに、3人が海外に出ていくけれど、海外からは1人しか入ってこない。それがこの2年弱でインバウンドの方が優勢になった。14年にその年に円安と中国の経済活況が合わさって、急激に状況が変わりました。それまでは一部の日本好きな欧米系の観光客に限られていたのが、いまは旅先として検討される有力な場所の1つになっている。そこで発生する宿泊需要に応答するだけのホテルが量・質ともに足りない。ビジネスホテルでは複数人泊まれないし、どこか息苦しくて旅先の高揚感が下がってしまう。そんな中で地域に立地する民泊は多様で魅力的な泊まり方を提供してくれているように映っているのだと思います。柔軟な泊まり方を検討してこなかった日本のホテル業界の問題でもあります。高いところは別として、良質な宿泊施設がそもそも少なかったように思いますし、好きでなければいわゆる旅館には泊まらないですよね。経営努力しているのか、という旅館も少なくありません。

文山　民泊やホテルは増加する一方で、旅館は京都でも衰退していますからね。

菅谷　六原にも民宿が数件ありましたが、今残っているのは1軒だけです。老舗で有名なゲストハウスも、もともとは旅館だったんですよ。それがある時期に業態を変えました。

魚谷　ゲストハウスも結構ありますね。どちらかと言うとゲストハウスの人の方が騒ぎそうな気もしますが、ゲストハウスは常駐スタッフがいるから、あんまり問題ないのかもしれませんね。

菅谷　ゲストハウスといっても、苦情のたまり場になっているところもありますよ。表でタバコを吸う。夜間騒ぐ。そうして近所トラブルを起こすんです。

西村　うちも1軒だけ、隣にうるさいおばあちゃんがいる、町家の宿屋があります。そこは騒いだら絶対ダメだということで、旅行者を2人までしか泊まらせないようにしていますね。3人以上だと、お酒を飲んでどうしても騒ぎますから。

民泊はコントロール可能か

文山　これまでは宿泊施設というと、交通アクセスのよいところや観光スポット周辺に立地することが多かったと思うのですが、安く早くできれば、今はもうどこでもいい。規模をミクロ化させながら、既存の生活空間の内側に入り込んできているような状況です。

阿部　ですので、地域に急増する民泊は、不動産をどのように使ってそれを地域にストックとして蓄積したり回したりしていくのか、というまちづくりの流れをどこか阻害するのではないだろうかという違和感や不信感を、地域の方々に抱かせるある種の無秩序さがあるのだと思います。まちにとって、不動産がどう受け継がれていくかというのは重要な問題ですが、いまはそうしたストックの継承の過渡期にあるのかも知れません。いままでの都市問題とは少し違う質を持っているなと思います。さきほど、甘い収支計算の結果、事業として撤退するという話がありましたが、それは郊外に大型スーパーが来て儲からなくなったから撤退し、残ったのは生活力を失った地域だけだった、という話と同じで、好きなだけやって無理になったら出て行く、というのはあまりにも無責任です。宿泊業でも、やるのであればちゃんと地域に根付いてやり通す、という確約を地域からも求めていくことが必要になってくるように思います。

西村　不動産業者の私としては、正直いうとあまり事業ばかりのまちでは面白くないなと思っています。事業だから仕方ない側面もありますけど、居住スペースをきちんと残しておかないとまちは良くならない。ただ、土地の値上がりの状況は私たちでも読めません。

菅谷　不動産業界にとっては、悪い方へ状況が流れていませんか？ 土地が高くなるということは、そんなにいいことではない。

阿部　釣り上げ合戦になりますね。本来、マーケット依存では不具合が出るところに歯止めをかけるのが都市計画ですが、このテーマについてはまだほとんど何も議論されていません。喫緊の課題として方策を講じていかないと、この状況をただ傍観していたということになりかねない。

西村　事業者としても、高すぎる物件を買っても事業性がありません。今はマンションデベロッパーがまさしくそうです。マンションは都心だと必ずホテルに負けるんです。そして郊外は建物のコストが高くなりすぎて釣り合わないんですよ。たとえば山科で3,500万円のマンションは高すぎて売れない。2,000万円台にしないと売れません。でも建築費が高いから値下げできないんです。そんなジレンマをデベロッパーは抱えているんです。

魚谷　でも、京都のまちにとってそれは悪くはないかもしれない。

一同　（笑）

魚谷　設計者としては、やるべきでないことはやらないし、逆にうまく利用できるものは利用して、という気持ちはあります。たとえば生活空間の一部になっているような路地の中の一軒を民泊にする仕事はしないとか、逆に路地奥の長屋がすべて空き家になっているようなところで、路地の町並みも残せ、それだけの数がまとまれば常駐スタッフも置け、それで地域も安心できるような仕事は積極的にやる。その上で、地域に求めるのは、見る眼を持ってほしいということです。何でもかんでも拒絶するのではなくて、何か一緒にやれないか可能性を探るというのもありえるのではないでしょうか。

菅谷　私たちは、地域のルールやコンプライアンスに則ってもらえるところに対して、排除は考えていません。新たな動きを拒まず、むしろそれがあるからこそ地域がある種いい発展ができるのではないかという思いはある。あまり閉鎖的にはなっていないのですよ、六原は。悪質な業者に対しては過敏にならざるを得ないですが。

魚谷　そういう地域が増えるといいですね。

宿泊施設を巡る法の現在

文山達昭 | 京都市 都市計画局

近年、宿泊施設を取り巻く制度環境が揺れている。その背景にあるのは、いうまでもなくAirbnbをはじめとする民泊ブームである。旅館業法が施行されたのが終戦直後の1948年。以後、1957年の法改正で簡易宿所が追加されてからは、細かなものを除けば施設基準はほぼ変わることなく、洋式のホテル、和式の旅館、相部屋を主とする簡易宿所という3つの固定化されたビルディング・タイプのもと、この国の宿泊施設はつくられ続けてきた。

そこへ民泊が黒船のように到来する。住宅の全部又は一部を活用して宿泊サービスを提供すること——厚生労働省がそう定義するように、民泊は住宅である(あるいは、かつて住宅だった)ものであり、これまで法が規定していた基準を当然ながら満たさない。それらを合法化し普及させるため、官邸主導のもと、まずは2013年12月に「特区民泊」が制度化された。そして2016年4月には簡易宿所の面積・定員要件が緩和され、さらに2017年6月には、いわゆる民泊新法がその名も「住宅宿泊事業法」として公布された。この新法では、民泊は建築基準法上「住宅」として取り扱うとする、従来のゾーニング制度を骨抜きにするような調整規定が周到にも措かれている。また、同時期には、ホテルと旅館という区別を廃し、それらを「ホテル・旅館営業」として一本化する旅館業法の改正案も同じく閣議決定されている。

民泊ブームによって投じられた一石がインバウンドの増大と相まって宿泊施設をめぐる制度環境にさまざまな波紋を引き起こしている。現在、民泊新法の施行を間近に控え、少なからずの自治体では、条例による独自規制のあり方を巡って多くの関係者の間でさまざまな駆け引きが行われている。建築や都市に関わる者にとっても、その波紋の広がりを注視していく必要があるだろう。

Airbnbで泊まる

龍谷大学 阿部大輔ゼミ

京都市にあふれるさまざまな民泊の中で、多くの観光客が期待する宿泊のカタチとして、町家の一棟貸しがある。そこで龍谷大学阿部大輔ゼミが町家一棟貸しを実際に予約から宿泊まで体験し、その様子をレポートする。

宿の検索・予約

Airbnbで検索。泊まりたい場所はゼミでも調査に入っている京都市東山区六原地区の町家の一棟貸し。できれば路地沿いで、管理人と顔を合わせずに宿泊できるように鍵の受け渡しが不要なテンキーロックあるいはスマートロックのタイプ。宿泊人数はゼミ有志の8名が条件。人数が多いことがネックだったのか、検索に引っかかったのは数軒のみ。2つの候補で迷ったが、最終的に路地奥の町家をリノベした民泊に決めた。

さて、ここで思わぬ問題が生じた。Airbnbの予約の完了のためには、クレジットカードが必要だった。しかし私たちは誰もクレジットカードを保有しておらず、ゼミの先生にお願いするしかない。まごついている間に候補の宿には別の予約が入り、日程を再調整することになってしまった。8人も泊まれる路地沿いの物件という、それなりに変わった宿にも関わらず、すぐに予約が埋まってしまい、京都における民泊人気を実感することになった。

料金はまず3名分までが固定されており、1名追加するごとに1泊あたり3,000円が加算される仕組み。これに清掃料金が加わる。8名での宿泊なのでトータルではかなりの高額となったが、1人当たりで考えるとビジネスホテルよりはるかに安い料金だ。安くユニークな旅を支える施設として、民泊はかなりの魅力を備えているようだ。

チェックインまで

平日の宿泊だったので、ゼミのメンバーはまちまちの時間に集合した。テンキーでの出入りなので、来る時間が異なっても柔軟に対応できるところは、民泊の良さであるfig.1。普段は入ることを少し躊躇してしまう路地だが、今回は宿泊客として堂々と入れる。リノベされた町家には小さな看板が掲げられている。ただ、スマホを持っている人は地図検索が容易だが、それを持たない外国人旅行者であれば、そこにたどり着くのはやや困難かもしれない。

設備

玄関前とキッチン付近、2階寝室fig.2の3カ所に消火器が設置されており、避難経路の案内や火災報知機も完備されている。窓際は障子で遮光され、防火カーテンはない。緊急連絡先の事前連絡はあったが、施設内には記載がなく、有事の際にはやはり近隣頼りにならざるを得ないように感じた。

実際に泊まる

旅館などの宿泊施設と比べ、食事の時間の設定がないため行動を制限されることなく自由な宿泊の形に適している。アメニティも歯ブラシ

fig.1｜テンキーロックによる管理。
予約完了時にコードが送られてくる

fig.2｜2階寝室

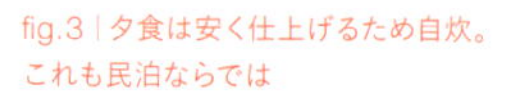

fig.3｜夕食は安く仕上げるため自炊。これも民泊ならでは

fig.4｜5カ国語による室内の注意書き

と部屋着以外はほとんど揃っており、洗濯機もあるため長期滞在にも向いている。夜は外食せずに、宿から徒歩5分のスーパーに買い出しに行き、みんなで夕飯をつくったが、誰かの下宿に泊まっているような楽しい感覚がそこにはあった fig.3。途中、先生がビールやワインを差し入れに立ち寄ってくれた。旅先でお金をかけずに大人数で賑やかに語らい合う場が持てたのは、民泊だからこそかもしれない。ユーザーの視点に立てば、民泊はかなり魅力的な宿泊施設と言えそうだ。

近隣との関係を考える

ただ、管理人の不在は便利な一方、依然としていくつかの問題をはらんでいるように思う。チェックがないので、予約者以外を宿泊させることが可能かもしれない。路地奥の生活空間にもかかわらず旅先の高揚感もあって夜中に大騒ぎしてしまう危険性もある。ツーリストたちのマナーやモラルに委ねるような運営形態は、地域に住む側からすると、不安を感じざるをえないだろう。ただ、今回宿泊したところは、英語で「禁煙（宿の前でも禁止）」「ゴミ出し」「近隣への配慮」「駐輪禁止」のハウスルールが表記されており、運営者も近隣との関係性に敏感になっている様子が伺える fig.4。

民泊には旅館などとは異なりサービスは提供されない分、自分の家のように行動を選択できるという自由がある。宿泊する際に重要視する点は状況や国の文化、価値観によってさまざまだ。もちろん民泊にもメリットばかりではなく、向き合わなくてはならないデメリットも多くあるが、その多様なニーズに寄り添って、多様な宿泊の仕方を提供できるのが民泊なのではないかと感じた。

CHAPTER 03

伝統地区のストックを生かし守る宿泊

IoUAの主なフィールドである、京阪神における宿泊施設の建築的な特徴は町家や古い長屋の一棟貸しの多さだろう。京都はもちろんのこと、大阪や奈良にも数は少なくない。観光客、とくに「日本らしさ」を求め訪れるインバウンドにとっては、伝統的な日本家屋に泊まる経験は代えがたいものであり、今後さらに需要は増してゆくと考えられる。一方で、京都では適切な管理がなされずに杜撰な改修が行われてしまうもの、荒廃し、取り壊されるものが多いのもまた事実である。想像以上に、町家を現在形で使用し続けることは難しさを伴う。
第3章では、実際に京都で行われている町家の改修事例を多数挙げ、伝統を引き継ぎつつ、現代的な生活を受け入れられる器を継承する設計手法を見てゆきたい。

リノベーションの射程
京都の事例から考える

文山達昭 | 京都市 都市計画局

近年、インバウンド需要の高まりを背景として、全国各地で空き家や空きビルが宿泊施設として再生される事例が増えてきている。たとえば国土交通省が全国の建設業5,000社を対象に毎年実施している「建築物リフォーム・リニューアル調査」によると、年度ごとの宿泊施設への用途変更件数は、2011年度が20件であったところ、12年度が148件、13年度が182件、そして14年度には728件と急増している。

京都市内でも学生寮やオフィスビルのほか、学校、倉庫、カラオケ店などさまざまな用途であった建物が次々にホテルやゲストハウスへと姿を変えている。なかでも目立って増えているのが京町家を活用した宿泊施設である。簡易宿所として旅館業許可を取得したものに限っても6軒にすぎなかった12年度から4年余りで460軒を超えるまでに増えている。この原稿執筆時点でも市内各地で開業ラッシュが続いており、その勢いは当面やみそうにない。本稿では京町家を巡るこのような状況に焦点を当て、都市におけるリノベーションのあり方について考察してみたい。

都市建築としての京町家

京都の伝統文化の象徴。京町家は、しばしばそのように形容される。だが、文化的な側面ばかりを強調しすぎると、より本質的な意義を見落としてしまいかねない。京都にとって、それはなによりも、都市の空間的・社会的構造に深く根ざした、正しく〈都市建築〉というべき存在としてある。

fig.1｜グリッドと町家が一体化された京都の街区

平安京は、その成立の当初から「町家」を胚胎していたようである——。ある建築史家がそう表現するように、京町家は京都という都市とともに形づくられてきた。条坊制によってグリッド状につくられた道。その道を生活の基盤として、それを挟み込み、そしてそれと直結するようにして形成された接地性の高い住空間の形式。それこそが京町家の原型をなす。それはまた、道を挟んだ亀甲状の空間単位を基礎とする〈両側町〉という共同体とともにつくられてきたものでもあった。オモテとオク(あるいはウラ)は空間構造のみならず共同体の社会構造を表す言葉でもある。そのような空間形式は平安時代末期から鎌倉時代にかけて完成されたと言われており、その後、技術の進展や共同体ルールの確立に伴い様式上は変化をしていくことになるが、形式的にはほぼ変わることなく今日まで受け継がれてきたと言ってよい fig.1。

同じグリッド都市のニューヨークと比較すれば〈都市建築〉としての特異性はよりわかりやすいだろう。マンハッタン・グリッドはブロックを切り離したうえで、それぞれのブロックごとに建築の自由=錯乱を保証する。ニューヨークという都市にとって建築物は容易に交換可能なものとしてある fig.2。これに対して、平安京グリッドは京町家と空間的に一体化し、さらに共同体システムと深く連動することで隣接するブロックは相互につながれている。京町家は群として見れば〈都市遺構〉であり、今日に残されたそれら一つひとつはその生きた/生きられた断片としてある。そのような建築物がいまなお都心部を中心に40,000軒以上も存在していることは、この国においてやはり稀有なことと言ってよいだろう。

fig.2｜マンハッタン。グリッドに担保された建築の自由＝錯乱

京町家ブームの過去と現在

だが、その数も失われてきた結果である。戦後、とくに高度経済成長期からバブル期をピークとして京町家は減少の一途をたどってきた。長らくの間、不動産市場では「古家付土地」、すなわち土地利用を阻害する負の存在として扱われ、その価値が顧みられることはほとんどなかった。

こうした傾向に変化が見られ始めたのは1990年代の終わり頃である。バブル崩壊に併せるかのようにして京町家ブームとも言える現象が起こる。カフェやレストランとして京町家が再生され、若者を中心に人気を呼ぶ。そして、それらが雑誌などのメディアに取り上げられることで、京町家であることを売りにした飲食店や物販店が増えていく。ある調査によれば、町家再生店舗の数は2002年時点で700軒、その10年後には1,500軒を超えたともいわれている。また、2001年から数度にわたり『別冊太陽』で古民家再生の特集が組まれ、全国的に古民家が注目を集めるなか、住まいとしての京町家も改めて評価されるようになる。京町家が不動産市場で固有の価値を認められ、京町家を専門に取り扱う不動産事業者が現れてくるのもこの頃からである。

今日、京町家を巡るこのような動向は一時的なブームを超えて、ある程度は定着した感がある。ある程度はと留保をつけたのは、それでも減少傾向に十分な歯止めがかかっているとは言い切れないからである。事実、近年の調査では年間1.5%以上のペースで依然として滅失し続けていると推計されている。

そのようななか、インバウンドの波に押されるようにして予期せぬ形で起こったのが今般の京町家の宿泊施設ブームである。飲食店に比べ事業参入が容易である、小規模ゆえ投資額が少なくて済む、賃貸住宅に比べ単価が高く短期で投資回収が可能であるなど、ビジネス上の優位性もあって、これまで空き家のまま放置されていたものが宿泊という新たなプログラムを獲得し次々に改修されていく。京町家の保全·活用、ひいては京都の景観保全という観点に立てば、こうした事態は歓迎されてしかるべきものではあろう。京町家の保全に古くから取り組む市民団体からは、一室的空間を確保するため無思慮に柱や壁が抜かれることの多い飲食店などと比べ、ほぼそのままで住宅に再転用できる宿泊施設のほうが活用方法として好ましいといった声も聞かれる。

だがその一方で、ブームの過熱によって、副作用ともいうべき負の効果が生じてもいる。なかでも深刻なのが「一棟貸し」とよばれる宿泊施設を巡っての問題である。

一棟貸しというビルディング·タイプ

旅館業法は、宿泊施設を設ける場合、管理者が常駐することを前提に玄関帳場の設置を義務付けているが、2016年4月、厚生労働省は民泊推進を目的にこの規定を緩和してもよいとの方針を打ち出した。だが、多くの自治体はこれに追随するどころか安全確保を理由に慎重姿勢を示しており、なかには条例で規制強化を行ったところもある。一方、京都市では、国の方針に先立つ2012年、京町家の活用を後押しするため、独自ルールにより京町家に限って玄関帳場の設置義務を免除する規制緩和をすでに行っていた。京町家の宿泊施設が増え始めたのはそれからであり、つまり今日存在する多くのものが一棟貸しということになる fig.3。各地での規制緩和の状況を考えれば、この一棟貸しというビルディング·タイプは、一部の特区を除き都市部ではほぼ京都市固有のものと言ってよく、制度の改変が新たなビルディング·タイプを生むという一事例をそこに見てとることもできるだろう。

では、一棟貸しの何が問題なのか。そのほとんどは管理者の不在に起因する。玄関は暗証番号式のナンバー錠やスマートフォンで開閉する電子錠で閉ざされ、管理者と宿泊客とのやり取りはすべてインターネットを通じて行われる。多くのものは玄関先に標示もなく、かろうじてそれが宿泊施設と知れるのは錠の形式からのみである fig.4。地域住民からすれば内部はいわばブラックボックス化されており、防犯や防災面で不安を抱かざるを得ない。また、早朝·夜間にかかわらず石畳の路地でスーツケースを引く、地域の決まりに反して所構わずゴミ

Archive Link
A3
A5

fig.3｜町並みに溶け込んだ京町家の一棟貸し。あるいは擬装されるコミュニティ

を出す、周囲の住宅と外観上区別がつきにくいため深夜にそのあたりのインターホンを押してまわるなど――もちろんすべてがそうというわけではないが――宿泊客による文字通りの傍若無人な振る舞いが直接に周辺の生活環境へ悪影響を及ぼしてもいる。本来は都市に根差し共同体を支えるものであったはずの京町家が何かのウイルスのごとく内側から変異し共同体を蝕んでいくような事態――そう表現すると言いすぎだろうか。

ともあれ、このような事態を受けて京都市行政は、2016年12月、宿泊施設の管理者に対し、地域への事前説明や連絡先の開示、現地での標示などを義務付ける規制強化に踏み切った。地方自治体が取り得る措置としては確かに有効だろう。だが、京町家の一棟貸しを巡るこうした状況は、より本質的なところで、都市にとって建築のリノベーションはどうあるべきかを問いかけているとも思われる。

リノベーションの意義

リノベーションとはなにか。既存の建築物に手を加え、新たなプログラムや価値に向けてその空間を再生すること。一般的にはそのように定義できるだろう。だが、人口減少時代を迎え本格的なストック型社会に突入したと言われて久しい今日、それらの空間ストックをどのように再生するかは建築物単体に留まるものではなく、都市のあり方にも深く関わってくる。もとより都市において建築物はそれのみでは存在し得ない。ましてや既存のものであれば、周囲の都市空間やそこに生きる共同体をはじめさまざまな関係のもとにある。一旦は途切れてしまった空間を巡る多様な関係性を、過去と現在の文脈を重ね合わせつつ、さまざまな行為や機会に開きながら未来に向けて縫い直すこと。そうしたことこそが都市におけるリノベーションの本質的意義と言えはしないだろうか。京町家の一棟貸しに欠けているのは、まさにそのような視点にほかならない。

このことは京都のような歴史都市に限った話ではない。既存の空間で都市が満たされ、今後も日本各地で空き家・空きストックの増加が予想されるなか、つくり手や使い手を含め都市や建築に関わる者すべてが、そのようないわば高次のリノベーション的視点を持つことが求められてくるだろう。そして、一つひとつは小さなものかもしれないが、そうした視点に基づく取組の積み重ねこそが、都市をつくられた空間から生き続けられる空間へと変えていくはずだ。

fig.4｜格子戸に直付けされたナンバー錠

町家ホテルの設計と法規

魚谷繁礼 | 魚谷繁礼建築研究所 代表／京都建築専門学校非常勤講師

いわゆる京町家を改修し宿泊施設とする場合、とくに、旅館業法、消防法、建築基準法およびバリアフリー法をおさえる必要がある。ここでは、そのなかでも建築基準法について記したい。

まずは当該町家が既存不適格であることを確認する必要があるが、一般的に町家は1950年の建築基準法施行以前の築造であり、その後に違法な増築などがされていないかぎりはそのまま既存不適格となる。

次に当該改修が大規模な修繕、大規模な模様替え、増築、あるいは用途変更のいずれにあたるか確認したい。用途変更のみであればかかる遡及への対応は比較的容易だが、用途変更だけではなく前三者のいずれかにも該当するとなるとその遡及対応が容易ではなくなる[1,2]。

続いて用途変更される箇所の床面積が100m²以下、100−200m²以下、200m²を超えるのいずれにあたるかを確認したい。100m²以下であれば用途変更の確認申請手続きは不要だが、遡及に対する対応は必要なので注意したい。また200m²以下か200m²を超えるかでは同じ用途変更でもかかる遡及の内容が異なってくる。

とくに注意が必要なのは接道についてである。用途変更に対し接道の遡及はかからないが、当該敷地が路地に面し接道しない場合などはその路地が施行令128条における「その他空地」にあたるかどうかの確認が必要となる。加えて京都市においては基準条例9条における「路地条部分のみで道路に接する敷地」に該当しないかの確認もしたい。

1　京都市では、町家の改修が大規模な修繕、大規模な模様替え、あるいは増築にあたるかどうかについて、『京町家できること集 改訂版』（京都市、2017年）により解説されている。

2　「京都市歴史的建築物の保存及び活用に関する条例」を活用することにより建築基準法の適用除外とすることも可能である。小規模な町家などの改修を対象にした包括同意基準も設けられている。

京町家のリノベーション設計手法

阪田弘一 ｜ 京都工芸繊維大学教授（都市・建築計画）

京町家とは

京町家独特の間取りや意匠を紹介する書籍は数多くある。そうした中で建築史家の丸山俊明氏は、京都の町家の歴史を平安時代から詳細に押さえた著書[1]の冒頭で、京町家という名称を用いない極端な方針を宣言している。

> そもそも「京何々」は京都の固有性を強調して価値づけする「京ブランド」なので、「京野菜」も京都の特産品として固有性が確かな賀茂なすや鹿ケ谷かぼちゃを指します。それでは京都の町家はどうでしょう。特産品ではありません。京都で生まれた型式や意匠はありますが、江戸時代には各地へ伝播しています。格子が他より細い点を取り上げて「京都の町衆の美意識」を反映した「京格子」と評価する方もありますが、江戸前期の京都の技術的先進性が生んだ「京格子」は、技術の伝播が進んだ江戸中期には全国でも珍しくなくなって「京格子」の用例も減っています。ただ、幕末の大火を経た京都の町家は、近世最後の格子を付けて最も細いだけです。［中略］京都の町家の固有性は、実はただ一点。他の大都市より多く残る点だけです。

何よりも他都市に残る町家との量的差によって価値づけられているという指摘は一見、京町家ブームに対する著者の冷めた視点を感じさせるが、京都の町家を一過性の流行としてではない形で残し続けたいという思いが逆説的に表現された一節とも言えるであろう。

転用黎明期の先進事例

都市建築学者の宗田好史氏によれば、京町家を他の用途に活用した事例は1990年あたりまではまだ珍しい存在であり、《堺町画廊》(ギャラリー、1981年)、《ナブラッド》(衣料雑貨店、1988年)、《豆菜》(飲食店、1989年)あたりが先駆けとなる。さて、宿への初めての転用事例に関しては定かではないが、現在の急増の動きに先駆けた宿泊施設として《布屋》(2003年)がある[2]。

1|布屋

ホテルマンであったオーナーが宿泊施設経営を決断し、税理士であったお父上の仕事上、事務所兼住宅に改修していた町家を、1組または2組が宿泊できる簡易宿所とオーナーのお母さまの住宅として改修したものである[fig.1, 2]。京町家のもともとの形式である、職住一体型を宿となった現在も維持されている。

運営はすぐそばに住まうオーナー夫妻だけで賄われており、過度なサービスは提供せず、食事も朝食のみのB&B形式となっている。ただし、毎日すみずみまで掃除が行き届いた清潔な空間、朝食のご飯は土

左|fig.1|京町家特有の坪庭
右上|fig.2|入口左手のライブラリー。窓には線の細い縦格子がはまる
右下|fig.3|愛らしい引手金物

鍋で炊くといったこだわりがこの宿の魅力に貢献している。こうした細やかな配慮は、オーナー自ら古道具市に足しげく通い見繕ってきた照明、家屋から醸し出される年月に似つかわしい中古材を調達して寸法をしつらえ直した建具、改修以前から使い続けていた愛らしい意匠の引手金物 fig.3 を用いるなど、空間のさまざまなところにちりばめられている。

ここで設計・施工、また行政との粘り強い交渉などにも活躍したのが、町家の保存、再生に取り組んできた職人や技術者がつくった「京町家作事組」である。1992年に発足した京町家再生研究会を母体として1999年に誕生した。伝統的な京町家の建設技術や意匠、素材の使い方を守り続けることを重きにおいた組織であり、手がける仕事もできる限り当時のつくられ方を損なわないことに大きなこだわりがある。この事例でも、最大2組の客を受け入れるという機能的な要求に対して、上部に吹き抜け(火袋)を持つトオリニワの水廻りを移設し、そこに2組目の宿泊客用に新たな階段を増設するというように、京町家の大きな特徴を守る最小限のプラン変更で対応している。内壁は、老朽化した土壁の表面をこそぎ落として中塗り仕上げを再現するなど、当時の姿にこだわった仕上げとなっている。

なお、オーナー夫妻は、将来現役を引退したら再び自身の住宅としてこの建物に住まい、残りの人生を過ごしたいというように考えている。それが十分可能なつくりになっているのは元々住宅であったからこそといえるであろう。

2 | あずきや

さらにもうひとつの京町家の宿泊施設の先駆的存在が《あずきや》である fig.4。ここは敷地内に3棟が建っている。表屋造の2組を受け入れる宿の《あずきや》、1列3室型である一棟貸しの《sem》fig.5。この2棟は京町家からの転用である。そして、それらの建物と中庭を挟んで建つ増築部。これはオーナー家族の住居棟で、宿の厨房も兼ねる。厳密には職住一体型ではないが、運営はオーナーである女性1人で賄っている。作事組から紹介された若き造園家の手によりしつらえられた中庭は、もとからある素材だけで再構成されており、過度な主張を排除し昔からそこにあったかのような自然な魅力にあふれている fig.6。この庭が住居棟増築部から各棟へのサービス動線の役割も果たす形となっている。

宿泊施設の2棟は、《布屋》ほどの予算と技術を用いて本格的な京町家の再生を目指したものではない。しかし、先行事例もほとんどな

左｜fig.4｜《あずきや》外観
右上｜fig.5｜《sem》内観
右下｜fig.6｜若き造園家のしつらえた中庭

い京町家を宿泊施設として蘇らせるという、まだ若かりしオーナーのチャレンジに共感する多くの支援者が集まり、DIYで天井の洗い、ベンガラ塗り、造付流しの柿渋塗り、土壁補修などの改修工事が進められた。この開かれた現場はある種のスクールとして機能し、京町家再生を生業の軸とする設計事務所を設立する、京町家を活用した事業者となる、などの追随者を生んでいる。

ただしオーナーの現在の心境としては、意外にもこのように伝統的な姿をかたくなに守るのではなく、真壁などにもこだわらず今風の内装であればよかったとのことであった。というのも、そうすれば掃除やメンテナンスが圧倒的に楽になるので、今の建物よりもっと長く営業を続けられて、京町家をよく知らない人にでも運営を任せらせるからである。そして何より、宿泊者の多くは、京町家についての詳しい知識を持っているわけではなく、昔の姿を留める外観と、畳の間と、坪庭があれば、それで十分京町家で泊まったという満足感を得て帰られる、というのが大きい理由なのである。

その後の広がりと転用の建築的傾向

京町家は、2003年の都心4区（中京・上京・下京・東山）における悉皆調査[3]では、約25,000軒が確認されているが、もちろんその数は年々減少している[2]。

一方で、京町家を改修して営業する一棟貸しを中心とした簡易宿所[4]の急増は目を見張るものがある。これに加えて、認可を受けていないヤミ簡易宿所というべき物件も多数ある。それらは、主にAirbnbなどを通して流通していると考えられるが、厳密には違法物件であり、その実態は把握できないのが現状である。それらをあわせると、実態として京町家を利用した宿泊施設の数はさらに増えることになる。

では、今まさに宿に転用されようとしている京町家の改修実態とは、一体どのようなものなのか。前述した先駆的事例はともに、京町家の所有者自らが宿のオーナーとして、改修に携わったものであった。しかし、インバウンドは海外旅行者のみならず、宿経営に乗り出す多くの外部者が京都へ流入する動きも生みだした。そうした物件から建築家が設計に携わった2事例を紹介する。

1｜大和大路の宿

既存の建物は京町家としては最もミニマムな1列2室型である。空き家になってから手入れはされずに放置され、室内は大いに荒れた状態で、骨組みも大きくゆがんでいた fig.7–9。しかし、手を加えられた形跡はあまりなく、トオリニワや厨房、火袋、階段などオリジナルの間取りや要素は維持されたままであった。

予算的には極めて厳しい条件で、決して潤沢な素材や人手は使えない中で、建物のゆがみを直し、さらに、オリジナルを活かした間取りの変更、内装仕様の大胆な変更と省略により、現代の一棟貸しの宿として再生させている fig.10。たとえば、2階は一室化し、天井裏を現わしとしたうえで、壁と天井を連続したベニア貼りの大壁仕上げとすることで、抽象的な空間に歴史の痕跡を留める具象的な小屋組が対比的に

fig.7–9｜リノベ前の既存建物

Archive Link
A3
A5

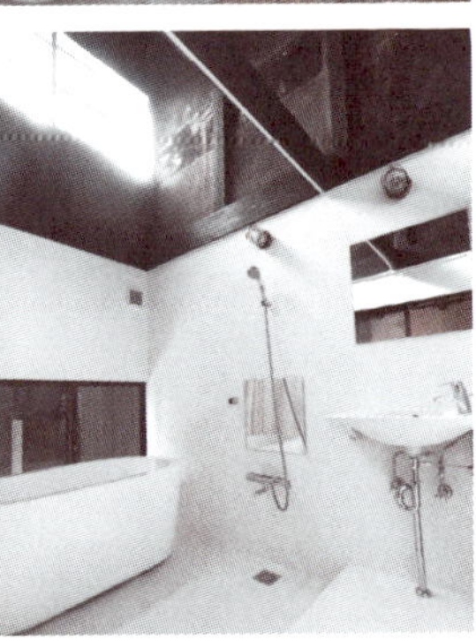

上段｜fig.10｜《大和大路の宿》外観
中段左｜fig.11｜《大和大路の宿》2階寝室内観
中段右｜fig.12｜《大和大路の宿》1階浴室内観
下段｜fig.13｜《大和大路の宿》1階キッチン内観

露出する、印象深い寝室が実現しているfig.11。また、火袋を残し、その下に浴室を挿入しているfig.12。そのことで火袋は熱ではなく水分の逃げ場として機能するとともに、2層吹き抜けの開放的な浴室空間を生み出している。さらに白いFRP防水をそのまま仕上げとすることで、上部の濃茶に染められた壁や天井との対比も相まった結果、現代の宿にとって重要な要素といえる入浴の特別感を演出することに成功している。狭小な庭は土間化により室内との連続性を持った光が差し込む清潔で落ち着いた半外部空間としてしつらえられているfig.13。

最小の間取りの京町家であるため、トオリニワに浴室を挿入せざるを得ず、その連続性が途絶されているが、それ以外の京町家の持つ基本的間取りや構成を大きく改変することなく、それを宿の空間的魅力に転化しようとする設計者の意思が伝わってくる。

2｜西六角町の宿郡

既存の建物は、路地状の敷地内通路に面した1列3室型の4棟長屋形式の京町家であるfig.14。これをそれぞれ一棟貸しに改修するプロジェクトとなる。敷地内通路である路地沿いの外観は、開口部がすべてアルミサッシュとアルミの縦格子、仕上げはタイル張りへと変えられ、京町家の面影はほとんど残されていなかったfig.15。内装は《大和

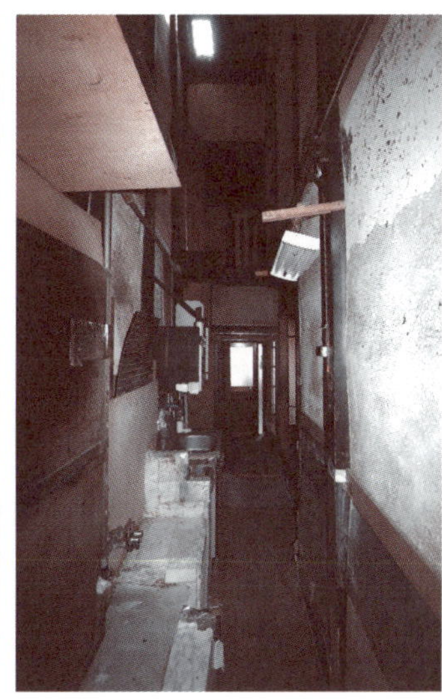

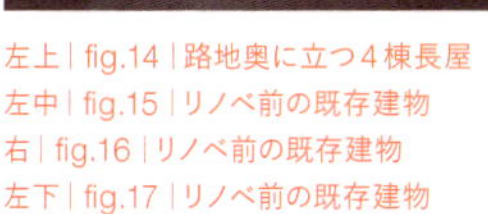

左上｜fig.14｜路地奥に立つ4棟長屋
左中｜fig.15｜リノベ前の既存建物
右｜fig.16｜リノベ前の既存建物
左下｜fig.17｜リノベ前の既存建物

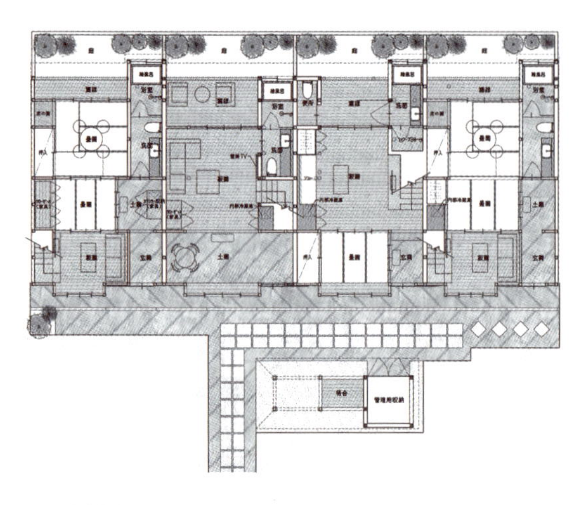

fig.18｜改修後1階平面図｜S=1:300

大路の宿》ほど傷みはきていなかったが、外装は風雨に晒され惨憺たる状況であった[fig.16]。また、空き家になるまでにいろいろと手を加えられており、オリジナルの京町家の間取りや仕様は東側の1棟を除き、崩されている[fig.17]。とくに中央の2棟は1棟の住居として大きく改変されていた。1階の3室および通り庭はそれぞれ一室の洋間として間仕切りと階段を撤去、通り庭に床を張り、階段が新設されたところ以外は、火袋も塞がれ居室化していた。

改修後、4棟ともトオリニワだった部分を路地と連続する形で土間に戻し、玄関、そしてトイレや風呂、キッチンなどの水回りをそこに集約、もとの1列3室型の骨格そして路地との関係を取り戻している[fig.18]。トオリニワ上部の吹き抜けも1階のプランと関連づけながら活かされてる。このようにもとの京町家の構成に戻すという改修の方向性は共通させながら、もとの骨格を損ねない形で1階の共用空間と2階寝室に断面方向の連続性を持たせる大きな吹き抜けを設ける演出が、各棟でこまやかな差異をつけながら展開されているのである[fig.19, 20]。

ここでは、すでに失われた各住戸の京町家としての間取りや構成に加えて、路地に面して連なる京町家の街並みの風景も1つのプロジェクトの中で復元されていることが注目されよう[fig.21]。

京町家の価値の再発見

改修実態については、京町家本来の姿を意識し、外観はもちろん内部の空間構成もある程度維持または再生される方向にあると言えよ

上｜fig.19｜トオリニワに吹き抜けをつくった棟
中｜fig.20｜路地側を全面土間にし、1階を一室空間とした棟
下｜fig.21｜《西六角町の宿群》外観

う。もともと住宅である京町家は、一棟貸しの宿に転用する際に大がかりな改修が必要とされない[5]ことも大きな要因であるが、京町家を宿に選ぶ観光客が、京都ならではの住まい「らしさ」を求めていることへの応答であることも間違いない。

たとえば、前述した作事組の関わった黎明期の事例は伝統的な姿へ再生すること自体が改修の大きな目標となっている。そしてそれは現代において大変な労力を伴うことでもあり、あくまで少数例に留まるものである。

その後、数多くつくられるようになる一棟貸しを典型とする宿の多くは、その骨格的な特性はできる限り維持しながらも、コストやメンテナンス、サービスの効率化を考慮しつつ、京町家に対する十分なリテラシーがなくとも宿泊でき、一定の満足感が得られるような空間の創出とその差別化に注力することとなる。だからこそ設計者にとっては大いに力の発揮できる舞台でもある。

ところで、最初に触れたように京町家は、歴史的に培われてきた都市部の地域共同体の生活社会を体現している住宅群が、戦火を逃れ大量に残った数少ない量的存在としてあり、その歴史的希少性から価値づけることができるということであった。しかし、この価値づけはあくまで外部者からの視点である。それが当たり前の環境としてあった、そこに住まう内部者としての地域共同体のメンバーが、それを歴史的価値のあるものとして、また審美的価値のあるものとして自らの建物や町並みを客観視することはなかったであろう。その先で、今の時代や生活様式の変化に追いつけず、また、少子高齢化が進み共同体の存続も危惧される中で、京町家の特徴を損なうような大きな改変がなされる、また、放置され朽ちつつある状況に突入する。つまり、共同体の生活に裏付けられ生成した京町家群が、今の生活を支える器としての役割を果たせなくなってきた。その器のいわばかつての生活景としての価値を外部者が発見し、おもに商業そして観光のために活用するようになった、ということなのである。

ブームの先にある京町家の未来は

人に使われ続けることが建物を活かしていくのは間違いない。まとまりを持って存在する歴史的建物群で、かつ住宅に代表される日常的に使われ続ける建物を対象とした保存制度では、重要的伝統建築群保存地区制度が最もメジャーなものだといえるであろうが、この基本的思想は外観保存である。さらにその改修費用の多くを公的資金で補助することにより成立している。住民が維持していくに当たり、内部まで保存・維持の規制対象にするには無理があるということ、そして建物や街並みに対する外部者からの価値づけとしては風景的側面が馴染みやすいこと、の証左だといえよう。一方、宿へと機能を変えた京町家では、その生活景の生成を支えた主体すら喪失されている。それはいわば重要的伝統建築群保存地区以上に偽装的風景というべきものであるかもしれない。しかし強調すべきことはやはり、宿泊客の生活が一時的に営まれる一棟貸しという型が、図らずも京町家の外観に留まらず、内部空間の維持や再生にまで大きく寄与しているということである。一方でそれは、京町家の宿化が主に経済合理性によって牽引されているということでもある。そして、長年にわたり維持されてきた生活財が今では消費財として、その風景だけでなく内部空間までが消費の対象として扱われ始めた、ということになろう。

インバウンドを背景として、京町家的であることを付加価値に、宿泊客から短期で大きく収入を上げて減価償却するスキームは、うまく使われていなかった多くの京町家の存在があり、それを比較的安価で買い取り、または借り受けることができたこと、また、それを大きく改修せず、手厚いサービスも必要とせず、商売を始められる簡易宿所という宿泊施設タイプがあったからこそである。しかし現在、京町家は不動産としてインフレを起こし、簡単に個人が手を出せる対象ではなくなっている。一棟貸しの宿泊料も総じて高額な設定である。

やがてインバウンドが落ち着いたその先で、こうした京町家がどのように使われていくことになるのか、町並みはどうなっていくのか、きわめて不透明といえよう。軒並み高齢化が進む京都市内で京町家を支えてきた旧来の地域共同体が再生することは望むべくもない。たとえば、かつての生活が育んだ生活景としての京町家の町並みや建物が、京町家への豊かなリテラシーを持った宿の経営者や顧客などによってつくられる新たな共同体ともいうべき存在によって支えられこの先も残っていくといった考えは夢想的であろうか。少なくとも、需要が鈍化すると手放され、他の高収益な建物にとって代わり、その数をさらに減らしていくというシナリオは、あまりに皮肉な結末だといえるだろう。

1 丸山俊明：京都の町家と町なみ―何方を見申様に作る事、堅仕間敷事―、昭和堂、2007
2 宗田好史：町家再生の論理 創造的まちづくりへの方法、学芸出版社、2009年
3 京都市都市計画局：京町家まちづくり調査、1999年
4 宿泊する場所を多数人で共用する構造及び設備を主とする施設を設け、宿泊料を受けて、人を宿泊させる営業で、下宿営業以外のもの（旅館業法2条4項）を行う施設
5 建築基準法第67条、京都市の条例（京町家として一定の要件を満たす1棟貸しであれば、受付を設けなくともよい）などの緩和措置がある。

御所西の宿群

築不詳／2016年改修
企画｜リンクアップ
設計監理｜魚谷繁礼建築研究所
施工｜アプト＋アムザ工務店

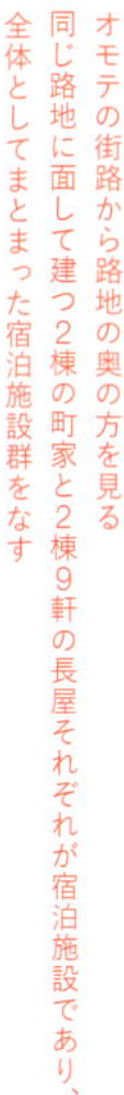

↑ オモテの街路から路地の奥の方を見る

← 同じ路地に面して建つ2棟の町家と2棟9軒の長屋それぞれが宿泊施設であり、全体としてまとまった宿泊施設群をなす

オモテの街路に面する2軒の町家と、その2軒の隙間から入る路地の奥で空き家となりほとんど廃墟化していた9軒の長屋の計11軒を宿泊施設に改修したプロジェクト。1軒1軒が独立した一棟貸しの宿泊施設でありつつ、それが10軒集まって路地全体で全10室のホテルとなる（路地の一番奥の長屋2軒については小境壁を取り払い、2軒をあわせて1軒の宿泊施設としている）。ちなみに建築基準法上は4棟の建物であり、旅館業法上は10軒の簡易宿舎であり、消防法上は1つの宿泊施設である。

10軒集合していることで、サロンなどの共用スペースの充実や常駐スタッフの設置などのサービスを合理的に実現できる。常駐スタッフは近隣居住者に対する窓口としての役割も担う。

ところで京都には残存する町家の数は多いが、建ち並ぶ街並みというものがじつはそれほど残されていない。しかし、路地の奥では非接道により再建築不可のために長屋が建ち並ぶ街並みがいまだあちこちに残存している。一方で、再建築不可の敷地は安価であり、隣接する再建築可能な敷地に吸収されるようなかたちで合筆し、そこに大きなマンションが建てられ、路地とそこに長屋が建ち並んでいた街並みが消失するような事態もあちこちで進行している。このような状況に対して《御所西の宿群》が路地の地割と長屋の街並みを継承する1モデルとなることを期待する。ちなみに、このプロジェクトは、町家や路地が保全されることを望む篤志家らの投資によるファンドにより実現された。

各施設の設計にあたっては、インバウンドが落ち着いた後も見据え、将来的にまた住居としても活用できるようなプランニングを心がけた。［魚谷繁礼］

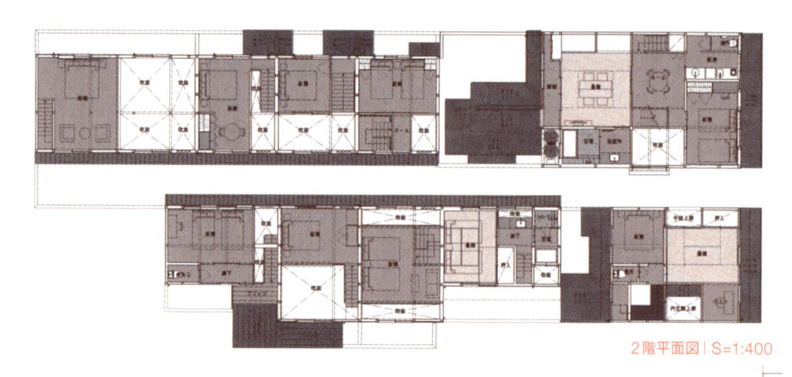

2階平面図｜S=1:400

1階平面図｜S=1:400

↙ 宿Jの入口からオクの方を見る。もとあった通り土間の空間性を復活させた。オクにみえるのは檜の浴槽

← 共用のサロンを出たところから路地の方を見る

↘ 宿Hの内観。奥行方向に並列して連続する空間

→ 共用のサロン

↑ 宿E。この宿のみ長屋2軒を合わせて1つの宿としている。寝室から吹き抜けの方をみる。白い壁は漆喰仕上げ

Archive Link
A1
A3
A5

→｜宿Gの玄関からオクの方を見る。玄関の床のタタキ仕上げがオクの吹き抜け空間にまでつながる。土間空間に畳間が設えられたような構成

←｜宿Iの玄関からの眺め

←｜宿Iの2階にある浴室。1階からの自然光が間接的に廻り込む

↙｜宿Aの浴室。黒い壁床は玄昌石。洗面台は拭き漆で仕上げられている。浴室から2階に設けられた坪庭を介して路地を見る

↓ー街路沿いの夜景

←ー共用のサロンの庭

Indaba of Urban Archivists Journal

CHAPTER 04

まち泊の実践

民泊はひとつの空間に複数の機能（住宅と宿泊施設）をもたせることで、都市に弾性的な宿泊のキャパシティをもたらす。ひとつが機能不全に陥った場合、もうひとつの機能があることで影響を軽減できるからだ。これは、宿泊施設内にあるべき、居室・食堂・風呂・売店・娯楽・ランドリーといった機能が、すでにまちなかに分散され、住民にも宿泊者にも共通して必要な都市機能が備わっていることが前提となる。古くは、大阪釜ヶ崎のような肉体労働者向けの簡易宿泊所で、狭小ゆえの機能分散がなされてきたが、今では新規利用者によってむしろ積極的な分散が起こってきている。娯楽型のレジャーから、経験型のレジャーへとトレンドが移り、まちなかで銭湯に入る、居酒屋で呑むことが価値に転換しつつある。この新しい宿泊形態について、研究者や事業主などさまざまな視点で語っていただいた。

谷中HAGISO／hanareと まち泊の現在・未来

宮崎晃吉 | 話し手 | HAGI STUDIO代表／一般社団法人 日本まちやど協会 代表理事
松岡 聡 | 聞き手 | 近畿大学教授（建築・都市デザイン）／松岡聡田村裕希 共同主宰

2016年12月19日 | HAGISOにて

建物の可能性からまちの可能性へ

松岡　以前、宮崎さんは《HAGISO》の価値が谷中というまちの価値に担保されているということを仰っていました。まずその点についてお伺いしたいと思います。

宮崎　建物だけ見たらただの木造アパートですし、建築だけで魅力を実現するというのは限界があると思うんですよ fig.1。建築自体の魅力はこっそり《HAGISO》を支えてはいるものの、駅からここに来るまでの道のりと、ここで体験することの一連の体験がひとつのコンテンツになっていると思っています。建物の中と外がちぐはぐになってしまうと一連の体験が失われてしまうような危機感があって、最初の3年間は、とにかくこの建物の可能性を実験する期間でした。ただ、それも一通りやってみると、閉じた1つの箱の中だけだとやはり限界を感じて。その辺から、まちにもっとシェアを開くようになってきました fig.2。

松岡　学生の頃にリノベ前の《HAGISO》を舞台に始めたアートイベント「ハギエンナーレ」が2012年でしたか。その頃からこのまちに関わり始めたそうですが、以前からこちらに住まれていたのでしょうか？

宮崎　2006年にはここに住んでいました。

松岡　谷中銀座など、このあたりは年齢層の高い人たちが多い場所ですよね fig.3。現在は、若い人やアートに関心のある人が訪れるようになっていますが、そういう動きは「ハギエンナーレ」以前からあったのでしょうか？ それとも最近になって変わってきているのですか？

宮崎　遡ると、2000年代初頭に現代美術ギャラリーの「スカイ・ザ・バスハウス」がオープンしていて、リノベーションの格好いい事例が既にありました。また、当時は他の地域に比べて賃料が少し安かったこともあって、自分のスケールでお店を始めやすい土壌ができていたんですね。なので、僕が住んだ頃には個性的なお店がぽつぽつできてきていました。商店街の賑わいとは別のレイヤーで、そういうものがパラレルにあったのです。

松岡　パラレルに存在した、これまで住民が使ってきた施設と、《HAGISO》の宿泊者・来場者とをどのようにつなげているのでしょうか。周りを歩いてみると立派な破風のある銭湯などもありますよね。最近はとくに外国人も増えていますが。

宮崎　オリジナルのガイドマップがあって、そこにそれぞれの施設が描いてあり、デイマップとナイトマップが裏表になっています。それと、英語表記のある銭湯リストもお渡ししていて、それには銭湯ごとの特徴、たとえばお湯の熱さとかも書いてあります。そのように特徴がわかると、わからないものも選べるようになるんですよね。そして、「この銭湯に行きたい」という話になれば、「帰りはここのビアパブでビールを

fig.1｜《HAGISO》外観

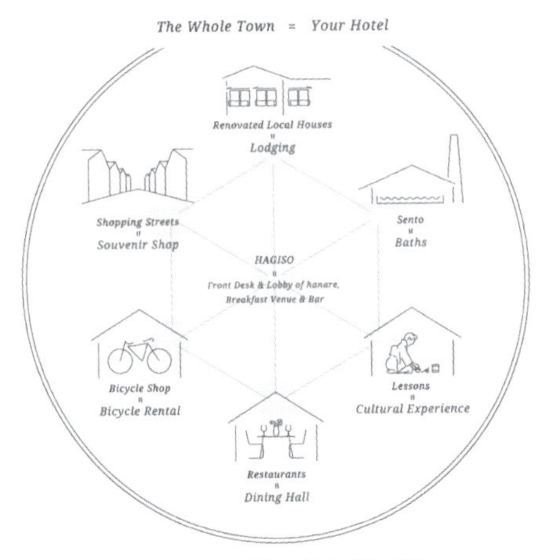

fig.2 |《HAGISO》とまちの関係を表したダイアグラム

fig.3 |《HAGISO》は谷中銀座商店街からもほど近い

飲むといいですよ」という会話ができる。ただ行って帰ってくるだけではなくて、道すがらお金を落としてくれるようにガイドをするのです。そうやってうちがお客さんを定期的に送っていると、今度はお店側が気づくんですよね。この間も「お客さん来てくれましたよ」とか、フィードバックがもらえるようになってきて。今ではお店からお歳暮がもらえるようになりました(笑)。

松岡　面白い(笑)。

宮崎　まあまだ1年なのでそこまで大きくはないですけど、徐々にそういう関係が充実していくと面白いと思っています。

松岡　今このエリアでは、銭湯がメインコンテンツになっているんですか?

宮崎　そうですね。銭湯は歩いて行ける距離に6軒くらいあります。あとは路地がたくさんあるので、そこを生活者目線で歩くと面白いです fig.4–6。

松岡　路地もおすすめするんですか。

fig4–6｜谷中周辺の路地

宮崎　そうですね。いちおう、マップにも「ここはいい路地です」とか書いています。

松岡　（笑）。外国人にも興味をもってもらえますか？

宮崎　ええ。やっぱり、そもそもそういうところに魅力を感じて来てくれているのだと思います。あと、「ここから見る夕陽がきれい」とかいうのも入れています。

HAGISO／hanareのフロント戦略

松岡　話を《HAGISO》に戻しますが、ここで行うイベントやサービスなどのコンテンツは設立当初と今で変わっていますか？

宮崎　やっているイベントの内容は少し違いますね。昔はコンサートが多かったのですが、今はコンサートが少なくなり、カフェを営業しながらできるイベントが増えています fig.7。

松岡　カフェで収益を上げて、ギャラリーの方を無料化するというわけですね。ギャラリーに展示される人は、《HAGISO》のどのような点に魅かれているのでしょう。

宮崎　現代アートとまったく関係ない人たちと接点を生み得る、という部分を面白がってくれる人が多いですね。たとえば、現代アートのギャラリーは普通、銀座の雑居ビルの中にあって、知っている人がわざわざ行くような場所ですよね。しかしこちらの場合は、カフェと同じ空間にあるから自然と目につくようになっています。まあそれによる制約もあるんですけどね。音が出せないとか、過激すぎる表現ができないとか。

松岡　次に《hanare》について伺いたいと思います。少し細かな話ですが、旅館業法ではフロントが必要ですよね？

宮崎　ええ、小さいフロントがあります。

松岡　普通に考えればそれだけでいいのに、《hanare》に泊まるお客さんはまず、《HAGISO》にある「レセプション」というフロントに行くそうですね。どういう意図でそのようにしているのですか?

宮崎　まず、僕らには「まちをまるごとホテルに見立てる」という全体構想があります。《HAGISO》はその1つ目であるということが重要で、その独立性を保つために、ある意味コンセプチュアルにレセプションを分けている感じですね fig.8。レセプションはまちの編集センターみたいなもので、宿泊施設もその他の施設も等価に扱えるハブです。ですから、僕らの宿泊施設も、まちの銭湯なりお店なりも等価に扱い、それをどういう風につなぎ合わせていくか考える場所にもなっています。

まちの価値を高める仕掛け

松岡　今、民泊は他県や他国の事業者が建物を買い、投資対象として改修、営業するのでまちにまったく還元されない、という問題を抱えていると思います。宮崎さんの活動は、まちに開放しているからこそ、まちにお金が落ちていく仕組みになっています。今後の活動についてどうお考えですか。

宮崎　2つの方向性があります。1つめは、商店街の機能回復です。たとえば、こういうことをしていると「うちの建物もなんかやってよ」と声を掛けていただけるんですよ。それで、今は商店街を1本入ったところの1階を改装させてもらっています。改装後は、テナントとしてうちがお惣菜屋さんをやることになっていて、《HAGISO》のカフェと連携さ

宮崎晃吉氏(左)

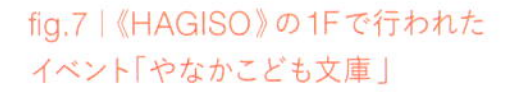
fig.7｜《HAGISO》の1Fで行われたイベント「やなかこども文庫」

fig.8｜《HAGISO》の2Fにあるレセプション

せて経営します。なぜ路地でお惣菜屋さんをするのかというと、商店街の観光地化が結構激しくて、地元の人が行きたいお店がなくなってしまっているからなんです。たとえば、肉屋さんも肉を売らずにコロッケしか売っていなくて、日常的に使いたいお店がない。それって結構本末転倒で、商店街の本来の魅力である「生活との密着」みたいなものがどんどん失われつつある。でも、まちの人気が高まると路面は賃料が上がって、どうしても観光客向けにならざるを得ないというところもあるのです。そのため、商店街から1本入った場所であれば、本来商店街が担っていた生活と密着した機能を補完できるのではないかなと思いました。そこに、機能や魅力を波及し担保させることで、商店街が陳腐化した時に全滅にならずに済むのではないかと考えています。

2つめは、「日本まちやど協会」という宿泊に関する一般社団法人をつくることです。日本には既に《hanare》的な試みをしているところがいくつかあり、それらと連携して「ホテル」でも「民泊」でもない新しいジャンルをつくっていくというものです。その目的は、宿の一種というより、まちを読み替えることで、その価値をどう高めていけるかというものです。そのためのツールとして街宿を捉えています。具体的には、ウェブサイトをつくったり、事業者を集めてネットワークを築き勉強会をしたりというのを考えています。それから、行政に対して法制度について働きかけていける団体になることも狙いです。

覚悟やリスクが計画を面白くする

松岡　まちに関わる場合、お金の出拠が問題になると思いますが、《HAGISO》や《hanare》はいかがですか。助成金に頼らないと持続させられないケースもよく聞きます。

宮崎　《hanare》は空き家の状態で8年くらい放置されていました。

fig.9–10 | 《hanare》のリノベ前（上）とリノベ後（下）

オーナーからしてみると「すぐ更地にして売る」というのは忍びないけれど、そこに投資して利用するのはリスクが高くて手が出せない、という感じで塩漬けになっていたんです fig.9。基本的には固定資産税をひたすら払うだけのマイナスの資産だったので、僕らは「改修費用は出すのでそのかわりすごく安く貸してください」と交渉をしました。最終的にはオーナーも出してくださって、その分家賃を引き上げてバランスを取りました fig.10。

松岡　現在、福井県鯖江市で空き家の調査を研究室で行っていて、空き家を改修したいと思っているのですが、そのお金の出拠がすごく難しいんです。空き家を提供できる人は結構いるのですが、それを助成金で改修するのはよくない気がしています。オーナーもこちらも出せない場合に、それが原因で結局プロジェクトが止まってしまうこともある。

宮崎　やっぱり、収益化する仕組みとそれを事業としてやる会社は必要だと思いますね。

松岡　それを自前でやると。

宮崎　究極的には覚悟の問題になると思うんですね。最初から助成金に頼るとそういうビジネスモデルをつくってしまうし、梯子を外されたら続けられないという状況が生まれます。イニシャルコストで使うのは地方ではありだと思いますが、ランニングコストにかかってくるとどうしてもシビアな事業計画をつくることができず、強靭さが欠ける。

松岡　なるほど。そこでテストされないとそもそも持続しないということですか。

宮崎　あとは単純にプロジェクトとして面白味がなくなる、つまり助成金をもらって使うだけなので一方通行で、それを成立させるためになんのアイデアも必要ないですよね。だけど自分でやるとなると、うちのカフェとギャラリーみたいに、こっちでやりたいことをして価値を生み、その代わりこっちでコストを負担する、みたいな循環モデルをつくらなきゃいけない。これはプロジェクト自体の面白さに寄与しているし、緊張感にも寄与するので、頭を使うっていう意味では大事なところかなと思います。

インタビュー当時に立ち上げを準備していた一般社団法人日本まちやど協会はその後設立され、活動が始まっています（http://machiyado.jp）。また、改修中の惣菜屋はインタビュー後に「TAYORI」として開店しました（http://tayori-osozai.jp）。

まち泊を仕掛ける

山崎 亮 | 話し手 | コミュニティデザイナー/studio-L代表
松岡 聡 | 聞き手 | 近畿大学教授[建築・都市デザイン]/松岡聡田村裕希 共同主宰

2016年8月19日 | studio-Lにて

ますます増えるインバウンド

松岡　昨今、爆発的にインバウンドが拡大し、ホテルを新たにつくって対応しようとしていますが、それによって問題も引き起こされているのではないかと思っています。2015年でインバウンドが2,000万人弱で、20年までに4,000万人まで引き上げようとしています。この数字はリピーターが訪れるような状況になってこないと実現しない数字だと思います。私たちがこれまで観光の場所だと思いもしなかったところに外国人観光客が集まりだし、インバウンドが地域に何らかの影響を及ぼし始めています。今までは日本の中で日本人に対して里山や田舎暮らしを提供し、そこでコミュニケーションを楽しんでいましたが、外国人を巻き込んでいく受け皿になるでしょうか。

山崎　なるでしょうね。2010年くらいの時点では年間500万人しか海外から人が入ってこなかったのですが、今振り返ればちょっと特殊な状態だったのかもしれませんね。正直に言えば観光客数が上がってきた当時、インバウンドで我々も地域活性化したい、という話には「危険だからやめときなはれ」と言っていたんですよ。しかしやはりそうならない感じがしてきましたね。一度日本を知ってしまった外国人はリピーターになりますし、これが4,000万人に増えたのに500万人まで再び減るというのは天変地異でも起きない限り、ないでしょう。この国の安全性と美味しさと人の良さがバレてしまったわけですから、その人たちが口コミやリピーターを含めて定常的に5,000万人くらいがこの国に来るという状態が続くのかもしれない。とすれば、地域でも改め

山崎亮氏

て海外の方々や多文化共生ということに対して本気で取り組まないといけない。一時的なものではないだろうなという感覚はありますね。

まちに良識ある人を増やす

松岡　民泊で地域に問題が起きているというのは聞きますね。山崎さんが以前仰っていた中で、まちが持っているホスピタリティの受容力、という話がありました。その受容力とはどういうものなのですか。

山崎　両方とも変数になっているので、固まった定式で当てはまるようなことではなさそうですよね。住人の方々が社会教育に参加すればするほど受け入れられる数値は変わっていくだろうし、外からその地域に入ってきた人が最初に必ず受けるオリエンテーションや、外国から来られた方々も日本で守るべきマナーを学ぶプログラムなどがあれば、それがあるだけで受容量はさらに増えると思うんですね。受け入れる側と入ってくる側の作法をどういう風にマネジメントするかによって、ホスピタリティは変化するような気がしますね。

松岡　確かに。今年の4月に京都市が民泊を一斉調査し、そのデータを公表しました。それで分かったことは、旅館業法を通してないものも含むのですが、県外のオーナーがおよそ70%いました。つまりオーナーはそこに住まないで民泊を経営していることが分かりました。そう考えると京都のまちなかの田の字地区でも地元と全く関係ないオーナーが外国人を相手に民泊をしているということが起きている。そういう状況だと仰る通り単純な計算しかできないと思います。オリエンテー

Archive Link
A2
A4
A5

ションを受けてまちに良識ある人が増えれば、さらに受け入れのキャパシティが増すかもしれません。

山崎　そうですね。何か面白いオリエンテーションの方法があると思うんですよね。それぞれの宿泊施設のチェックインの時に、10分でもいい。笑わせながらね。それだけで少し、地域の中での彼らの振る舞いが変わるでしょう。そういうことであれば地域の方々との間でワークショップを開いて関わってみたいなという気はしますね。

松岡　そうですね。また民泊だけでなく、最近はビジネスホテルが観光利用されるケースが増えていると聞きます。これについて、山崎さんがどうお考えなのかお聞きしたいです。

人に出会えるビジネスホテル

山崎　私の事務所（studio-L）全体の話ですけれど、地元資本のホテルに泊まることが多いです。行政からいろいろな地域に呼んでいただいて仕事をしていると、全国チェーンで東京本社のビジネスホテルに泊まることは、地元にとってはよくないんです。だから地元の人が経営しているホテルをあらかじめ聞いてそこに泊まるんですが、利便性に欠けるホテルもあります。悩ましいところですよね。

松岡　利便性で考えたら全国共通のパッケージ化されたホテルは、やはり楽ですよね。ホテルはアメニティとして歯ブラシや缶ビール、VODやマッサージ、食堂を用意しています。本来都市が持っている楽しさは外にあって、地域ともっと関係すべきなのに、チェックインからチェックアウトまで部屋にこもっている状態が問題なのかなと思っています。

山崎　僕らの仕事からすれば、そこで人と人が出会えるかどうかということは結構重要だなと思っていますね。今の話の流れでいうと、ある大学の建築学科の学生たちが参加する何かの大会のファシリテーションをうちのスタッフたちがお手伝いする機会があって、その年のテーマはある温泉街でした。ここはいわゆる昔からの温泉地で、そこにホテルを建てた人たちが隣のホテルの人たちと競って、結果、海沿いに巨大化したホテルがずらっと並んでいるという状態です。囲い込み型なので、中で食事からゲームセンターから何から何まで全部ある。観光バスで入ってきてここの中に入れば1つのまちになっていて、ホテルの中だけで楽しめる。それでまちにまったく人がいない状況になってしまったんですが、建築学科の学生たちにどうやって答えを出すのか提案させて、温泉のオーナーの人たちに聞いてもらうということをやりました。でも、従来の方法が成立しないことはオーナーたち自身もわかっているんです。まず第1には、旅行の形態がマスではなくなったということ。いま集団で旅行する人たちの最後が消えようとしている。団塊の世代ですね。団塊の世代の人たちが定年退職して5、6年になるんですけれど、もうあと5、6年すると旅行する元気がなくなってきて、大型観光バスに乗って出かけていくというスタイルがなくなっていく。当然のことながら個人旅行が増えているので、すでに往年に比べて大分減ってきてしまっています。囲い込み型をこれまで戦後50年やってきて、まちからどんどん店がなくなっていって駐車場すらないんですね。ホテルが駐車場もみな完備していますので。この状態を、巨大ホテルを建てたオーナーたちが悩んでいて、その悩みというのは要するにお金の問題なんですね。これだけのデカいものを建てようと思うと定期的に銀行からお金を借り続けているので、大型バスでどんどん乗り込んでくれないとペイできない仕組みになっているんです。

松岡　それは深刻ですね。

山崎　そこでオーナーたちは、温泉に人が来るようにしたいというのを頑張って訴えているのですが、まちに魅力ないよね、と普通に学生たちが言ってしまっている。これが1つの極にあるだろうなと思ってるんです。それで、先ほど少しお話ししたようなビジネスホテルが今の時代に合っていると思うのは、個人旅行にフィットしているということですよね。チェックインの時間を見ていると分かりますが、彼らが帰ってくる時間は夜9時から10時がすごく多いんです。そのくらいの時間まではまちにいるということなんです。夜帰ってきて、11時くらいになると風呂がものすごく混んでいる。次の日の朝はみな8時9時くらいにはチェックアウトしている状況ですから、囲い込み型に比べると中での滞在時間はあまり長くないような気がします。今現在は、そうやって泊まっている人たちのスタイルによってつくられていたビジネスホテルに観光客の人々が泊まるっていう状態になっていて、ビジネスの人はなかなか泊まれないんですよね。このスタイルで展開してきたホテルが観光で使いこなされるようになってくれば、おそらくホテルの付近で飲食し、いろいろ回って最後に寝るだけっていうスタイルに近づいてくる。それで、最初に少しお話ししましたけれども、我々の視点からすると、最後寝るだけになっている人たちが知り合うきっかけがないのがちょっともったいないと思うんですね。たとえば、少し早めにチェックインして、皆の共有のリビングみたいなところに座っていたら誰か別の宿泊客が来て話すとか、オーナーが別の宿泊客を紹介してくれて、「今日誰かご飯一緒に行く人います？　じゃあ一緒に行きましょうか！」というようなことができるホテルになれば、なお良いだろうと思います。ビジネスホテルを観光で利用している人たちというのはその機会だけが今ないんでしょうね。だからゲストハウス的な、オーナーやスタッフの顔が見えて気軽

Archive Link
A2
A4
A5

な感じでコミュニケーションをとったり、部屋は布で仕切っただけの所なので用はないのにリビングに行って、そこで生まれる関わり合いを楽しんだり……今そんな状態が生まれているのは、ビジネスホテルにないそういった要素を小さいながらにつくろうとしているからなのではないでしょうか。

「観光」から「関係」へ

松岡　なるほど。今仰っていたそうしたビジネスホテルの利用者の変化。それに対してオーナーたちも変化してそこで生き延びようとし、ロビーでイベントをしたり、丁寧な送迎をしたりしています。まちを楽しむためにホテルの外に出ようとするきっかけをつくる方法というのがあると思うんです。たとえば地元でホテルのオーナーとしてやっている人、それから飲食店を経営している人や観光客を受け入れられる可能性がある人などを巻き込んで、何らかのまち泊を立ち上げようというワークショップを山崎さんが依頼されたとします。その時にまちそれぞれでバリエーションがあると思うんですね。いろいろなやり方があると思うのですが、それを引き出す時のキッカケとなるのは何でしょうか。

山崎　そのうちの1つの答えにしかならないんですけど、コミュニティデザインでも観光関係のことを頼まれることがあります。その時地域の人たちが外から来た人たちをどうやっておもてなしするかというプログラムをつくる場合があるんですね。「観光から関係へ」とよく言っているのですが、今まで述べたような観光だけでなくて、旅行者と地域の人たちとの関係性ができる仕掛けをいかにつくるかが大事だと思っています。すると、観光地を見に行くのではなくて、あの人に会いに行こうとまた来てくれることになる。あれを見に行こうという今までの観光はスタンプラリーみたいなもので、一度行ったら終わり。でも世界遺産のまちに行って地元のあの人と友達になって、それであの人が呼んでくれるからまた行こう、というのは、リピーターになり得るだろうと思います。そういう意味で分かりやすいのは富岡市の世界遺産まちづくりですね。2012年に呼んでいただきました。富岡製糸場が世界遺産になればいいなという時期ですね。その時に、地元の自治体と地元の企業、地元の市民、この3つの主体が世界遺産になろうと本気になってないと認められないんだよ、と言われました。自治体はやりたいと思っているから世界遺産の登録に応募した。企業は一部を除いてやる気になっていた。ただ住民は観光業の企業とは別なので、いろんな人に来られてゴミをいっぱい捨てられたらかなわない、という気持ちもありました。そこで住民と一緒に観光まちづくりに理解を示してもらうようなプロジェクトをできないかということで、富岡市役所は僕らを呼んでくださいました。僕らが最初に話したのは、世界遺産って危険だよってことです。年間300万人くらい来て、でもそれが1、2年しか続かない世界遺産はあります。そこで50万人が6年続くのがいいのか、25万人が12年続くのがいいのか。我々が目指したいのは25万人の方だよね、と言いました。そこでワークショップを開いて何回も話して、どんなことをやろうかと市民の前で発表して、とりあえずやってみようと、まちの中でいろいろな活動を開始することになりました。するとラジオ体操をやったり音楽やってみたりマスキングテープでリノベーションする人が出てきたりしました。そして世界遺産に認定されることになり、この人たちも活動を続けていくことになりました。

活動によってまちなみが綺麗になること、市民が来た人の心を掴むこと、そしてその人たちが帰った後も一緒に撮った写真を送るなどしてコミュニケーションが続くのかどうかということ、というのが大事でしょう。我々ができることは、こういう方々のチームをどれくらいその地域につくっていけるのか、ということ。その時の重要な点は、地元の人たち自身の人生がいかに楽しくなるか、ということをベースにしないといけない。観光客の人々に楽しんでもらいましょうと言っても、みなそれぞれ別の仕事を持っています。たとえば富岡で実際におもてなしに取り組んでいる人は、地域のおばちゃん相手の洋服屋さんだったり、電化製品屋さんだったりします。彼らのお店に観光客は来ないんですよ。しかし、彼らは自分たちが楽しみたいからやっているんですね。外国の友達ができるということはかなりの刺激になりますから。その楽しさをキッカケに、観光で来た方々がこの地元の人たちに受け入れられて、「歴史遺産を見に来たつもりが、すごく暖かいまちだった。しかも『○○さん』にすごい世話になった」と言って、帰ってからお土産を送るとか、また行った時には「久しぶり!」と言ってハグできる、というようなことが大事なのかもしれないと思っています。

間(AWAI)があふれるまち
コレクティブタウン「KAMAGASAKI」

寺川政司 | 近畿大学准教授(都市・地域計画)

地名なきまち「釜ヶ崎」・「あいりん」[1]

「ココどこですか?」カタコトの日本語で場所を聞く外国人バックパッカー。数人でまちをそぞろ歩く光景は、今や日常となった。

そもそも、この地は「エリア」としてのマイナスイメージが付きまとってきた。日中からヒトやモノであふれ、テント小屋掛けやゴミなどで占有化された公園や公共空間、無秩序で混沌とした問題居住地としてのイメージがある。また「暴動」「ホームレス」「覚せい剤」「結核」など社会矛盾が集積したアンタッチャブルなエリアとして語られることも多く、最近では「貧困ビジネス」や「無縁社会」の代名詞にもなっている。しかし、外国人バックパッカーにとっては、利便性が高く、安宿のあるこの地域の魅力は、日本人のもつマイナスイメージとつながらないようである。

一方、「じゃりん子チエ」[2]をはじめ、ドラマや映画でも幾度も取り上げられるような、「人情味あふれたまち」として知られ、さまざまな困難な状態にある者を誰であろうと排除しない(受け止める)懐の深いまちとして、多様な支援活動によって支えられてきた。とくに、2009年以降は、各分野の主体が集まって議論するまちづくりのプラットホームが結成されたことで、「あきらめないまちづくり」が進められてきた[3]。その後、「西成をえこひいきします。」と宣言した橋下市政による「西成特区構想」を契機に行政と地域が連携するまちづくり運動によって、地域を象徴する「あいりん総合センター」の建て替えが2016年7月26日に決定した。西成区役所の大会議室に集まる大阪市長、大阪府知事、国

(労働局長)をはじめ、地域内町会長、簡易宿所経営者、地域福祉や子育て関係者たちから労働団体の運動家に至る、総勢約30団体の「地域のアクター」たちが勢ぞろいしている光景。かつて水と油だった彼らが慣れないまちづくりを議論している光景。各主体の間にある「溝」の深さを知る者にとって感慨深い瞬間であった。これは、単に一複合施設の建替事業ではない、まちの構造を変える起点となるであろう[4]。

しかし近年になって、結果として放置されてきたアンタッチャブルなまちは、外国資本の流入とインバウンド効果によって急激な変化が起こっている。労働者に代わってバックパッカーがあふれ、簡易宿所は満室状態になり、ホテル建設や空物件の民泊へとまちは様変わりしてきている。地域内部ではこの動きに呼応するように、2005年には13軒の簡易宿所が「大阪国際ゲストハウス地域創出委員会」(OIG)を立ち上げて実験的な取り組みを始めるなど、「あきらめないまちづくり」が進められてきたが、その一方で、外部からのジェントリフィケーション化を伴う地域活性という侵食の波が押し寄せている。

私自身、この地域のまちづくりに本格的に関わって15年が経過し、幸いにもまちづくりの一大転換期に居合わせることができた。大学に赴任してからは、釜ヶ崎における「協働まちづくり」や「居場所」に関わる研究[5]を進めている。いわゆる極限状態のなかで自然発生的に生まれた居住環境を見たとき、幅広い「場」づくりの活動は、地域や住民にとってかけがえのない「居場所」として醸成されていることがわかった。住居や施設の内部空間と公共空間をはじめとする外部空間(パブリックとプライベートの間)に多様で多層な利用を生み出している。これは、時とともに醸成したまちの「しつらえ」として表出してきたともいえる。

旅人のまちの変遷:STAYとHOME(定住)の間で

そもそもこのまちは、20世紀初頭、大阪四天王寺周辺の農村地帯の紀州街道沿いに木賃宿[6]が立ち並び始め、以降長らく細民[7]のまちとして存在してきた。明治期には殖産興業策の一環として開催された第5回内国勧業博覧会等を契機とするスラムクリアランスによって、「細民」が集住する地域として釜ヶ崎は形成され始めた。第一次大戦後には、わが国の一大ドヤ街[8]として集積するが第二次大戦後に焼失している。その後1960年代以降の高度経済成長期、そして大阪万博の開催に伴う建設需要を背景に右肩上がりの経済成長を支える日雇い労働者一色の「旅人のまち」となった[fig.1]。若い単身の建設労働者が増え、彼らが住む簡易宿所(バブル期には200軒を超えていた)のまちの誕生である。なかには家族を持つ定住者もいたものの「男の貧困」が凝縮

fig.1｜1960年代のやど

したまちへと変貌していくのもこの時期である。

一方でこのまちは、1961年以来24回の暴動が起こるような不信と対立のまちであったといえる。住民は労働者、町会、簡易宿所などの各種アクターで分断され、それぞれの世界と行政との関係、地域住民総体と行政との関係もまた不信と対立の中にあった。この時期は、およそまちづくりとは無縁のまちであった。いや、国家施策や行政の政策誘導によって、混沌と秩序の間で生まれた「街造り」が実践されたともいえる[9]。

その後、右肩上がりの経済が終焉、破たんし、その裏表の関係にある労働運動も消沈していく中で、労働者層の高齢化に伴い生活保護のまちへと変貌する。1998年にはホームレス数が歴史上最高の数字（大阪市内で8,660人）を示し、シェルター（緊急一時宿泊所）の設置、簡易宿所が福祉型の住宅（生活保護者向け住宅）へと転換する。なかには「サポーティブハウス（ケア付シェアハウス）」に転用されるなど、極めてユニークなソーシャルハウジングが増えたものの、周辺アパートへの生活保護世帯の移住によって、「貧困」が不可視化されていった。

続いて、簡易宿所も軒並み廃業を余儀なくされるという最悪の事態が訪れる。このどん詰まり状況の中で、NPO等による仕事づくりと併せて、まちづくりによって状況を立て直していこうという転換が始まった（起点となった）のが1999年である。

そして現在、2012年頃から安宿を求めた外国人バックパッカーが簡易宿所に宿泊し始め、その役割も大きく再転換し、この2、3年でこの傾向が急激に進んでいる。このまちには、住民のほかに日雇労働者、ホームレス、バックパッカーなど2万数千人がひしめく。バブル期には200軒を超えた簡易宿所は、その後60軒に減少したが、現在の民泊ブームに乗って増加傾向にある。2017年9月末時点で70軒

5,680室、特区民泊認定施設数が6軒20戸ある[10]。宿泊する外国人旅行者は太子エリアの簡易宿所9軒で年間約176,000泊、周辺を含めて外国人を泊める旅館業施設が新規参入を併せて20軒以上あり、全体で50万泊を超えているといわれている[11]。

しかし、地域では民泊に関して否定的に受け止めているものが多い。それは、インバウンドの名のもとに数だけを確保する現在の制度では、法的にグレーゾーンの物件が増えることが予測されるからである(すでに増加中である)。とくに簡易宿所経営者は、厳しい設備基準を満たしたうえで利益に対する税金を支払っているにもかかわらず、単にこれまでの空室を活用したままの民泊では、安全面、税制面に問題が大きい(制度的にグレーな状態である)と主張する。また地域住民は、実際マンションやアパートの一室を民泊化することで、早朝の騒音問題、劣悪な室環境に対する問題、不特定者が利用することによる安全面や環境問題について重大な懸念を抱いている。このたびの民泊新法によって登録を促すことで、違法民泊に対する縛りをつけたともいえる。実際、新法施行前後の地域の民泊登録数をみると一気に減少しているのがわかる。これは、民泊が減ったのではなく「違法民泊」が見えなくなったことを表しており、地域の課題となっている。あいりん総合センターというシンボル的拠点が移転することによる「まちの再構築」が現実味を帯びると同時に外部因子としてのインバウンド効果が新たな混沌を生み出しているのである。

とまれ、このように「旅人」のまちは、社会(時代)に翻弄されながらSTAY↔LIVE、HOME↔HOUSE↔HOTEL(FACILITY)、そしてPUBLIC↔PRIATEの間(AWAI)を埋めてきたまちなのである。

選択可能な「居場所」ともうひとつの「縁」

2010年、『無縁社会』と題した番組がNHKで放送[12]され、世間に大きなインパクトを与えた。「身元不明者」や「行旅死亡人」など統計的にカテゴライズされない「新たな死」を取り上げている。これは「地縁」「血縁」といった地域や家族・親類との絆を失い、かつ終身雇用の崩壊によって「社縁」までが失われたことで生み出されたものであり、地域コミュニティの崩壊と関係性の希薄化によって生まれている点において、どこでも、誰にでも起こりうる大きな社会問題として取り扱われていた。

思い返すと、このまちには他には見られないほど多様かつ頻繁に「縁」が存在していることに気づく。《あいりん総合センター》fig.2をはじめ、《自彊館(三徳寮)》や《ふるさとの家》《こどもの里》などの施設、そして《ひと花センター》や《ココルーム》などの既存の居場所拠点はもとより、コインランドリー、アジア人女性パブ、ベンダーコーナー、そして今はほぼなくなった露店や賭博場も居場所となっていた（地域課題でもある）。

このようなつながりを生み出す居場所は、街角や公園などの共有（公共）空間に至るまで、ハレとケ、善し悪しも含めて、まちのいたる所で出会いが生まれ、ある意味で濃密なコミュニケーションがとられている。ただ、それは瞬間的に表れる「縁」でもあることから表出化しにくい（私は「刹那縁」と呼んでいる）。

しかし、さまざまな問題を抱え、極めて匿名性の高い個人が「つながり」を求めるとするならば、その一瞬はかけがえのないものとなる。ただ、この「縁」が生まれるためには、出会いの場が数多く必要であり、選択可能であることが重要であるが、誰が計画したわけでもなく必然的に存在している点に注目したい。いわば、このまちは「コレクティブタウン」の要素（次項参照）のひとつである、「孤独（主観的）」を受け止めながらも「孤立（客観的）」しない新たなつながりを生む「居場所」を持っているといえる。現在は、外国人旅行者との新しいつながりの萌芽もあり、あらたな化学反応を起こすメディアとしての可能性がある。旅人のまちは、繰り返されるSTAYとLIVEの間（AWAI）をつくる歴史のなかで、新たな文化が積み重ねられようとしている。

「コレクティブタウン」——まちをシェアする

この地域は、極めて深刻な社会的課題が集積する「特殊解」として位置付けられることが多い。しかし私は、時代に先行して社会課題に

fig.2｜1970年代に建てられた《あいりん総合センター》

取り組んできた経験や自然発生的なインフォーマル・システムのなかにこそ、わが国におけるまちづくりを進めるための知見が埋もれていると考えている。とくにこのまちには、人間関係やまちの空間利用において、「まち全体が家のような」多様で多層な究極のシェアともいえるまちの姿がある。私はこの姿を「コレクティブタウン(CT)」(寺川 2004)と呼んでいる[13]。

CTというキーワードについて、本稿では、「地域コミュニティにおいて多様な居場所(機会)が確保された、地域が住まいの続きのような機能を満たす協同居住のまち」と定義しておく。この概念は、そもそも北欧で実践されてきた「コレクティブハウジング(CH)」から派生させたものである。CHの定義は、「個人や家族の自由でプライバシーのある生活を基本に、複数の世帯が日常生活の一部を共同化して生活の合理化を図り、共用の生活空間を充実させ、そのような住コミュニティを居住者自身がつくり育てていく住まい方」とされている。

この2つの違いを簡潔にいえば、CHが建物にコミュニティ(まち的要素)を組み込んでいるのに対し、CTは、まち(コミュニティ)を住まいの一部として捉え、まちの資源を利用する点にある。こう考えると、CHについては北欧で生まれたと紹介したが、CTは、元来日本のまちやコミュニティがもっている自然な姿でもあるといえる。具体的には、借家、井戸端、講、銭湯、御用聞き、屋台、そして宿屋など。いわば、住まいとまちの間に所有から共用(利用)の概念を再構築し、地域資源を生かして緩やかにつながる選択可能な出会いの機会と居場所があることである。これは、複層的な地域関係資源ネットワークが確保できていることであり、地域資源をシェアする古くて新しいまちの姿である(本稿でいう「居場所」については、主に「空間・時間・関係」において現れる「社会的・個人的」な「場」として定義しておく)[14]。

これらは私にとって、各地のまちづくり支援の経過のなかで生まれてきた重要な概念なのだが、レジリエントなまちをつくる要素であると考えている。私は、この多様で多層なシステムは、災害やあらゆる障害時を含む「いざ」という時の強さを生み出していると考える。その意味で現在の釜ヶ崎は、この概念を究極に具現したまちであるといえるのではないだろうか。

KAMAGASAKIのまちづくりにみる現代的意義

本稿では、釜ヶ崎というまちが、複層的な地域関係資源のネットワークが構築されつつあるなかで「縁」をつむぎ「居場所」でつながる「コレクティブタウン」という将来に向けた新しいまちづくりの可能性を持っていることについて述べた。私は、これを「特殊解」としてではなく、現代日本が抱える社会問題にとって貴重な知見を含んでいると捉えている。とくに、「高齢化・単身化」の進展に関して、もはや解消すべき問題や課題ではなく実態として捉えるならば、今後地域デビューする団塊の世代をはじめ、地域コミュニティの存在や役割が重視されていくことは容易に推測される。一方で、地域コミュニティの限界が顕在化する現在においては、ノスタルジーから脱却し、流動者や滞留者が入れ替わりながら定住性を包摂するような、幅の広いオルタナティブな「コミュニティ」の姿が求められているといえよう。

経済学者の広井良典は、コミュニティについて論じた著書[15]の中でこう述べている。農村的な関係性を都市に持ち込むことで成功してきた戦後の日本社会においては、集団を一歩離れると何のつながりや救い手もないような関係性のあり方が存在する。それが人々の孤立や不安を深め、生きづらさの源になっているとし、現在は「個人が独立しつつつながる」都市的な関係性構築という矛盾のプロセスにある。そして、コミュニティとは“重層社会における中間集団”として、集団の内部的な関係性（農村的）と外部との関係性（都市的）を相互補完的に持つ点に核心があるとしている。また、J・ジェイコブスは、コミュニティは定住者と一時的な居住者とを融合させることで社会的に安定し、そして長期間その場所にとどまる人が継続性を提供する一方で、新参者はクリエイティブな融合を生み出す多様性と相互作用を提供するとしている[16]。これらは、新たなつながりの論理とまちづくりの主体や役割について述べたものであるが、釜ヶ崎では多様なアクターによる多層の活動においてすでに実現しているように思う。いわば、チャレンジのプロセスを通じて、現在のわが国で社会システムとして準備されていない仕組みづくりをしているといっても過言ではない。

その意味では、現代の縮退のまちでおこるコンパクトシティやスポンジシティ[17]の議論を含め、時代に先行して都会の限界集落を通過してきたこのまちには、アクターが揃っており、舞台も整っている。釜ヶ崎形成の契機となった70年の大阪万博から半世紀、今また大阪に万博誘致の動きとともに、地域では星野リゾートをはじめ新今宮周辺ではさまざまなプレイヤーが動きはじめた。定住・コミュニティ・家族をめぐる近代的価値の転換期にある今、地域をめぐる共時性を感じつつ、同じ「釜」の飯を食べながらトライアル・アンド・エラーのプロセスで培った経験を持つ仲間がつながりながら、まちの機能を究極に使いこなす前人未到のまちづくりは新たなフェーズに入っている。

1 「釜ヶ崎」という地名は、明治時代の末頃までは字として存在していたが、1966（昭和41）年に、大阪府・府警察本部・大阪市による「三者協議会」が設置され、度重なる暴動と貧困対策重点地区として指定する「あいりん地区」に改称された。報道では「あいりん地区」の範囲を西成区花園北1丁目、萩之茶屋1・2・3丁目、太子1・2丁目、天下茶屋北1丁目、山王1・2丁目とし、とくに簡易宿所が密集する萩之茶屋1・2・3丁目、太子1・2丁目を「釜ヶ崎」地域として定義している。面積は約0.62km²西成区全体の1割弱）

2 はるき悦巳作（アニメは高畑勲 監督）：あいりん地域を舞台にした漫画。「西萩小学校」のモデルは、萩之茶屋小学校もしくは弘治小学校であると言われている。

3 2004年、町会を中心とするまちづくり協議会「萩之茶屋小学校・今宮中学校周辺まちづくり研究会」が設立、2007年には、「（仮称）萩之茶屋まちづくり拡大会議」が設置され、2008年の小学校横屋台火災を契機に、「違い」を感じながらも「想像力」をもって議論することでつながり、共有できる具体的な活動で協働し、かつ市への提案母体とすることを目的とする関係構築の場ができた。詳細は、著者が担当した『課題集積地におけるあきらめない“共床共夢”型まちづくり連携事業』（住まい・まちづくり担い手事業〈国交省補助事業〉、2011）参照。

4 これら会議の様子は西成区のHP（http://www.city.osaka.lg.jp/nishinari/category/2389-4-0-0-0.html）にすべての経過が掲載され、Voice of Nishinari（http://vonishinari.net/shadooon/）では会議の映像がすべてアップされている（怒号飛び交うワークショップの様子は一見の価値あり）。その他、鈴木亘『経済学者日本の最貧困地域に挑む』（東洋経済新報社、2016）でも詳細に紹介されている。

5 研究室では卒業論文として、「地域住民や新規流入者の居場所づくりによる地域ストックの再価値化に関する研究」（窪野琢也、2013）、「社会的条件不利地域におけるパブリックスペースの多層的利用に関する研究」（藤田悠樹、2014）、「地域施設の複層的利用にみる社会生活圏形成に関する研究」（大宮風香、2015）、「社会的条件不利地域における多層的な共有空間の実態と居場所構成要因に関する研究（修士論文）」（山川拓也、2015）他の卒業研究をはじめ、2015年には、卒業設計として、萩之茶屋まちづくり合同会社による銀行をリノベーションしたバックパッカー向けの居場所「KAMA PUB」において、学生が設計・施工に参画している。

6 江戸時代の宿場制度がなくなった明治以後、安宿や粗末な宿泊施設のことを指すようになった。「宿屋営業取締規則」（1887）では、「賄を為さず木賃その他の諸費を受けて人を宿泊せしむるもの」と定義。街道沿いの都市周縁部貧民街に増加し、労働者や無宿人を狭小な部屋に雑魚寝させる劣悪な施設であったと言われている。

7 下層の人々、貧しい人々のことを表す言葉。明治から昭和初期に社会問題化していた劣悪な居住地に住む人々の生活実態に対するルポタージュや社会調査などが行われていた頃に用いられていた言葉。

8 「宿（ヤド）」の逆さ言葉で、安価で狭小な日雇労働者が多く住む施設が密集するまちを指す。

9 あいりん地区に関する入門書としては、原口剛・白波瀬達也・平川隆啓・稲田七海（編著）『釜ヶ崎のススメ』（洛北出版、2011）、鈴木亘（編著）『脱・貧困のまちづくり「西成特区構想」の挑戦』（明石書店、2013）、鈴木亘『経済学者日本の最貧困地域に挑む』（東洋経済新報社、2016）などが挙げられる。

10 大阪市保健局調べ：花園北・山王・太子・萩之茶屋・天下茶屋北地域

11 阪南大学観光学部松村研究室および萩之茶屋周辺まちづくり合同会社資料による。

12 NHK無縁社会プロジェクト取材班（著）『無縁社会』2010/11

13 内田雄造・寺川政司 他『まちづくりとコミュニティワーク』（明石書店、2006.9）、寺川政司 他『コレクティブタウン北芝のまちづくりに関する実践調査研究—コレクティブタウンの成立要因に関する基礎的研究』（住総研研究論文集38号、2012.3）

14 筆者による「居場所」の定義は、『主に空間・時間・関係において現れる「場」として「社会的居場所」と「個人的居場所」に分類され、①アイデンティティ／「自己」という存在感を感じる場、②自己と他者との「相互承認」によって生まれる場、③場の要素が相互浸透的につながる場、④自己の位置（役割）や生きがいを獲得する場、⑤身を守るためのシェルター的な安心の場を要素とするものである』としている。

15 広井良典『コミュニティを問いなおす—つながり・都市・日本社会の未来』（ちくま新書、2009.8）

16 Jane Jacobs（原著）、山形 浩生（翻訳）『アメリカ大都市の死と生』（鹿島出版会、2010.4）

17 饗庭 伸『都市をたたむ 人口減少時代をデザインする都市計画』（花伝社、2015.12）

簡易宿所とは

文山達昭 ｜ 京都市 都市計画局

簡易宿所はホテルや旅館と並び旅館業法が定める営業形態の1つである。だが、他のカテゴリーとは異なり、法の制定当初から規定されていたわけではなかった。施行から10年も満たない1957年、風紀秩序の維持を目的として旅館業法が改正される。簡易宿所は、その際に新たなカテゴリーとして追加されたのである。その理由について、当時の厚生省通知は、この種の業態が「一般の旅館とは構造設備面を著しく異にする」ため「実情に即した指導取締を行い得るよう改められたものである」と具体的事例を引かないまま、やや抽象的に記しているが、時代背景を考えれば、その目的は明らかだろう。戦後から朝鮮特需を経た昭和30年代、不足する労働力を出稼ぎという形で農村部から補うため、都市部では木賃宿が乱立しドヤ街が形成される。それらをコントロールするために従来のホテルや旅館とは分離したカテゴリーが設けられたのである。

法では「宿泊する場所を多数人で共用する構造及び設備を主とする施設」と定義され、政令では「客室の延床面積は33m²以上」であることが要件として定められている。だが、それ以外の基準は、客室数や帳場設置の定めがないなど、ホテルや旅館に比べ緩やかである。その緩やかさが、当初想定されていたドヤに留まらず、ベッドハウス、山小屋、ユースホステル、カプセルホテル、ゲストハウスなどのビルディング・タイプを次々に生み出してきた。今後も、簡易宿所という土壌のもと、インバウンドを胚珠としてさまざまな宿泊の〈カタ〉が現れてくることだろう。

Indaba of Urban Archivists Journal

CHAPTER

05

新しい宿泊のヒント

これまでの4つの章で、概観と新しい宿泊形態について触れてきたが、まだまだ多くの可能性が芽生えている。たとえば、京都というまちから考えると、修学旅行に代表されるようなマスツーリズムは規模・動き方・継続性から見ると面白い。また、寺社や教会へ訪れる信者のための宿泊施設（宿坊／信者詰所）も、宗教施設の多い京都・奈良周辺で顕著に見られる一形態である。さらには、医療を目的とした観光（医療ツーリズム）や、中長期のステイを生み出す福祉施設のさらに先進的な事例からも多くの学びがある。現在の宿泊の多くが「娯楽」か「ビジネス」を目的にする一方で、そうではない第三の動機によって多くの人の流れが生まれている。「宿泊」という総体を掴むためには、こうした新しい宿泊のヒントたちを見逃してはならないだろう。

天理教信者詰所

1954年建設開始／完成未定
全体計画 | 内田祥三、奥村音造、中山正善
設計・施工 | 竹中工務店

1875年、天理教教祖中山みきは現在の奈良県天理市にある天理教教会本部の神殿の中心地点を、「人間の命の発祥地＝ぢば」として定めた。その後、1954年にこの「ぢば」を囲むように約870m四方、68棟からなる独特の意匠を凝らした《おやさとやかた》fig.1と呼ばれる壮大な建物群の建設を始めた。これまでに26棟が完成しておりfig.2詰所（天理教の修養所兼宿泊施設）や病院、学校や教義研究施設などさまざまな用途として機能している。その構造スパンや建物端部のおさまりなどが、機能や意匠だけでなく建物同士の連結をあらかじめ考慮して決められているのが興味深いfig.3–5。

ところで、天理教は日本各地に約160の大教会をもち、その下に約16,500の分教会が存在する。これら大教会と分教会の間には〈全国—地域—地区〉というような地理的なヒエラルキーはなく（たとえば、沖縄にある分教会が北海道の大教会に属しているなど）、日常的な交流がほとんどない場合もある。しかし、毎月26日には本部の神殿で「月次祭（つきなみさい）」と呼ばれる礼拝が、毎年1月と10月にはより大規模な祭典が行なわれ、その際には世界各地から多くの信者が一堂に会することとなる。その規模は、たとえば、2016年1月の教祖130年祭では人口67,000人の天理市に世界各地か

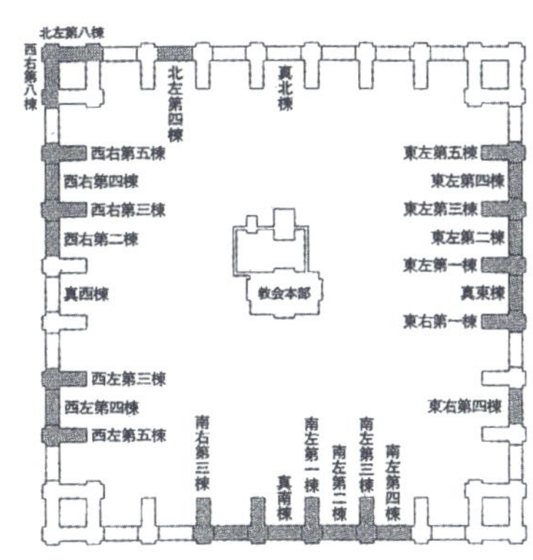

→ | fig.1 | おやさとやかた配置図（編掛け箇所は完成棟）

ら20万人もの信者が訪れたほどである。そして、そうした祭典などの際に各地から参集した信者が宿泊するのが、天理市の各所におよそ二百数十箇所にも及び存在する「詰所」fig.6,7と呼ばれる宿泊施設である。

その中のひとつであり《おやさとやかた》の中にある「高安詰所」は高安大教会に属する367の分教会のための詰所であり1,050名を収容することができる。時期によって一度に多くの人数を収容しなければならないという性質上、客室は人数の変化に柔軟に対応できる畳敷きの相部屋でありfig.9,10、祭典などの際に詰所を訪れると半年振りに顔を合わせる仲間がいるというような、信者同士のコミュニティの場ともなっている。畳敷きの大部屋という形式が機能的な要請だけでなくこうしたコミュニティの質にも絶妙にマッチしているのが面白いfig.11。また詰所には大広間fig.12や大食堂があり、宿泊者全員が決められた時間に同じメニューの食事をとることとなっている。他にも、清掃は基本的に利用者自らが行なうなど愛着を持って利用されており築30年を超えているとは思えないほど各所の痛みも少なく清潔に保たれていて、施設としてうまく運営されていることがわかる。このように、聖地における詰所は一時的でありなが

↑ ― fig.2 ― おやさとやかたを外内側から見る
← ― fig.3 ― おやさとやかた。白い妻面が棟の継ぎ目となる

↗｜fig.5｜おやさとやかたの継ぎ目

↑｜fig.4｜おやさとやかたの連結予定妻面（写真右）。妻面の壁とサッシが内壁と切り離されている

↘｜fig.8｜詰所以外にも特徴的な建物が並ぶ

→｜fig.7｜牛込詰所

↗｜fig.6｜静岡詰所（写真中央奥）と白羽詰所（写真左）

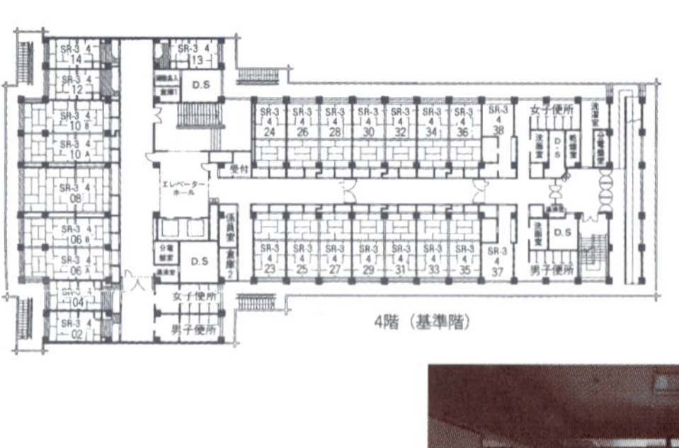

← | fig.9 | 高安詰所基準階平面図

↙ | fig.10 | 高安詰所の客室。和室なのでさまざまな人数に対応できる

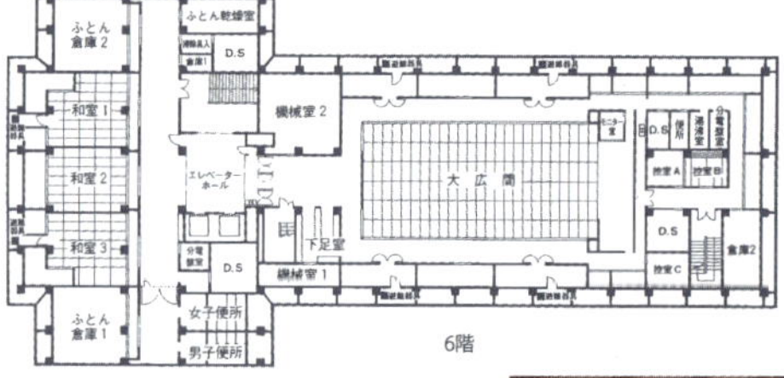

← | fig.11 | 高安詰所6階平面図

↙ | fig.12 | 高安詰所の大広間

らも地域的、都市的機能とサービスを担っているのかもしれない。

先述のように各々の詰所には食堂があるが、じつはこれらの食堂で提供される食事はすべて天理市内のある1カ所の巨大な厨房（炊事本部）でつくられている。20万人の信者が訪れる際には、じつに20万食もの食事を1カ所の厨房でつくっており、場所は違えど皆同じ時間に同じメニューの食事をするのである。こうしてみると、天理の街全体が巨大な宿泊施設のようにも見えてくる。

天理教の教えではすべての人は兄弟姉妹であり「ぢば」はその発祥の地であり、そのためたとえそれが初めての訪問であっても「ぢば」を訪れることは「おぢばがえり」と呼ばれる。天理を訪れる信者たちがこの教えに基づき詰所をまるで自分の家のように捉え、街中の信者全員を家族のように捉えているからこそ、このような合理的なプランニングと運営方法が可能になる。そして、そのプランニングと運営方法が、訪れる人々の価値観に寄り添った独特の空間を生み出しているのではないだろうか。

団体旅行や何かのイベント時のように、一時的にある共通項を持った爆発的な人数を受け入れる宿泊施設やまちは他にも存在するが、平時とのギャップに施設やサービスのキャパシティが物理的に追いつかなかったり、空間の使われ方に違和感が生じたりするケースも多い。そうした中においてこのような天理の詰所や街のあり方は、決して特殊な事例ではなく汎用性ある計画手法の可能性を提示しているようにも感じる。

「ごちゃまぜ」がつくる地域のつながり

雄谷良成 | 話し手 | 社会福祉法人佛子園 理事長
前田茂樹 | 聞き手 | 大阪工業大学准教授(建築設計)／
GEO-GRAPHIC DESIGN LAB. 代表
阿部彩音、佐古大樹、島野美樹 | 聞き手 | 大阪工業大学 前田茂樹研究室

2017年3月2日 | 社会福祉法人佛子園本部施設 B's・行善寺にて

「ごちゃまぜ」という考え方

雄谷　佛子園が社会福祉法人となって、今年で57年目です fig.1。戦後、日本において福祉施設というものが始まった時代には、福祉法人側には施設設計や計画に対してまったくノウハウがなかったため、設計者側から提案されたものを受け入れて施設をつくっていくというパターンでした。しかし私たちは、こちらから設計者にやりたいことを伝えて対話をし、お互いにどのような空間に興味があるかを共有して計画を進めています。ここを設計した五井建築研究所と仕事を重ねるうちに、私たちの考えていることや設計のノウハウを共有できる関係、協働成長チーム型になってきています。《B's・行善寺》でも私たちの考え方の根底にある「ごちゃまぜ」――障害があろうとなかろうと各世代がみんな混ざる、空間的に混ざるという状態をイメージしています fig.2。

私が海外青年協力隊で赴任したドミニカ共和国もそうですが、開発途上国には建物自体が少ないこともあり、それを老若男女みんなで共有して使います。ところが日本では、社会構成がだんだん縦割り化してきて、切り分けられたまま良かれと思ってつくられたのが現代の高齢者施設です。そこでは高齢者同士でしか会わず、入所者は限られたなかでのつながりとなってしまいます。場所さえできれば人間はつながる力がありますが、それを信じないと切り分けられた設計になります。人間がつながる力を取り戻すのは、福祉や医療の今後の技術だと思います。これからの時代は何でも専門家だけでやる時代ではなくなっているのです。建物をつくるというのも建築家だけではない。福祉も同じ

雄谷良成氏

です。福祉でも建築でも、人が共感する能力を発揮できる空間をつくらないといけない。設計時には、共感力を高める工夫をつくるように建築家と徹底的に話し合います。

島野　《B's・行善寺》を実際に見て回って、椅子にもさまざまな種類があるなと思いました。卒業設計で子どもホスピスの研究をしていた際に実際に伺った《TSURUMI子どもホスピス》もそうでした。いろんな子どもが来るので、一人ひとりに合う椅子を探せるように、いろんな椅子を用意しているという理由でしたが、ここでもそのようなことを考えているのでしょうか fig.3。

雄谷　どういう人がこの空間を使うか、それを考慮して椅子を新しく選んでくることもあるし、既存の椅子を集めてくる時もあるし、少し古びたビンテージの椅子を持ってくる時もあります。ただ福祉として必要な素材や衛生的な条件だけが先行してしまうと、その一部だけでデザインを壊してしまうので、デザインや家具の選定、壁や床の素材は全体イメージと一緒に考えていこうと思っています。

日常的な人の生活が入った状態でごちゃまぜになった状態が完成形——それが私と建築家が共有していることです。全体的に居心地が良い環境っていうのは、建物や家具だけが突出してもダメで、バランスが大事。そういうものをきちんとつなぎ合わせて、丁寧につくっていったほうが面白い。そうするとだんだん盛り上がってくるというか、いろんな人が参加しやすくなります。

これは廃寺だった《西圓寺》を改修して、地域住民の「よりどころ」になってきた場所《三草二木 西圓寺》です fig.4。ここには認知症の方もいれば元気な高齢者、重度心身障害の若者もいます。ある時認知症

fig.1｜1964年頃の佛子園

のおばあちゃんが、首の運動角度が限られている重度心身障害の彼にゼリーを食べさせようとしたら、こぼれて彼はうまく食べられない。ところが2–3週間したら、おばあちゃんが食べさせられるようになっていて、彼も自分でゼリーをおばあちゃんに貰いにいっている。2–3カ月したら、今度はおばあちゃんの調子が良くなってきました。なぜかというと、彼にゼリーを食べさせないとこの子は死んでしまうと思うからなのです。彼は2年もうちのリハビリに通っていましたが、まったく成果がなかった。ところが、ごちゃまぜの空間による人との関わりによって、2–3カ月経ったらあっという間に両方が元気になっていました。

生きがいをつくる手法

前田　《西圓寺》は障がい者の人も毎日来ているのですか。また、活動メニューも地元の方が主体になって決められているんですか。

雄谷　障がいを持った人も、毎日仕事でお風呂の掃除とかご飯づくりなどをします。活動メニューは、梅干や味噌をつくったりといった、昔にじいちゃんばあちゃんがしていたことをそのままやっています。それが大好評で、地域の交流につながっています。うちのグループの中では、空間的には《西圓寺》が一番発酵していると思います。《西圓寺》ができて、その経験を活かして《シェア金沢》で国立金沢若松病院跡地の11,000坪で一からまちをつくりました。《B's・行善寺》は、建築的にもその両方の長所を取り入れて、上手くいっていないところを計画上再検討してつくったので、こちらはごちゃまぜの発酵が進んでいます。

　生き甲斐を感じている人は、感じていない人より病気になりにくいと

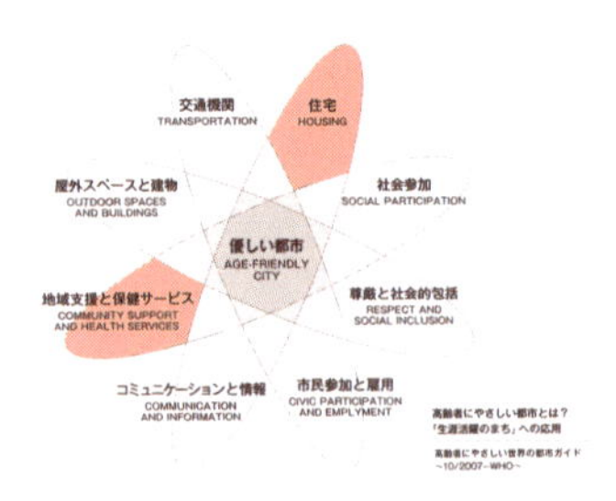

fig.2｜佛子園メソッドの特徴

fig.3｜利用者個人個人のカラフルなカップが並ぶ

fig.4｜三草二木 西圓寺

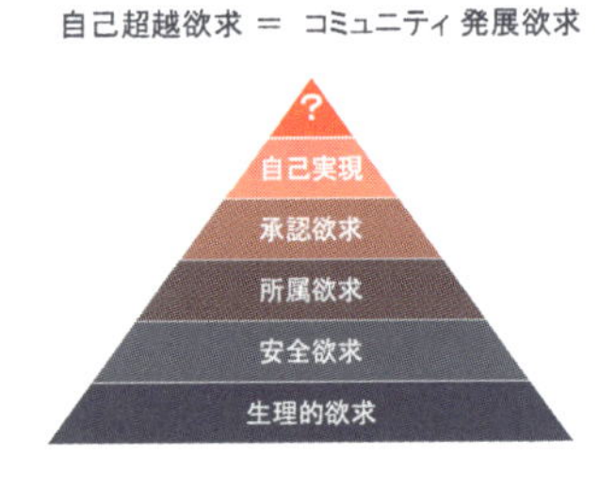

fig.5｜マズローの欲求6段階説

いうデータがあります。また心理学者アブラハム・マズローの「欲求5段階説」というのがありますが、じつは彼は6段階説を唱えていました fig.5。その6段階目が、コミュニティ実現欲求。自分が必要とされたり誰かの役に立つなどといった、自分のまちにおける意味合いを感じることで、人生の目的を感じるのではないでしょうか。人との関わりやつながりを設計でしっかりつくっていくことは必須ですが、従来の建物は高齢者は高齢者だけで、あるいは障がい者は障がい者だけ。そうすると人生の目的は感じられなくなります。《西圓寺》では、障がい者と認知症の人が関わってお互いが元気になる。そんな設計を行ったわけです。

前田　《西圓寺》《シェア金沢》《B's・行善寺》の3つはかなり規模が違いますし、立地する地域や都市の規模も違います。不特定多数の人の多い都市では、ごちゃまぜ、つまりオープンにする際に伴うリスクが、小さな地域に比べて多く出てくるかもしれないと思いますが。

雄谷　私たちは、ごちゃまぜはリスクだと思っていません。むしろ反対ですね。「救い」であるのかもしれません。閉鎖的な施設の中では事故が起こったり、あるいは虐待が起こったりします。日本で一番盗難被害にあう家は、家の周りに塀を建てた家だそうですね。一度越えられたら逆に死角になるし、中で何が起こるかわからない。《B's・行善寺》のようにオープンにしたほうが、逆に危険性がないと考えています。

ここで「オープン」というのは、人が自由に入ってこれるということです。従来の設計だと、普通の施設とか病院のスタッフルームはプライバシーやセキュリティを守って、外から入れません。私たちは、そうではなくて「できる」という判断をしますし、そうすると空間的には全く違うものになります。パソコンはロックを掛けておいて、職員は好きなところに座れるので、その日によって集まるチームに合わせてフレキシブルに対応できます。

前田　定型的なエントランス然としたロビー空間は、意図的になくしているということですね。

雄谷　そうですね。もちろん厨房は衛生上クローズにしますし、保育室は子どもが寝ている際はクローズにしますけれども、それは特殊な使い方をしている時だけで、基本的にはどこからでも入れます。なぜそういう使い方になったかというと、《西圓寺》で偶然に人が集まったからです。あそこの土地をお寺の住職さんが亡くなられて寂しくなったので、奥さんがそこをなんとか、まちの人に役立ててほしいと話がありました。僕たちは無料で譲渡して頂きましたので、そこをどう地域に還元するか。それでは温泉を地域に対して無料にしよう、それ以外のところからお金をもらっていこうという話から始まりました。スーパー銭湯のようにお金を支払う場所があると、支払わないと入りにくい。システムセンターであるかパーソンセンターであるか、ということです。

「参加」が地域づくりを誘発する

阿部　人が集まる場所、海外における広場のような場所としてお寺の境内の空間は存在してきたと思います。お寺が地域に開いていて、また自然が近く小川が境内に流れているという状態を体験し、新しい日本のための広場がここにはできているのかなと感じました。実際に歩いてみて回りながら、都市でいう人の集合と、ここでの「集まる」は違っていて、ここの方が質のいい「集まる」状態があるなと思っています。

雄谷　質のいい「集まる」状態があるとすれば、場所づくりのひとつ前のステップが必要になってきます。キーワードは「参加する」ということです。何かに主体的に参加する、主体性の持てる場所をどのようにつくっていくかです。私は青年海外協力隊で学んだ住民主体のプロジェクト・サイクル・マネージメント（以下、PCM）という手法をすべての法人の運営で使っています。まちの人たちに、こういう場所ができたらいいなという意見を早い段階で出してもらいます。私たちは福祉のプロ、設計のプロなりに、場所のイメージを考えていますが、自分たちからは言いません。これを私は「言わない技術」と呼んでいますが大切ですね。

fig.6 | B's・行善寺。Social Inclusionによる社会参加

fig.7 | Gotcha! ウェルネス。子どもから高齢者まで

私たちはノウハウを重ねてきているので、専門家っぽくこんなのが良いですよと言いたくなります。でも言った段階でおしまいです。

そこで、枠にはめないで、このまちで何かしそうだという人を核に、だんだん転がしてみると、雪だるまみたいに徐々に関わる人の数が増えていきます。いろんな人を引き連れて、自然発生的にそれぞれが発達していって、形になるという手法をとります。自分たちで「しない」技術が一番大事。福祉も同じで、その人の能力をギリギリまで引き出しながら、やれるところは見守りながらしていきます。どれだけ障がいが重い人、介護が必要な人であろうと、そこの見極めをしながら、本人ができるところはしてもらう。「する人」「される人」の関係になってしまうとだめ fig.6。

阿部　私の経験ですが、障がいがある人は来所を促しても思うように来てくれません。ここはみんな自発的に来るそうですが、どうしてそうできるのでしょう。

雄谷　あなたは病院に行きたい？

阿部　いえ、行きたくありません。病院に行くことは、自分が病気であると認めさせられて行く感じがするからです。

雄谷　そうですよね。基本的には病気じゃなければ行かないか、お見舞いに行くかですよね。日常と非日常があって、慢性医療の方は日常になってしまうけれど、一般的にいうと病院は怖い非日常の場所ですよね。僕らがつくっているのは「日常性」です。私たちはバザーとかイベント、コンサートなどを何回も試みてきましたが、その時だけで、次の日から障がいがある人と関わってくれるかというとそうじゃない。私たちは非日常性のイベントをやりながら、実をいうと、日常の中で人々がつながる仕組みを考えることを共有してきました。まちの中で障がいのある子が奇声あげたらみんな振り向きますが、ここでは、地元の人は慣れているから振り向きません。いつものことだから、誰かが悲鳴あげたんだろうという話になるんです。それを見て普段来ない人は 、なぜ自分だけ驚いているんだろう、と不思議になります。少なくともそこには障がい者を受け入れる環境が日常的にあるのです。

日常をつくるための仕組み

前田　私も広域な意味での日常と連続するケア環境のデザインはとても大事だと考えていますが、その地域ごとに「日常」とは何を指すのか、常に設計しながら自問自答しています。

雄谷　僕らは地域を枠組みと考えます。地域とは「継続性と密着性」を持っている人が暮らしている場所という定義を持っています。一定期間継続して自分の家で住む、暮らしているということが地域住民。また密着性というのは、いろんな人と関わるということ。そうすると隣の人が亡くなってもわからないというのは、僕らは地域として呼べないのではないかと考えています。それは近くにいるだけで、密着性がないからです。人と人がつながっていくということを地域と考えていますので、この地域の日常性は何かと考えると、関係人口というのがそこに当てはまってきます。

通常の会員制のウェルネスセンターは23%の利用率ですが、《B's・行善寺》のは利用率が50%あり普通のジムの倍です fig.7。なぜそういったことが起こるかというと、一般的なジムは立地条件として駅前などが一番良いとされています。自分が会費を払って人と関わらなくてもストイックにトレーニングができればいい人の集まりですから、いろんな人が集まっているけど密着性がない。僕らは継続性と密着性というものを「地域」と呼ぼう、そこには人との関わりがあるんだ、ということが前提です。うちのウェルネスの利用率が高い理由は、個人で来ても人と関わって話が広がって楽しくなるからなんですね。私たちはそれを日常性と呼んでいます。ただ日常的に通っている人の中には、ウェルネスのお風呂を目的に来ている人もいます。この地域の住民110軒はお風呂が無料で入れるようにしました。すると家ではお風呂に入らずにここに毎日来ます。そのかわり月に2−3万円浮くので、それで蕎麦食べて帰ればラッキーとなる日常が起こります。そのような地域の日常をつくるための仕組みを、今までの経験から考えます。

今までの箱物の中での福祉の専門性はもちろん必要ですが、それ以外にもっと枠を超えた福祉の専門性が必要という局面になってきました。枠組みの種類によって日常というものの形は変わると思いますが、私たちは、ごちゃまぜの施設から、ごちゃまぜのまちづくりへ転換していく、また箱物福祉から、全体を考える福祉に変わっていかないと限界があると感じています。なぜかというと、障がい者を施設の中だけで、家の中だけでサポートしたとしても、その人たちのQOL（Quality of Life）は高められないからです。「いろんな人たちに認められる」ことがないと、その人たちをサポートできないと考えています。

システムを変える時がきている

佐古　僕は介護付き有料老人ホームで2年間アルバイトしています。時々餅つきとかレクリエーションなど用意して、地域の方と高齢者の方が楽しんでいますが、日常的には建物の中には高齢者だけがいるんです。高齢者や障がいがある人と、子どもがもっと日常的に接するといいなと思いますが、そうなるとトラブルなどは起こるものでしょうか。

雄谷　障がいがある人が排除されていく社会は、「排除される対象がその人たちだけ」だろうかということは考えていく必要があるでしょう。人と人がいて何も起こらなかったらおかしいですよね。実際トラブルは起こっています。お酒を飲んで、吐いたり、記憶がないとか、みんなあるわけですよね。そういう時、大丈夫かとか、なんでそんな飲むんだとか話しながらみんなで過ごしていくのが人間の営み。トラブルを全部排除しようと思ったら、一人ずつ閉じ込めて本当に動けなくするしかない。それは人の暮らしと呼べるでしょうか。

「承認欲求」の観点で言うと、サービスを提供する側とされる側が存在したら、承認欲求は全くわきません。「あなたは患者です」と相手に言われた時点でマイナスの承認欲求ですからね。そういう意味では、この施設にいる人たち——患者とスタッフだけではそういうことは生まれないですね。さっきもダウン症で20歳までに死ぬと医者に言われていた彼、ふざけて写真撮ったふりとかしていましたよね。でも今28歳。普通の施設にいて、何かをさせられるという時間じゃなくて、ここに来て誰かと関わって挨拶して、とか、そういった何でもない日常がじつは大切。そうすると、施設としての空間だけではない。福祉施設としての空間とオフの空間が混ざりあい、両方ともその役割を果たしている。そこを見ているのが楽しい。ごちゃまぜにいろんな人がいるということは、じつをいうと世の中では大切で、それを分けてきた建築なりシステムなりを変える必要のある時代が来たのかなと考えています。

前田　ここにしばらくいると、普段常識で思っているようなものを一度考え直す環境がつくられているのではと実感しましたし、その背景にある考え方も含めてお話を伺えました。そして、そういう時代の建築や都市のあり方について共感しました。今日はありがとうございました。

Indaba of
Urban
Archivists
Journal

CHAPTER
06

解題／座談会

この章で話されていることは、IoUAのスタジオマスターによる解題である。2016年のIoUAが終わってから9カ月後となる、IoUA2017の冒頭で話された。そのため、本書のすべてを総括する議論というよりかは、現在進行系で進んでいるIoUAが発見したことと取り組む課題について語られていることを付しておきたい。
1つめの座談会では、リサーチで得た知見と現在形の問題について言及をしている。
2つめの座談会では、建築設計・都市デザインの「かた」とリサーチをどのように位置づけるべきか、建築家として活動するスタジオマスターを中心に議論がなされた。

宿泊が消費／創造する地域のイメージ

阿部大輔｜龍谷大学教授（都市計画・都市デザイン）
朽木順綱｜大阪工業大学准教授
阪田弘一｜京都工芸繊維大学教授（都市・建築計画）
文山達昭｜京都市 都市計画局
松本 裕｜大阪産業大学准教授

2017年4月15日｜大阪工業大学 梅田キャンパス2階にて

阿部　都市における宿泊を共通テーマに、各大学とも、違う種類のリサーチと提案を行ったわけですが、ここではエリアやコミュニティといった「地域」の観点から宿泊の可能性を考えたいと思います。実際にあらゆる施設がそうであるように、施設は地域に立地するので地域との関連性というのは多かれ少なかれ考えざるを得ないものです。そのときに、宿泊が他施設と比べて、とくにその地域との接点という観点から利点になり得る、あるいは問題になり得る性質というのは何かあるのでしょうか。あるエリアにコンビニが立地するというのと、宿泊業が立地するというのは、地域にとってたぶん大きく意味合いが違うと思います。民泊に限らず宿泊施設が急増している京都市ではいかがでしょうか。

文山　宿泊施設は、その本性上、地域コミュニティから遊離するのは否めないと思います。しかしながら、最近、京都で増えているのは、一見ワンルームマンションや建売住宅にしか見えず、外から中の様子がまったく伺えないなど、地域にとって、より一層のブラックボックス化が進んでいるような事態です。また、立地の問題もあります。従来は幹線道路沿いや観光地に立地していたものが、住宅地など既成市街地の内側にどんどんと入り込んでいっている。たとえば六原学区は周囲に清水寺などの観光資源も豊富なので、良い悪い含め構えの姿勢をとりやすいだろうと思います。一方で、京都御所の南を走る丸太町通の西の方、とくに観光資源もなく、京都では普通の住宅地といってよい千本通から円町の間のだいたい1km程度のところに、一棟貸しの簡易宿所が50軒くらい一気に増えたそうです。単純計算すると20mピッチで宿泊施設があることになる。そして、それらのほとんどは通り沿いではなく、一歩奥に入った街区の内側、外からは見えにくいところで増えている。こうした状況を、地域という視点からどのように考え、受けとめるべきかが問われているのではないかと思っています。

阿部　民泊は、すでにコミュニティ内に立地する住宅を宿泊用途に転用するということなので、否が応でも地域との接点が生じることになります。結果、摩擦が起きたりする可能性をはらんでいる。一方で朽木先生の研究室が取り組まれたのは住宅地ではなく、ビジネスホテルが立地するエリアでした。ビジネスホテルは名前の通り本来はビジネスユースじゃないですか。でも、ビジネスユースであること自体の意味合いは相対的に下がっているようにも感じます。住宅用途がメインでないところで展開される宿泊の未来は、調査の結果、どのように見えてきたでしょうか？

朽木　名前こそ「ビジネス」ですが、おそらくその使い方は多様だと思うんですね。そもそもビジネスホテルを使う方々はホテルそのものに何ら個性やら地域やらを求めない。一方で、とくに安いからという理由で最近インバウンドの大部分を占めるアジアの方々からの人気を集めていて、そのホテルがまた非常に面白いことになっています。たとえば、ビジネスホテルの体をしているんだけれども、靴を脱ぐ二足制のホテルになっている。大浴場や大食堂があるんだけれど個室の部屋は畳式で、畳式なんだけれどもベッドが置いてある。そんな日本人だったら泊まらない、へんてこなホテルなんだけれども、外国人からすると「なんちゃって日本」の体験ができるのがいいそうです。もしかすると、個性的なビジネスホテルというのがいろいろ多極化に展開していて、アジアのお客さん向けのテーマパーク的なビジネスに変わったりしている。そういうのに、地域性ってないんでしょうね

阿部　個性という表現がありましたけど、地域性のあるところに進出する宿泊施設ではなくて、そういったことを重視しないホテルが集積することで、逆にその地域に、地域性みたいなものが生まれることもあり得ますよね。

朽木　ただ、それを地域性と見るべきなのか、創られた地域性とみるのか。

阿部　地域性というとちょっと言葉がよくないかもしれませんが、ビジネスホテルが集積しているからこそ特定の業態の集積が見られる、というような関係性はありましたか。いわゆる高級ホテルでも旅館でもゲストハウスでもないビジネスユースメインだからこそ、その周囲に立地しがちな店舗の種類があるのであれば、おそらくそれらがそのエリアらしさを創っていくことになりますよね。

朽木　じつはね、どちらが先なのか私もわかりかねているんですよ。ビ

ジネスホテルが建っているから周りに居酒屋が多くなっているのか、それともその逆なのかというのがわからない。その辺はこれからちゃんとみていかないといけないところです。

阪田　それに関連して今注目しているのが、大阪の西成の横にできる星野リゾートです。西成にあるのはいわゆる地域コミュニティではないけれど、ある種の強烈なコミュニティではあって、その横に星野リゾート的な宿泊施設が立地するのにはどういう目論みがあるのか。あと、そのコミュニティとはどう付き合っていくのか。この話、どうみられています？

朽木　リゾートというジャンルは、地域特性の良いところ取り、きれいどころ取りをするのが特徴だと思います。ですので、西成というエリアからは、「一枚のガラス越しにみたアジア感」みたいなものが取り入れられていくのではないかという気がしています。生身で感じるには結構濃いのですが、ガラス越しに見ればとても不思議なアジアな世界みたいなものを安全に感じることができる。とくにアジア各地のリゾートホテルってそんなものがたくさんありますね、実際本気でいくと大変なエリアなのに、なんとなくなんちゃってアジア体験ができちゃうような……。星野さんがどうするかは知りませんけど、立地がもし狙いすましたものであれば、そういうような地域の消費のしかたと言いますか、使い方が生まれるのではないかと思います。それが良いのか悪いのかそれはまた別の話として。

阪田　クリアランスというと言い方が悪いですけど、ある種、地域をクリアにしていく起爆剤的な意味合いも持つのでしょうか。

朽木　そうですね。ですからその時には、クリアランスということが、リゾート側だけではなく地域にとってもプラスになるのかというのがひとつの論点になります。また、一方で地域の方も結構したたかなので、あえてきれいめなダーティーさみたいな演出をしてくるところもあって、入る側と受ける側の双方の駆け引きみたいなものが、とくにリゾートや観光的な目的の開発の場合は、非常に面白い地域のバランスを生むのではないかと思ってます。

阿部　宿泊施設は地域のイメージを積極的に絡ませながらプロモーションしますよね。そうした部分を地域も逆に利用していけるといいのですが、それができず一方的になると地域イメージの消費になってしまう。それが行き過ぎて、不動産バブルみたいな状況が起こり生活を変えてしまうと、商品性が高まってしまうのだろうと思いました。

　イメージと実態が違うという話でいうと、奈良の話が面白かった。奈良は距離や交通がネックになっているということでしたが、一方でその距離感を逆手にとった観光政策をやってきたようにも思います。これからは奈良に泊まってもらいたいともありましたが、本当にその必要があるのでしょうか？ その要するに、同質化していくことの危険性というのがあって、イメージを逆手にとって、宿泊施設が少ないことを活かせないのでしょうか？ 高級ホテルの話もそうかもしれません。また宿泊の点で遅れている分、先を行っている他のエリアの良い部分も悪い部分も見て、宿泊のあり方の戦略を立てられるエリアかとも思うのですが、そのあたりいかがでしょう。

松本　まず、自治体の思惑というのがあると思います。奈良に宿泊がなくても観光客はたぶんあまり困ってないし、大阪や京都に行ったほうがむしろ便利でいいわけです。それが、奈良の自治体の方に聞くと「せっかく観光客が来ているからやっぱり宿泊施設をつくりたい」と言うのです。でも、宿泊施設が足りないだけではなく、商店街のお店がほとんど早くに閉まってしまうという問題もあります。

さきほど星野リゾートの話をした時、私たちは西成一帯のイメージで話しをしましたが、細かく敷地を見ていくと新今宮の駅前とあいりん地区のあるところで、ちょっとニュアンスの違いがあるような気がします。むしろ、今までイメージが放置されていた場所で、普通の地価の何十分の一程度の大変安い値段で手に入れている。割と閉じた形のホテルの設計のようですが、外へ一歩出ればそういう場所も広がっていてそれはそれで面白いだろうし、環状線に乗ればすぐ梅田まで行けるような場所なので、地域イメージのずれや格差があると思っています。

阿部　宿泊と地域らしさのイメージは連動しやすく、場合によっては場所のイメージを消費する方向に動くこともあるのでそこはかなりの注意を払って計画的な設計を考えないとダメだという話と、一方で宿泊施設があることで地域のイメージがつくられていくプロセスがあるかもしれないという話がありました。いままで特徴のあるところとして認識されている場所が宿泊業が集積することで変わってしまうこともあるだろうし、逆によく考えれば立地はいいのだけれど、とくに何でもない駅前に個性のないホテルが集積することで場所が個性化していくという話がもしかしたらあるかもしれない、ということですね。では、そのあたりの動向をどう見極めるかというところが、都市デザインとしては考えざるを得ない。宿泊は明確に経済行為ですから、経済的論理は否定するべきではない。でも事業としての収支計算のみで地域の中で運営されても、それはそれで齟齬が生じるかも知れない。宿泊行為の地域への侵出が、どのように地域に何かしらの経済的·社会的利潤を落とせるのか。まだまだ宿泊施設の需要は高いままでしょうから、従来のホテルや旅館だけでなく、民泊を含めて新たな宿泊のタイプがたくさん出てくることが予想されます。だからこそ、宿泊施設だけでなくて地域も丁寧な、お互いの利益の出し方も考えていく必要があるということですね。

Archive Link
A1
A2
A3
A4
A5

「かた」のつくり方、建築のつくり方／都市の「かた」、建築の「かた」

池井 健｜池井健建築設計事務所 代表／京都建築専門学校非常勤講師
魚谷繁礼｜魚谷繁礼建築研究所 代表／京都建築専門学校非常勤講師
田路貴浩｜京都大学准教授／LINK DESIGN 主宰
前田茂樹｜大阪工業大学准教授（建築設計）／GEO-GRAPHIC DESIGN LAB. 代表

2017年4月15日｜大阪工業大学 梅田キャンパス2階にて

前田　こちらでは、「相互依存関係」をキーワードに考えてみたいと思います。ストックと金利との関係、地域のイメージをつくることにあたっての相互依存の関係を、それぞれ地域別にどう視覚化していくかが論点なのかなと、報告を聞いて思いました。実際の設計の時に、まちと建築の相互依存の関係をどのように考えておられますか。

魚谷　私はいくつかの地域で面的な建築設計をしています。宿泊施設は事業者側が儲かればいい、事業として成立すればいい、というだけではなく、地域を混ぜることによってさらにいい事業になるということ考えています。そしてそれにはいろんな形がある。たとえば、景観的によくするという話もある。あるいは地域にお金を落とすということもある。もう少し広い目線で行くと、インバウンドでお金を落としてもらい、そのお金を地域のさまざまなことに使うことができるということもある。いろんな相互依存の関係があるのではないかと考えています。単体で敷地が与えられていてつくるというのではなく、むしろその建築をつくる前段階のリサーチであったり、「かた」をみんなで共有して、それが地域だけではなくても通用するようなルールづくりをして設計していきましょうよ、というのがこのIoUAの特徴かと思います。そのためにはどうすればいいか模索しながら行ったのが第1期でした。その中でわかったことのひとつが、「かた」に名前を付けるというのはわかりやすいということ。リサーチをしたものに対して、勝手に名前を付けると反論が出てくるものだと思っていましたがそんなこともなく、むしろわかりやすいと思いました。

前田　データから「かた」をつくっていく方法もあると思います。あと、旅館業法ってすごいですよね。旅館業法によってつくられる空間もあるのではないかと思っていて、これもひとつの「かた」ですよね。たとえば、修学旅行をメインにした宿は、畳ならばたくさん泊められるから畳にするわけです。また、大阪と京都では条例が違い、それによってつくるものが自然と変わってくる。それを地域性といっていいのかはわかりませんが、旅館業法という「かた」が空間をつくっているのは事実です。

魚谷　「かた」というと、いろいろな地域やタイプに適応できるものという前提があると思いますが、それぞれマスツーズムや高級ホテルとはタイプが違います。もしかしたら地域に適したタイプがあるかもしれないし、その地域とそのタイプを組み合わせる時に守るべき相互依存の仕方が「かた」として出てくのではないでしょうか。それが有効であるか有効でないかはわかりませんが、マトリックス的な整理をして、きめ細やかに掘り下げるべきなのだろうという気はしました。

池井　「かた」をつくり、それを自分で設計に生かすというところがIoUAの難しいところだと思います。「かた」を決めるときに設計まで頭に入れて進めると「かた」にならないかもしれません。今回、京都大学チームは「かた」をつくることにトライしていましたが、「かた」をつくってから設計に移るときに、田路先生と学生で何か議論がありましたか。たとえば、指標をどこまで守るかなどの議論があったのでしょうか。

田路　明確に「かた」を決めてから設計へ移るのではなく、実際には「かた」づくりと設計が並行して行われました。なので、設計で生じた問題を「かた」にフィードバックすることもありました。

前田　都市には建築類型と都市組織の2つの観点があり、京都大学チームは、建築類型と周辺環境の関係から「かた」をつくられたのだと思います。一方、私は都市組織の中で「かたを」つくる方法はないだろうかと考えています。都市組織というのは要は敷地割で、敷地割と建物の建ち方の関係性ですが、そこに何らかの規則性が見られる場合がある。たとえば、京都の路地や田の字地区の敷地割と建物の建ち方の関係性にはかなりの規則性が見られます。その規則性の中に見られる伝統的な建物を守りながら再生していく、あるいは失われた都市組織や建築類型をもう一度新しく解釈して再生するのがゲストハウスといったもの思っています。しかし、新しい都市組織をどうつくればいいかというのは、まだよく見えていません。

もうひとつ建築類型で言うと、これから学生と考えたいなと思っているのは、宿泊と居住の建築類型はどう違うのか、同じなのかということです。両方とも人が寝起きしてご飯を食べる施設ですが、滞在期間が限られているものと長いものでアクティビティが違う。それによって建築類型が異なっているんですよね。たとえば、建物のスパンが違

Archive Link
A1
A4
A6
A7

くて、外観的にはバルコニーがあるんです。そうするとホテルと住居が併存するような地域を考えようとしたときに、違う建築類型が立つわけです。それをどうつなげていくのか、あるいはバラバラのままでいいのか、そしてどう景観がつくられていくのか。類型化されたパターンが景観をつくることもあれば、私的なものがつくることもある。京都のような伝統的な町並みは類型化した建築が連担することでつくられていて、それが価値になっています。「かた」を逸脱したようなものがつくる景観はあり得るのでしょうか。

田路　設計する側からしたら、「かた」がありながら類型化を超えたものをつくるほうが豊かになるだろうという判断もあるだろうと思います。我々の対象は京都だったので、地域の都市組織の中に込められている「かた」をリサーチによって明らかにして視覚化し、相互依存的な関係性をつくったという流れです。前田先生は設計と「かた」の関係をどう捉えているのでしょうか。

前田　「かた」は最小限のほうがいいと思うんですよね。クリティカルで少ないほうが。「かた」がないのは問題ですが、あれば集合することで街並みになるし、逆に時間が最低限の安定感を生んでくれると思います。そして、「かた」に規定されない自由な部分で、「かた」を破るというか、何かの要素が生まれていけばいいのではないでしょうか。

　実際に設計した経験から言うと、クリティカルな「かた」を提案できるような設計を心掛けていて、それがひとつの解決策になればいいと思っています。その一方で、街並みを担保する方法として最適なのは条例なのではないかとも思います。たとえば、旅館業法という「かた」があって、設計がその中で有効に機能するように。やはり、設計をしていて宿泊施設と住宅の一番違う点は非日常性が秘められるということです。たとえば、町家を設計する場合、住宅のときは居住しやすいものを求められますが、宿泊施設のときはより町家らしいものが求められます。

魚谷　これまでの話をまとめると、インバウンドがどこまで続くかわからないなかで、「かた」にはイメージの消費の制御をするプロテクトとしての役割がまずある。それこそ法律がひとつの例ですが、もっとクリエイティブな相互依存関係からイメージの消費を制御し、より発展的なクリエイティブな関係性のあり方をつくる「かた」もあり得ると言うことだと思います。そして、建築家はそのためにいかに説得力のあるものをつくれるか、という命題をもっている。ただ、あくまで「かた」は「かた」であって、それを必ず守らなければならないということではないと。

前田　ええ、建築をつくる側は盲目的に従う必要はないと考えています。一方で、IoUAの課題――「かた」をつくる側の視点と関連させるならば、「かた」がどう機能するかということを見つけてほしい。そしてそのデータを活かして、こういう新しい「かた」を建築に内在させれば、こういう効果が生まれるのではないだろうか、ということを意識して実際の設計に生かしてほしい。そこが重要なのではないかと思います。

田路　今まで「かた」について語られてきましたが、おそらく「かた」には2つあるのではないでしょうか。それは、都市の「かた」と建築の「かた」で、建築の「かた」は都市の「かた」に含まれることにならざるを得ません。たとえば、道路斜線が大通り側からかかることで、裏路地に対して巨大な壁（ビル）が建ちますよね。それが京都の町中、とくに田の字地区などでは問題になっていますが、それを逆転させて田の字から道路斜線をかけると建築の様相は大きく変わってしまうでしょう。そういう都市の「かた」と建築の「かた」との関係について考えています。

前田　これを聞いている学生も、文章として読んでいる読者も、「何を言ってるのだろう?」という感じかもしれませんが、IoUAは今までしたことのないリサーチをすることに大きな意味があるのです。そして、僕らも答えはわかっていないし、地域ごとでおそらく違うものが出てくるし、建築の「かた」と都市の「かた」はスケールが違うから同じにはならないだろうし、それが面白いのだと思います。そうしたぼんやりしているものを、それぞれの地域や専門からもち寄って議論していくことにIoUAの価値があるのです。

CHAPTER 07 アーカイブ

本章では、IOUAの主たる取り組みであるアーカイブをまとめて掲載した。アーカイブはそれぞれのテーマを持って行われ、横の関係性をとくにない。そのため、掲載順はあまり意味を持たないことを付しておく。
アーカイブと本文は緩やかな参照関係にあり、本文の右端にあるインデックスに、関係のあるアーカイブをハイライトしているので、ページを往復するような非線形な読書体験をしてもらいたい。
それぞれのアーカイブの後にはプロジェクトが付随する。アーカイブのフェーズ後に、アーカイブから得た「かた」を、建築や都市に適用するような提案(=プロジェクト)を行っている。
このように全体は緩やかな連帯で組み上げられているが、テクスト—アーカイブ—プロジェクトが読み手の中でつながりをもって新たな創造性を呼び起こすものになれば幸いである。

Team | 京都大学 田路貴浩スタジオ
Area | 京都府京都市

京都の高級ホテルと景観

近年、京都では観光客の増加により、宿泊施設の建設が加熱している。町家のゲストハウスや民泊が注目を集めているが、ホテルはその影で街への影響は議論されていない。京都の宿泊施設は京都の景観を「売り」にしているのであり、とくに高級ホテルは、眺めの京都らしさ、環境の京都らしさを無償で享受している。しかし、景観を形成したり維持したりするためには、膨大なコストがかかる。そうであれば、ホテル、とりわけ高級ホテルは京都の景観形成に貢献すべきではないだろうか。われわれは、このような問題意識から調査を行い、ホテルと近隣や景観との関係を評価する手法を「GNV理論」として導き出した。

「GNV」とは？

—

G | Garden | 宿泊施設内の庭園

中庭を有するホテル・旅館はそのホテル・旅館の建築自体が景観資源を有するため、建築を内に閉じることも可能である。

N | Neighborhood | 宿泊施設の外観、近隣の特徴的施設

京都には老舗旅館が数多くあるが、それら建物自体が美しい街並みをつくり出し、景観資源として地域のステータス向上に貢献している。

V | View | 宿泊施設からの眺望

風致地区に立地するホテル・旅館は自ずとよい眺望を得る。景観地区に建つ大規模ホテルも、風致地区などの景観資源を享受できる。

GNV理論による京都の高級ホテル・旅館の分類

—

高級ホテルをかたどる要素としてサービス、付属施設、客室（面積・設え）、周辺環境のよさ・眺望が考えられる。しかし、はじめの3つはホテル・旅館ごとにマニュアルが作成されている場合が多く、個々のホテル・旅館の企画の問題であるといえる。これに対し、GNV理論は「周辺環境の良さ・眺望」の観点から宿泊施設を評価したものであり、ホテル・旅館単体の建築にとどまらない視点を得ることができ、都市空間におけるホテル・旅館建築を位置づけることを可能にした点に特徴がある。

　まずは対象として選んだ京都市内の高級ホテル・旅館を、その立地、規模、構成、構造で分類した。

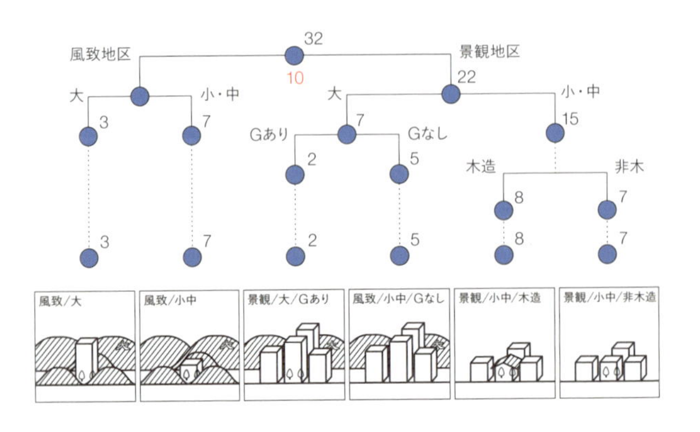

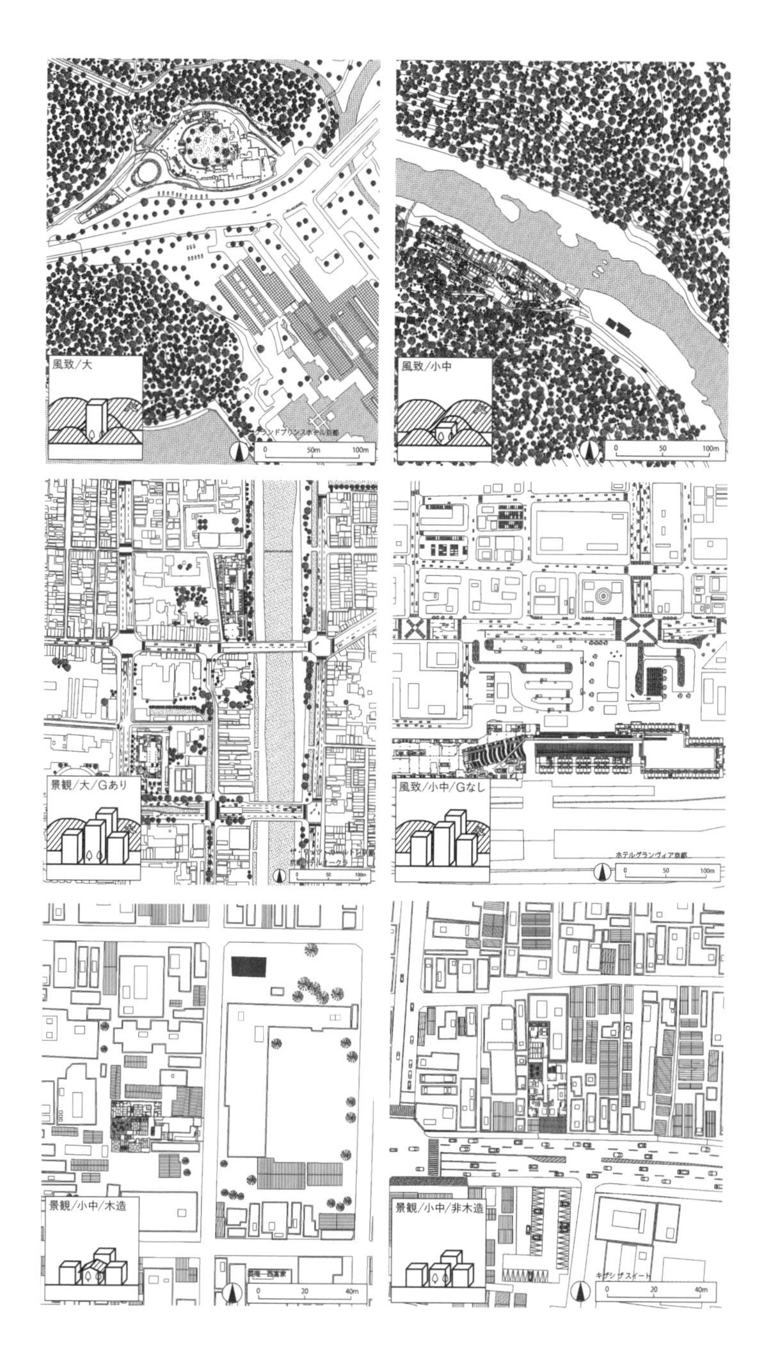

各累計を代表するホテル・旅館のディーププラン

シーン分析
——投稿写真の分類と分析

宿泊施設の景観を評価・分析する方法はまだ未発達である。そこでわれわれは、宿泊施設評価サイトに投稿された写真を分類することから始めた。写真の傾向・点数により、その宿泊施設の景観的ストックが分析できるのではないかと考えた。

分類後、写真点数を同心円状の円グラフに表した。中心から順に、HOTEL(施設の写真/グレー)、GARDEN(庭園の写真/黄)、NEIGHBORHOOD(近隣の写真/青)、VIEW(景色の写真/ピンク)とし、その半径が写真の枚数を示す。円に重ねられた山型は、VIEWの方向とその枚数を示す。

客室数の多いホテルが投稿写真数も多く、円が大きくなるので、円の大きさにはさほど意味がない。むしろ4種の円の比率が重要である。赤い円が大きいものは眺望の評価が高く、逆に赤い円がほとんどないものは施設内からの眺望がないことを表している。

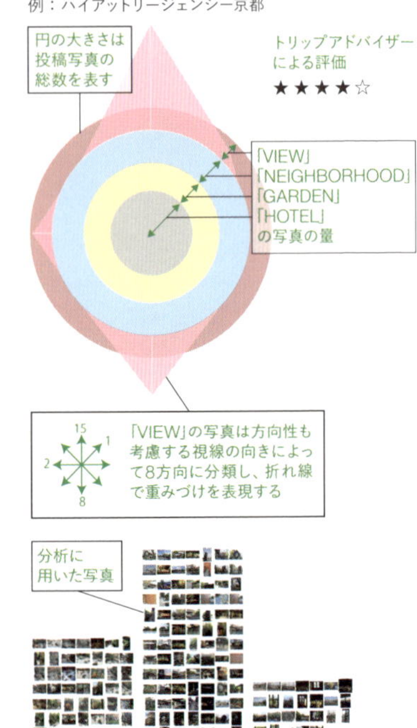

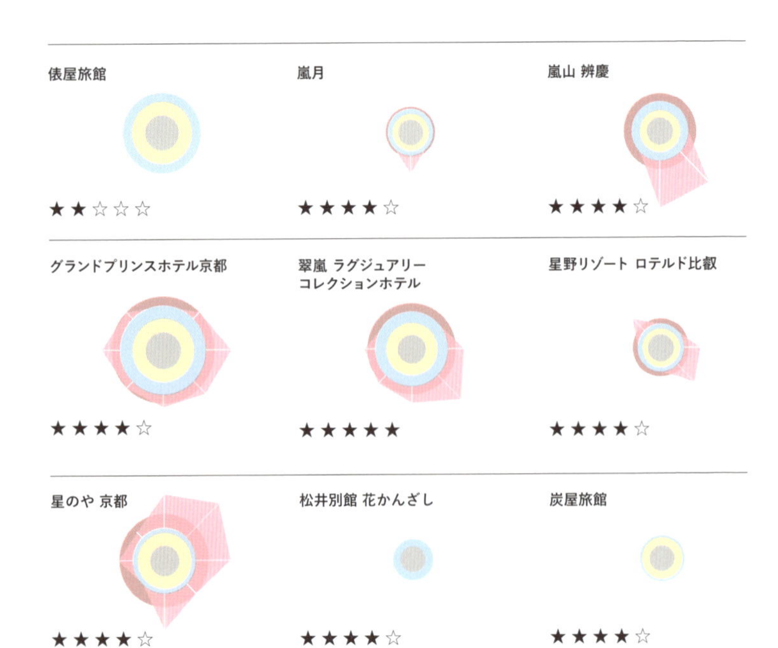

SCENE分析を行ったサンプル(一部)

景観バランスシート

次に、ホテル・庭園・近隣がそれぞれに享受する利益を視覚化、数値化した「景観バランスシート」を作成した。「景観総流量」と「景観収支」という指標を用い、景観的な価値とホテルと周辺環境との関係性を表した。

景観総流量：景観収支の絶対値の合計
景観収支：外部の景観資源から受ける利益を収入、近隣に対して与える景観的利益を支出と捉えた際の収支

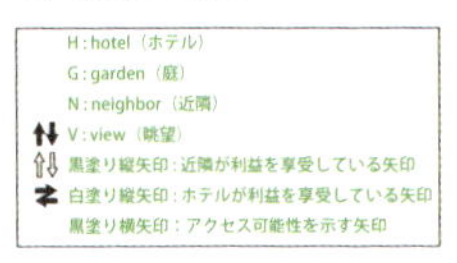

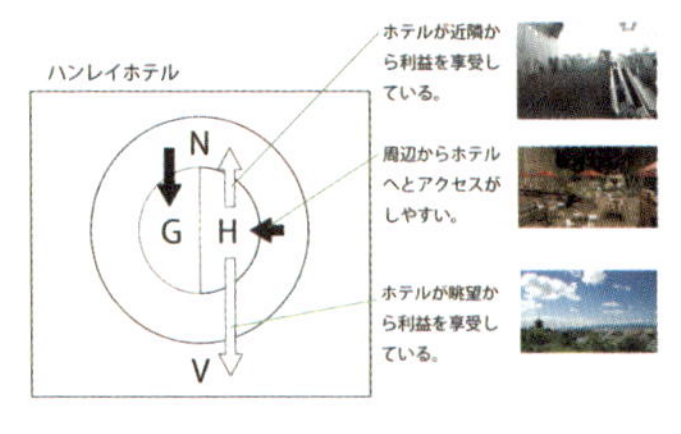

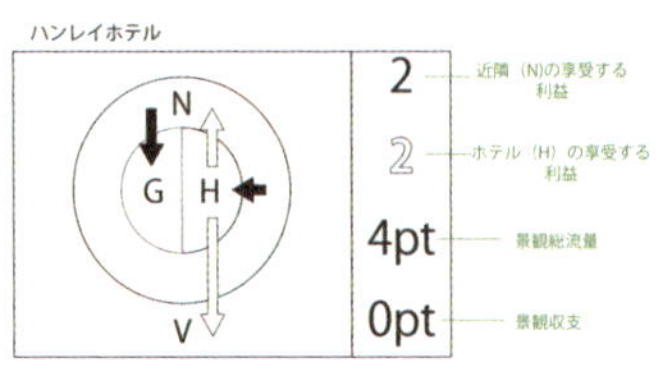

景観バランスグラフ

バランスシートをグラフ化したものが「景観バランスグラフ」である。縦軸を景観総流量、横軸を景観収支とする。上に行くほど、近隣や景観との関係が多くなる。また、中心に近づくほど、GIVEとTAKEが均衡する。このグラフから理念的に4つの類型、Win-Win型、無関係型、フリーライダー型、貢献型を抽出できる。このうちWin-Win型がもっとも理想的である。つまり、グラフのより中央、より上方が目標となる。このグラフは既存ホテル・旅館だけでなく、新規に計画する際の評価にも利用できる。

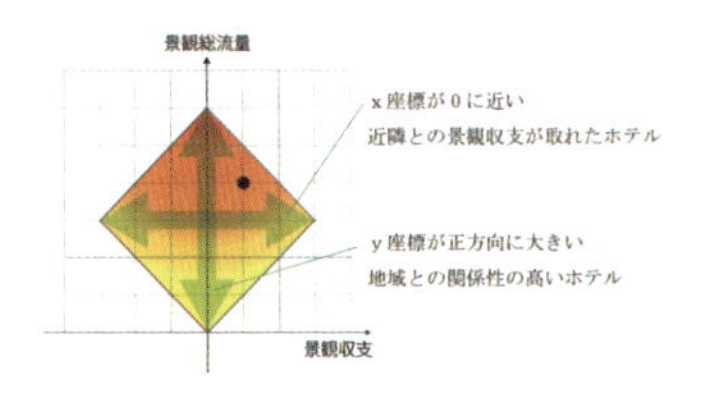

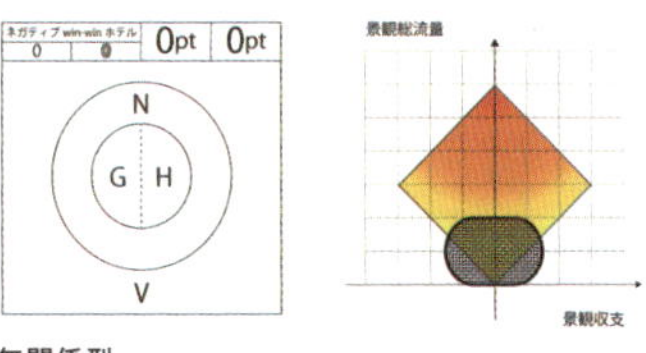

無関係型
外部の景観資源からほとんど利益を得ず、近隣に対してもほとんど還元しない内向的なホテル・旅館。

景観バランスグラフの4つの類型

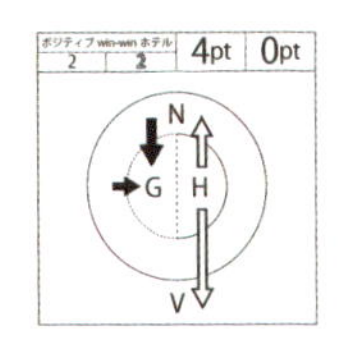

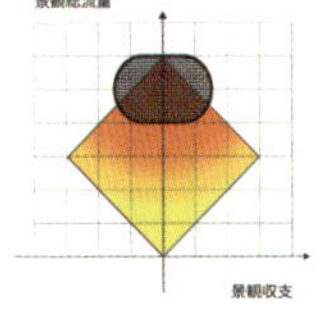

Win-Win型（ポジティブ）
外部の景観資源から多くの利益を得て、同様に近隣に対して多くの還元をしている社交的なホテル・旅館。

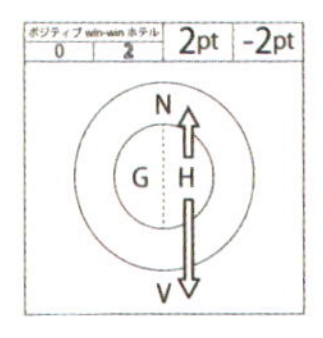

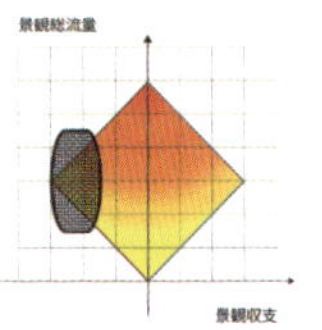

フリーライダー型
外部からの景観資源の利益を受けるばかりで、近隣に対して還元のなされていないホテル・旅館。

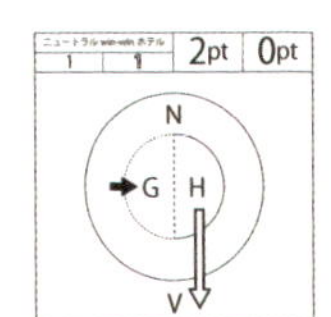

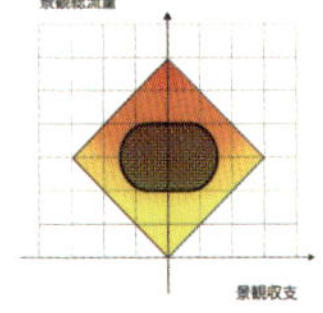

Win-Win型（ニュートラル）
外部の景観資源から得る利益の分だけ、近隣に対して還元のなされているホテル・旅館。

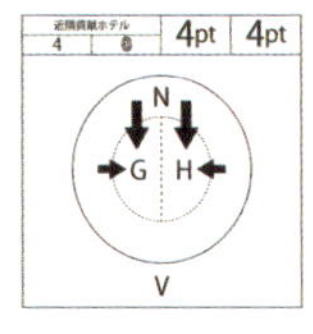

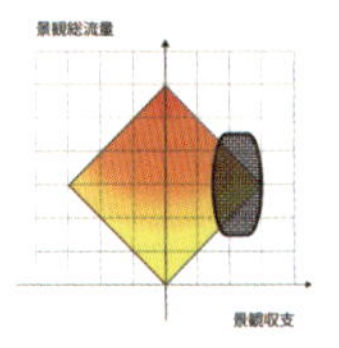

近隣貢献型
外部の景観資源から得る利益よりも、近隣にとってよい影響を与える優しいホテル・旅館。

京都における6つの類型の分析

6つの類型にシーン分析、景観バランスシート、景観バランスグラフを重ね合わせる。われわれの提案する類型と分析方法の確かさを検証した。これにより、周辺環境を一方的に享受する場合と周辺環境を享受しながらも周辺環境に貢献している場合、周辺と関係なく内部で完結する場合を把握することができた。

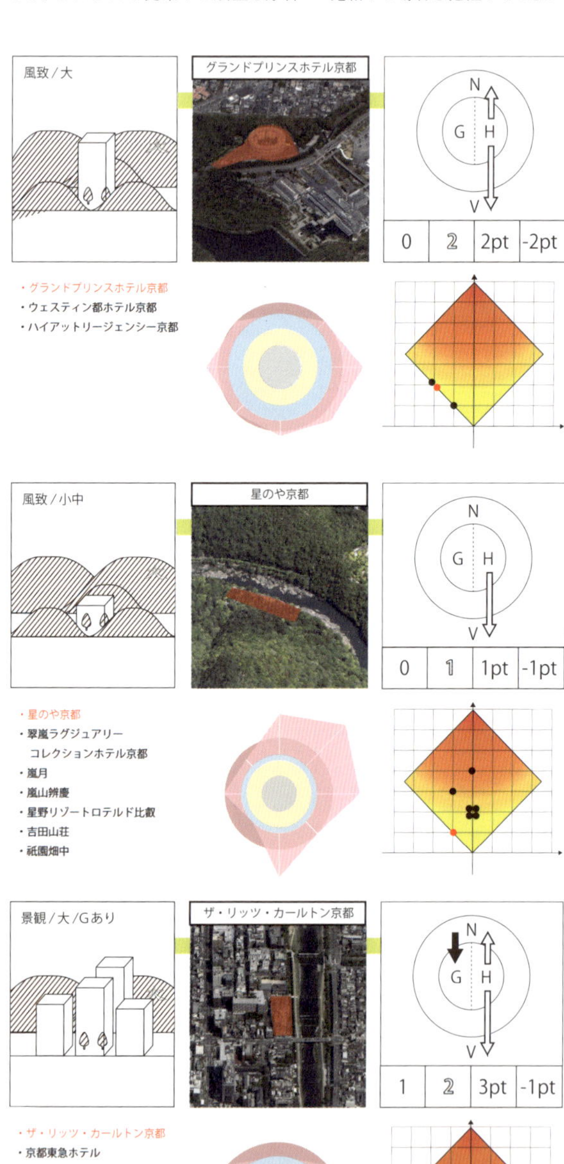

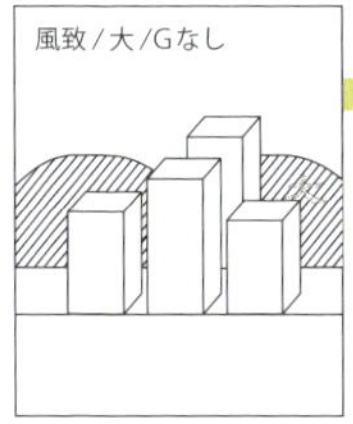

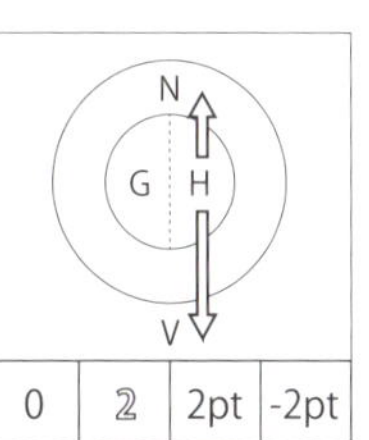

- ホテルグランビア京都
- 京都ホテルオークラ
- ANA クラウンプラザホテル京都
- 京都ブライトンホテル
- ホテル日航プリンス京都

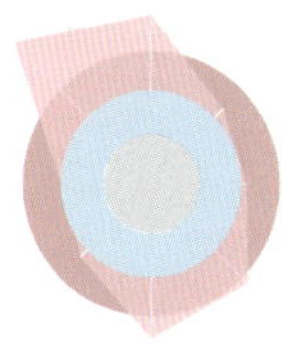

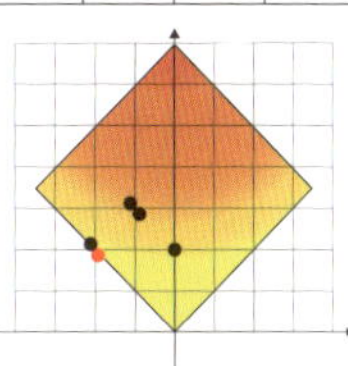

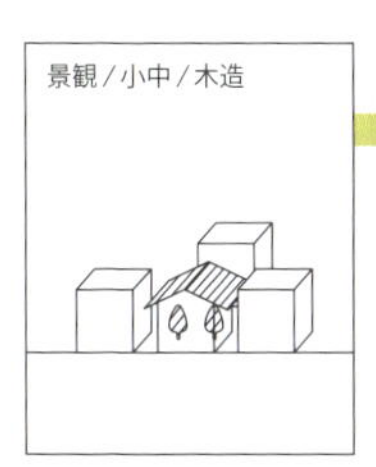

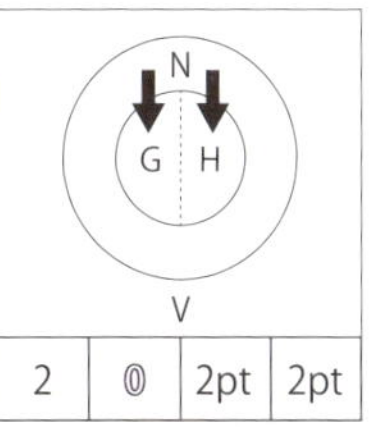

- 要庵西富家
- 俵屋
- 炭屋旅館
- 柊家旅館
- 晴鴨楼
- 坂の上
- き乃ゑ
- 龍吟

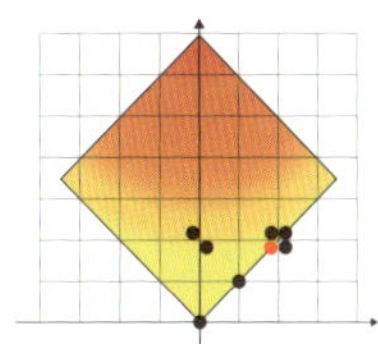

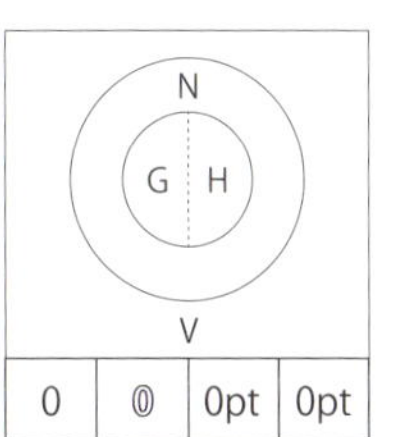

- キザシ・ザ・スイート
- 松井本館
- 松井別館花かんざし
- ホテルカンラ
- 姉小路別邸
- ノクロキシー京都ホテル
- ザ・スクリーン

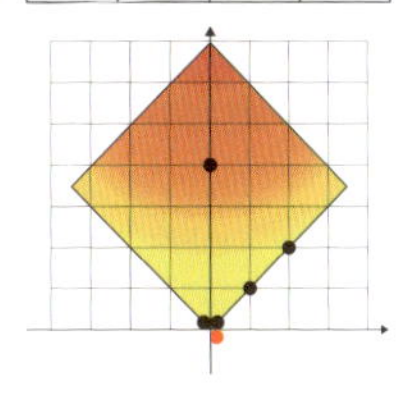

Chapter **07**
Project 1

Team｜京都大学 田路貴浩スタジオ
Area｜京都府京都市南区東九条／下京区屋形町

高級ホテルのGNVによる地域の再編

リサーチより得た、庭園（Garden）、近隣（Neighborhood）、眺望（View）という高級ホテルの重要な要素。近隣とのギブ＆テイクの関係を構築の必要性。この2点を示すために提案したGNV指標を用いた高級ホテルの提案。

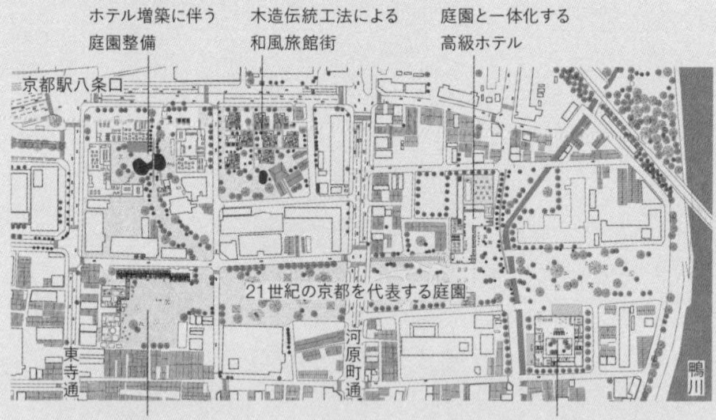

Project 1
ホテル増築に伴うGardenの新設

—

ホテル増築に合わせて駐車場を地下化し、地上を庭園とする。客室から眺められる庭園はホテルのグレードを上げることになる。また、庭園は遊歩道として南側の地域のホテルへのアクセスとし、現在の殺風景な大通りから印象を刷新する。

Project 2
木造旅館街による
Neighboorhood創造

—

かつては寺院の境内だったと推察される駐車場を、伝統工法による木造旅館街に変える。旅館群は塔頭が建ち並ぶ境内のような街並みを形成する。木造の町家を守るだけでなく、逆に新たな木造建築をつくることも考えて良いのではないだろうか。

Project 3
大規模な都市庭園による
Viewの創出

—

ただ目的のない公園となった事業用地を、京都の造園術の粋を集めた大規模な庭園とする。自由に出入りできる都市庭園であり、隣接して新築されるホテルは庭園の眺望を享受する。庭園から鴨川、東山へと大きなヴィスタがつくられる。

Project 1｜ホテル増築に伴うGardenの新設

Project 2｜木造旅館街によるNeighboorhoodの創造

Project 3｜大規模な都市庭園によるViewの創出

各プロジェクトのGNV指標

Project 1は庭園を持つことで3つのホテルの景観収支が向上する。Project 2は自らの建ち方によって地域へ景観を供する。また、Project 3は公園によって自身のビューを切り開き、また周辺の人を呼び込むため、高い景観総流量が見込める。

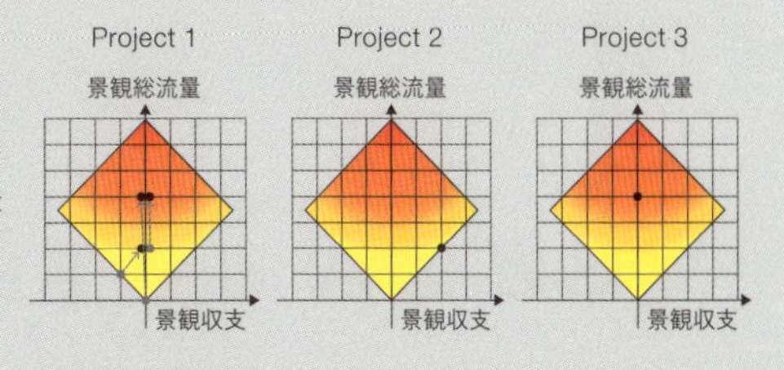

Team | 大阪工業大学 朽木順綱研究室
Area | 大阪府大阪市北区梅田周辺

梅田エリアのビジネスホテルの立地と予約の動態

関西都市圏の中心である大阪・梅田駅周辺では、経済の沈静化、労働形態の多様化によるオフィスビル市場の縮小と、観光需要の高騰による大規模宿泊施設の新規計画が進み、いわば昼の都市から、夜の都市への転換期を迎えている。

我々はこの動向に着目し、これまで駅至近のオフィス地区を遠巻きに散在していた小規模ビジネスホテルが、現在どのような需要状況にあるのかを調査、分析し、急激に変貌しつつあるターミナル空間との共存可能性を探ることにした。宿泊価格と稼働率の日毎の変動を追跡し、各ホテルに対する需要の高低を評価することで、需要の低いホテルをどのように改変するか、あるいは潜在的な需要層をどのように取り込むのかについて、2つの建築的提案を試みた。ひとつはリピーター利用が多いと想定される東通り地区における、レンタルロッカーとフィットネスジムを備えたビジネスセンターの計画、もうひとつはこの地域特有の広大な地下空間の深夜活用を見込んだ、カプセルホテルの計画である。

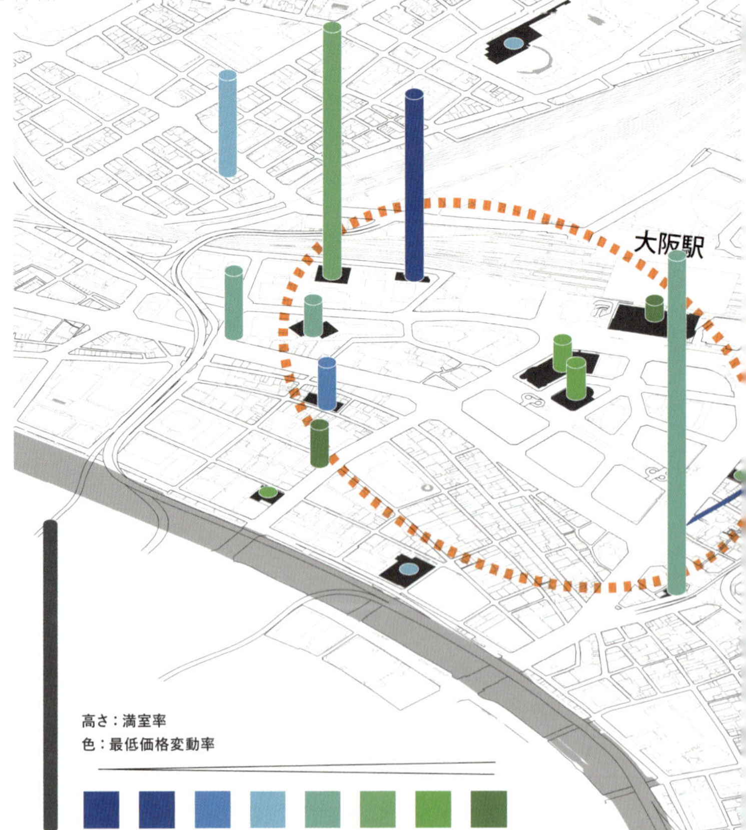

	価格変動：小	価格変動：大
満室率が低い		曜日や時期により需要が変動（外国人客の影響か？）→大阪駅周辺のシティホテル
満室率が高い	リピーター客が確保できている（定期的な出張利用か？）→東通り地区のビジネスホテル	

満室率、価格変動率からみた大阪・梅田駅周辺ホテルの２類型

ホテル予約サイトのレビューでは、東通り地区におけるビジネスホテルは共通して、「アットホームさ」や「日常感覚」といった性格が重視されており、高級感やスタイルよりも、「定宿」としての落ち着きが求められていることがわかる。

一方、一般的な会社員の宿泊費の基準を越える価格帯にあるシティホテルは、観光客や旅行客などの利用が多いと考えられる。とくに、グローバルなブランド力をもつチェーン系ホテルは、外国人客も安心して利用できるため、その傾向が高いと考えてよいだろう。

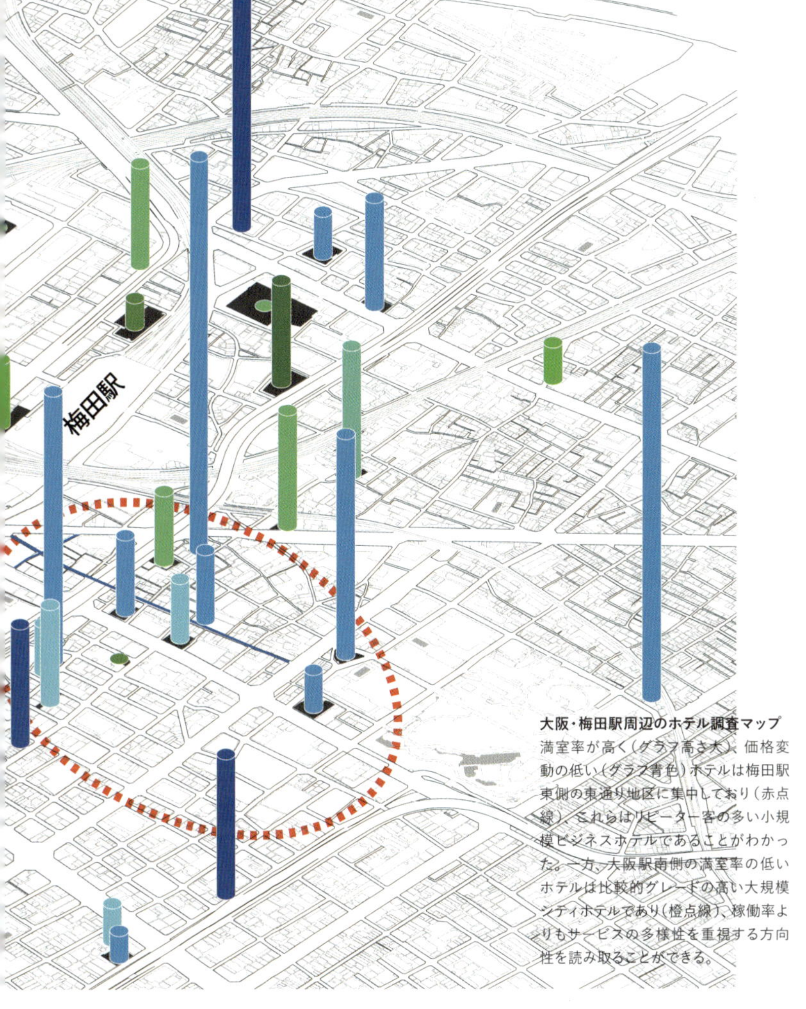

大阪・梅田駅周辺のホテル調査マップ
満室率が高く（グラフ高さ大）、価格変動の低い（グラフ青色）ホテルは梅田駅東側の東通り地区に集中しており（赤点線）、これらはリピーター客の多い小規模ビジネスホテルであることがわかった。一方、大阪駅南側の満室率の低いホテルは比較的グレードの高い大規模シティホテルであり（橙点線）、稼働率よりもサービスの多様性を重視する方向性を読み取ることができる。

Chapter 07
Project 2

Team | 大阪工業大学 朽木順綱研究室
Area | 大阪府大阪市北区梅田周辺

大阪・梅田駅周辺におけるラウンジ計画
UMEDA Lounge01／Lounge02

この地域には、広範に渡って地下街が広がっている（地図上、グレー部分）。
この空間は、多くの外国人観光客が入国、出国する早朝、深夜帯は閉鎖されており、
この時間帯の有効活用を考える。

Lounge01
ビジネスユーザーのための
ラウンジサービス

—

あるホテルネットワークによる「出張ビジネスマンのホテル利用実態に関するアンケート」では、ビジネスマンの出張時の年間宿泊数は年平均で40泊前後となっており、ビジネスマンのリピーターを獲得することは、ビジネスホテルにとって重要な顧客の獲得になるという。そこで、このエリアにおいて、ビジネスホテルマン向けのレンタルロッカーを中心としたサービスを計画する。たとえば1回の宿泊で3泊とするとしても、年間月1ペースで出張に出るビジネスにとっては、ホテルが第2の家となる。リサーチにおいて明らかにしたように、繁華街周辺で高い満室率を保ち、リピーターの多いホテルのレビューでキーワードとなるのは、「生活感」であった。貸しロッカーの提供により、宿泊客の荷物を減らすとともに、繁華街周辺の客室にさらなる生活感を与えるきっかけになると考えられる。

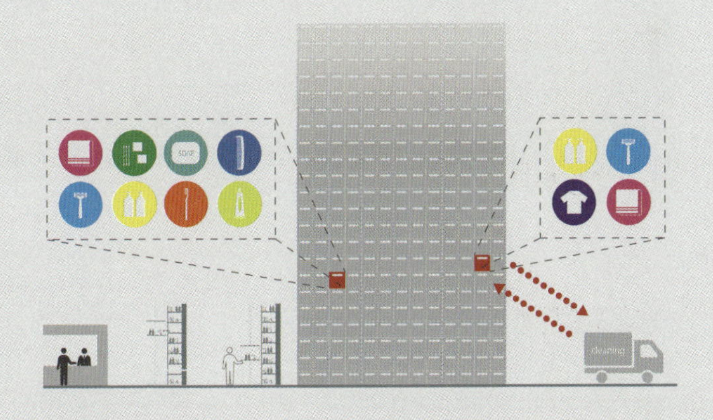

Lounge02
外国人観光客のための
ラウンジサービス

—

大阪・梅田駅周辺のシティホテルの多くは、地下街から直接アクセスできる。雨に濡れず、空調も行き届いた地下空間は、いわば複数のホテルが共有するロビー空間のような性格をもっており、有効に利用することで、単体のシティホテルでは提供できなかった新たなサービスの提供を計画することができるだろう。地下街の特性である、鉄道の終発後から始発前までの閉鎖時間を有効利用し、地下街に直接アクセスをもつホテル利用客からのみ、この閉鎖空間をシティエアターミナルとして使用できるという特典を考える。

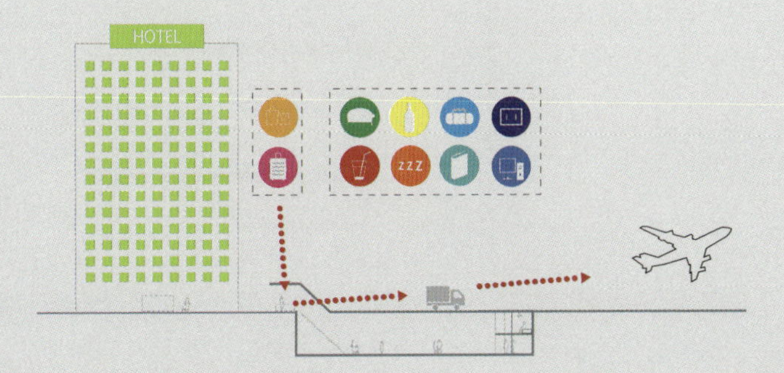

Lounge01

内観パース。ロッカーサービスエリア

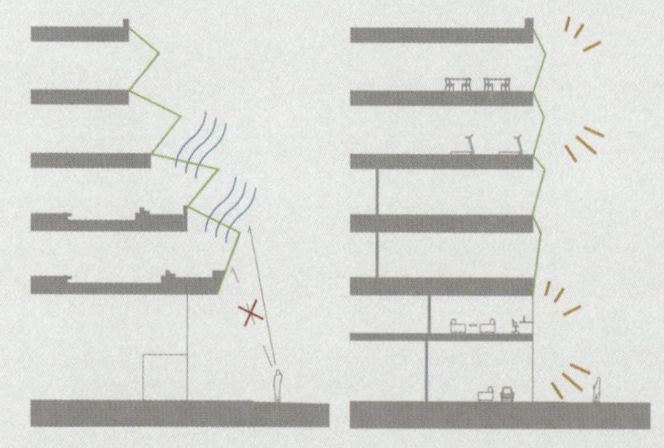

ダイアグラム

左｜浴室が外部からは見えないように内部からは景色が見えるようにした。また湯気を道側に放出することでお風呂屋があることを外部に示す。

右｜レストラン・ジム・ラウンジ・ロビーは外に開くべき機能でこの通りを通る人に認知してもらう必要がある。パソコン作業や、ランニングマシーンを使用してる姿をこの建物の重要なファサードの一部ととらえる。

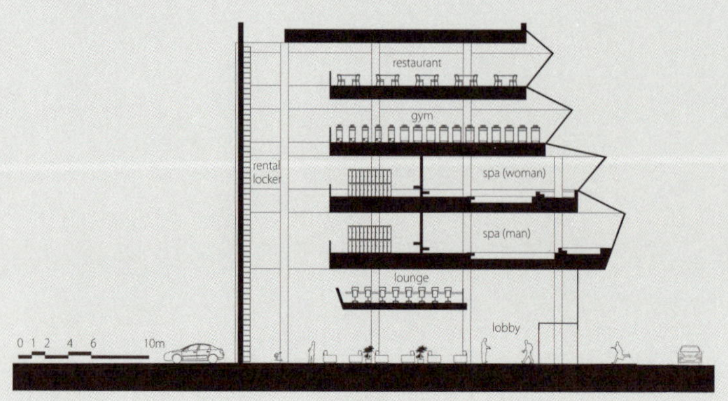

断面図

Lounge02

宿泊エリアパース。地下空間の階高を最大限に利用したロフト空間

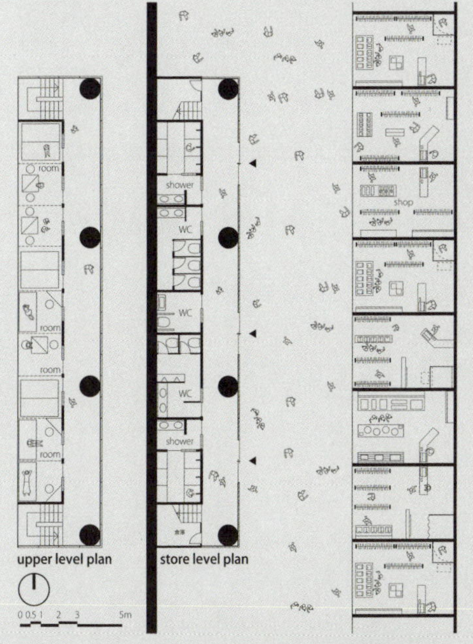

宿泊エリア平面図

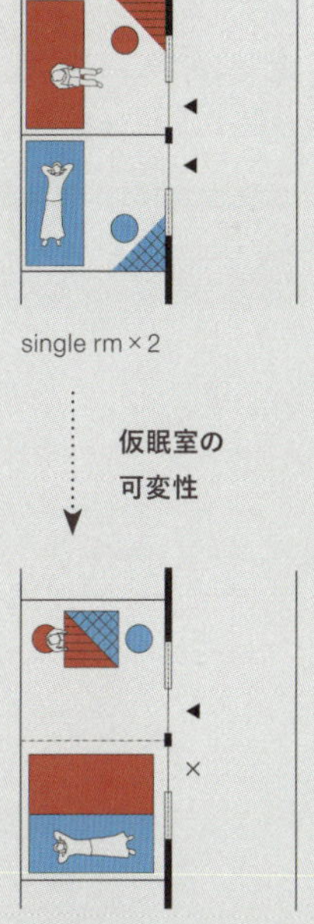

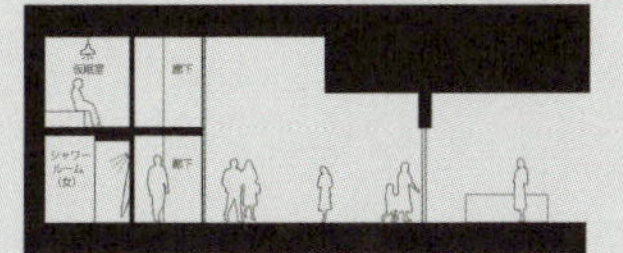

宿泊エリア断面図

Team｜京都工芸繊維大学 阪田弘一研究室
Area｜京都府京都市田の字地区

京都・田の字地区の町家改修のかた

ゲストハウスと一棟貸し

多くの点で地域特性が均質であるため、建築そのものの特性や違い、その要因を抽出しやすい京都田の字地区[fig.1]を対象として、近年京都市内において急増する特徴的な宿泊施設である簡易宿所の一棟貸しとゲストハウスの「かた」を探った。リサーチのターゲットは、京都の貴重な建築資源でありながら、その減少が危惧されている京町家を改修した一棟貸しとした。リサーチ内容は、①まちとの関係――周辺街区の主たる用途分布・接道の状態からみた立地特性、②オリジナルの建物との関係――京町家の立面・平面の様式と現状建物の因果関係からみた空間特性、とした[fig.2]。

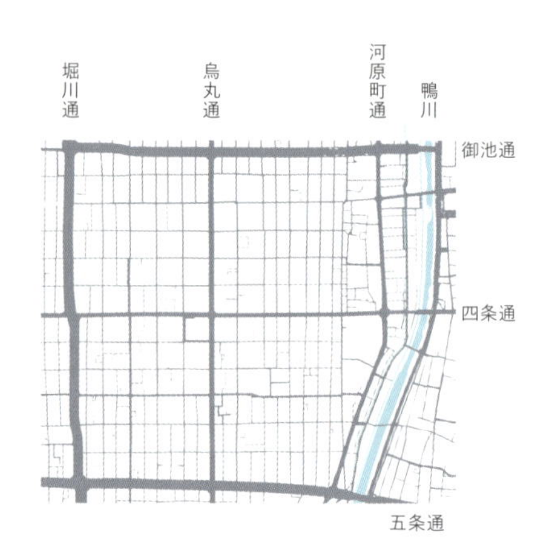

fig.1｜京都の中心地「田の字地区」。厳密な高さ制限が設けられ、とくに幹線道路に囲まれた内部は15mと厳しく、京都らしい景観が守られている

言葉の定義

ゲストハウス｜簡易宿所のなかで、宿泊者同士が交流できる
共有スペースをもつもの・水回り（キッチン・風呂・トイレ）を共有するもの
ドミトリー｜相部屋を前提とした宿泊部屋
一棟貸し｜1日1組の貸し切りの宿。1泊から可能
（1週間からのウィークリーマンション等は除く）

—

田の路地区｜御池通、五条通、河原町通、堀川通に囲まれ、その中心に烏丸通、四条通が交差して「田の字」を描くエリア。観光名所から商業施設の建ち並ぶ繁華街やビジネス街までそろう、京都の中心地である。建造物に厳密な高さ制限が設けられ、高さ15mという厳しい規制で京都らしい景観が守られている。

調査方法

1｜京都市旅館業施設一覧より簡易宿所をプロット
- ▸ 旅館業施設
- ▸ ホテル：洋式の構造、設備を持つ施設（10室以上）
- ▸ 旅館：和式の構造、設備を持つ施設（5室以上）
- ▸ 簡易宿所：多数人で共用する構造、設備を持つ施設

2｜現地調査
- ▸ マッピングした簡易宿所を実際に訪れ、実際の用途を調査
- ▸ 京町屋の一棟貸し・ゲストハウスのみをプロット

3｜該当宿泊施設のHPより平面図を入手し、カタログ化（23件入手）
4｜カタログ化した図面をさまざまな角度から考察

京町屋の平面様式

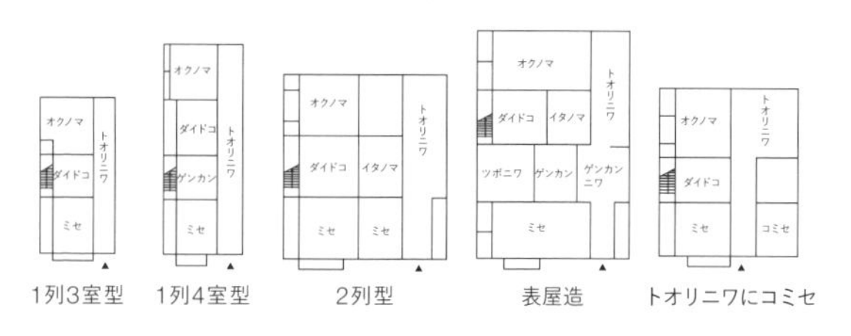

基本はトオリニワに沿ってミセ・ダイドコ・オクノマと並ぶ1列3室型である。

fig.2｜京都・田の字地区内のゲストハウス、一棟貸しについてのリサーチ

京町家のかた

—

平面形式の基本形は、道路沿いの入口から奥の庭につながるトオリニワに沿って接客空間や仕事場のミセ、トオリニワの台所部分に隣接する食事室であるダイドコ、特別な接客空間や居間、寝室のオクノマと並ぶ1列3室型である。敷地奥行きに余裕がある場合、4室並ぶと1列4室型に、間口が広い場合2列型となる。2列型の発展系として表屋造があり主に大店で用いられる。

外観意匠では、職住一体型である厨子2階が江戸時代から建設されたもので最も古く、2階に天井の低い部屋を持つ。そこから住宅専用の町家である仕舞屋や大塀造りが続き、明治後半ごろから建てられ始めたのが、2階に天井の高い部屋を持つ総二階である。時代を経るにしたがい、職住一体型から住居専用型が分化し、2階が本格的居室として扱われるようになった。

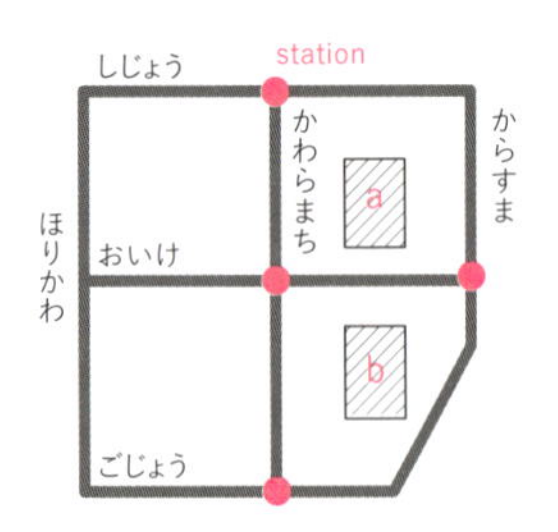

四条通を中心に線対称となるように、対象施設の多い地区と少ない地区で約22×27mのエリアaおよびbを選定

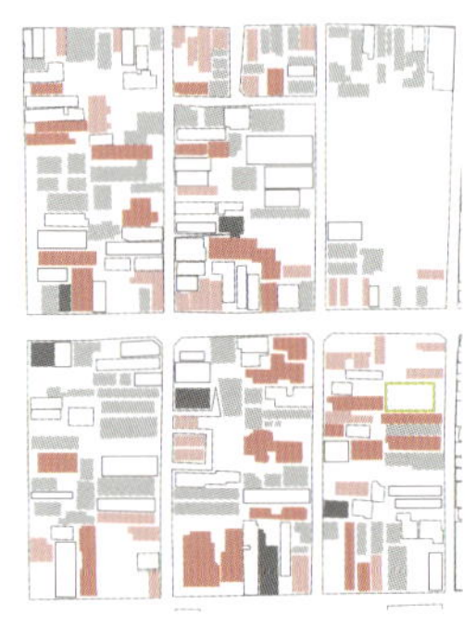

住宅
マンション
宿泊施設
ビル
お店

a マチヤ宿泊施設の密集しているエリア　b マチヤ宿泊施設の少ないエリア

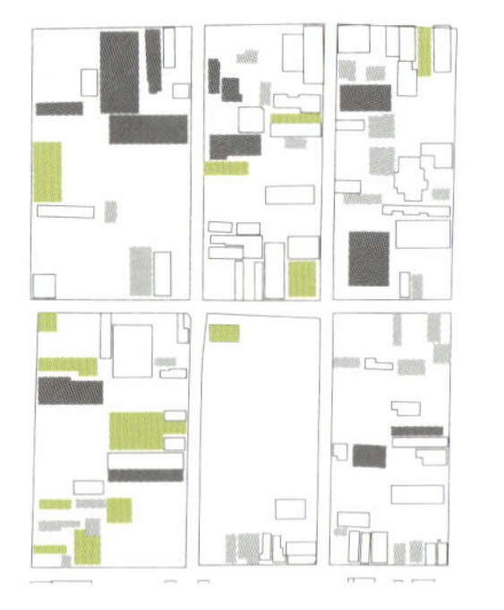

住宅
駐車場
宿泊施設
ビル

a マチヤ宿泊施設の密集しているエリア　b マチヤ宿泊施設の少ないエリア

fig.3 | 対象とした2つのエリア

まちとの関係（立地・用途特性）

京町家を改修した一棟貸しが立地しやすいエリアの特性を把握するため、対象地域の中で京町家を簡易種宿所に改修した施設の多く見られるエリアaと、あまり見られないエリアbをそれぞれ抽出し、両エリアの施設用途分布を調べた fig.3。

町家の簡易宿所はまちの中心部から離れた住宅地のエリアaの方に多く、路地・袋路の長屋を宿泊施設として転用しているケースもある。また、近隣エリアには空き家を壊してつくったような駐車場が多く存在することがわかる。

このことから、利便性の高い繁華街に近接するエリアに立地する不要になった町家が、これまで一般的であった駐車場利用以外の有効な手段として、簡易な宿泊施設である一棟貸しに改修し用途変更される傾向にあることが考えられる。

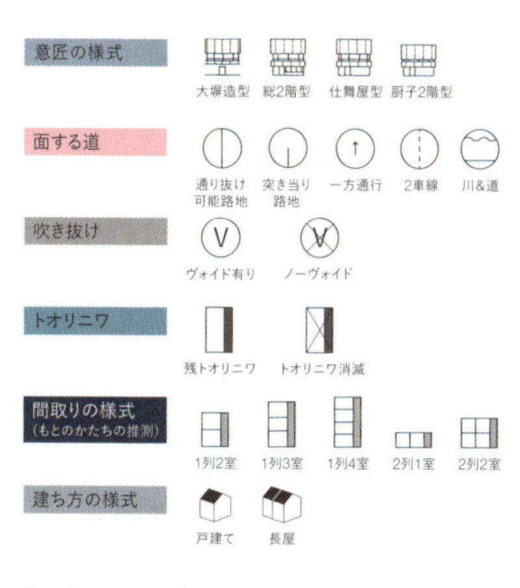

fig.4｜5つのインデックス

一棟貸しのカタログ化

入手できた京町家の一棟貸しへの改修実態についての、アクセシブルなアーカイブ化の試みとして、まず各事例の図面表現・スケールを統一したうえで、立地、規模、宿泊価格、そして、京町家を特徴づける重要な要素として、「意匠の形式」、「面する道」、「吹き抜けの有無」、「トオリニワの有無」「間取りの様式」の5つに関するインデックス fig.4 を掲載するカタログを作成した fig.5。

これをベースに京町家を改修した一棟貸しを構成する主たる要素についての特徴を探っていく。

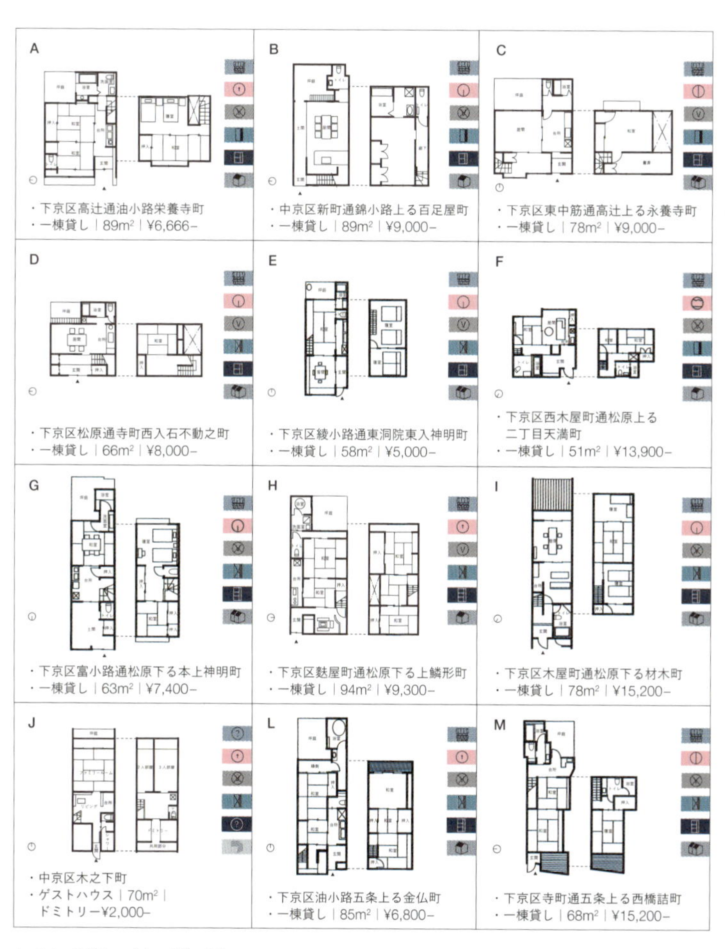

fig.5｜一棟貸しのカタログ(一部)

現状建物プランからわかる空間特性

カタログおよび分類・作成した図 fig.6,7 から以下の傾向を読み取ることができる。

- 細長い1列型の町家が改修されやすい
- 1階のトオリニワ部分をバッファースペースとして活用
- 配管をまとめ、工事の繁雑さを避けるため、浴室はトオリニワの最奥部、または玄関側にある
- 勾配をゆるくしスペースを縮小するため、既存の急な直通階段を曲がり階段に改修
- トオリニワという町家特有の空間構成を活かすため、台所はトオリニワに設置
- 間口が狭いほど改修の際、トオリニワはなくなる

1列2室	1列3室	2列1室
6件	13件	1件
A	G N	T
B	H O	2列2室
C	I P	2件
D	J Q	U
E	K R	V
F	L S	その他
	M	1件
		W

fig.6｜対象となる事例の京町家の平面分類

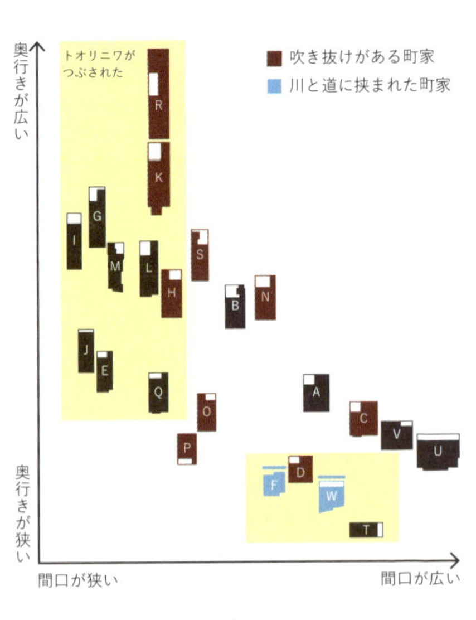

fig.7｜対象となる事例の対象事例の敷地の奥行と間口の関係

立面・立地からわかる建物特性

京町家は立面意匠の様式から、建設されたおおよその時代を読み取ることができる。これらを分析した図 fig.8-10 から京町家の一棟貸しについて以下の傾向を読み取ることができる。

- 車の通れる街路沿いでは、総2階型が使われやすい。
- 車の進入できない路地沿いに立地する町家では、厨子2階型、仕舞屋型といった古い町家型が使われやすい。

このことから、町家の中で圧倒的に大きい割合を占める総2階型の町家の一棟貸しが多くを占める一方で、接道がなく法的に建て替え不可能な物件や老朽化して住まい手のいない古い京町家も多く一棟貸しに改修されている実態が示唆される。

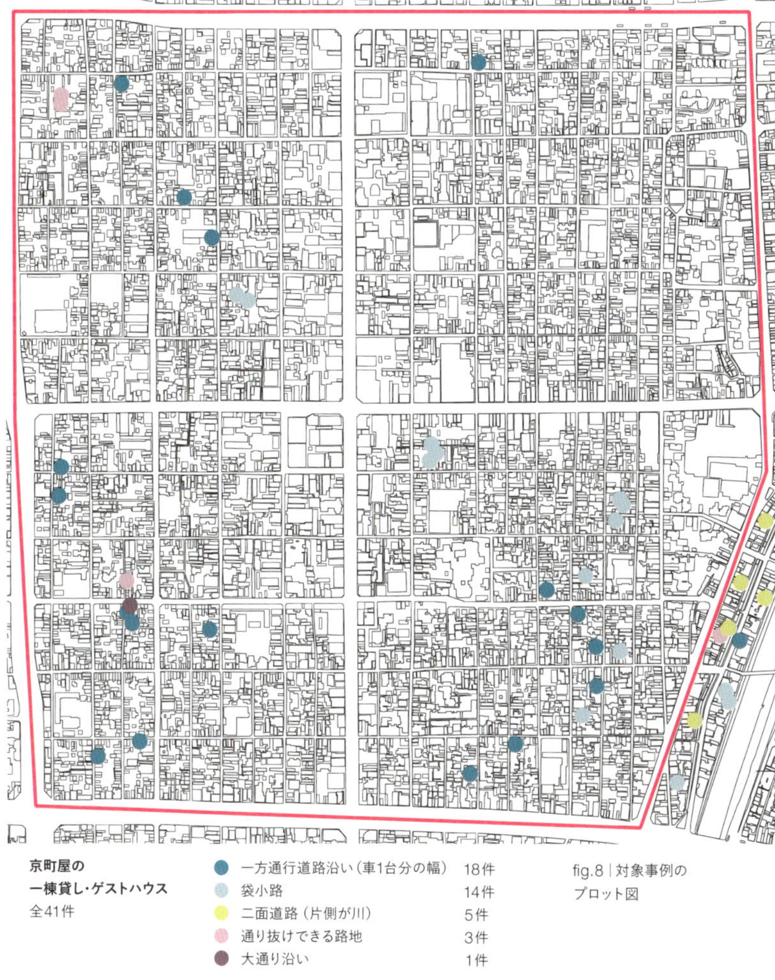

fig.8｜対象事例の
プロット図

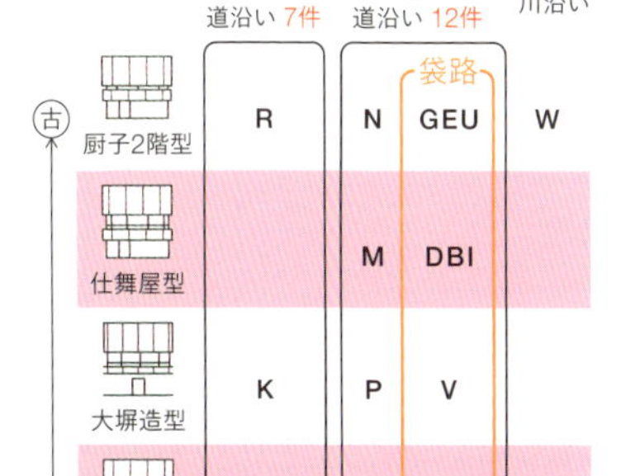

fig.9｜対象事例の立面様式と
敷地の接道状況の関係

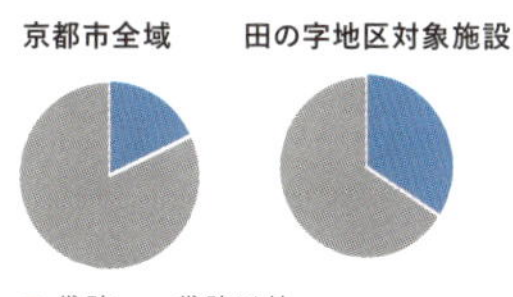

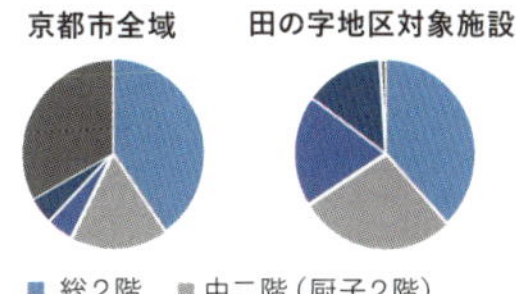

fig.10｜京都市全域の京町家と対象事例の
接道状況および立面様式の割合の比較

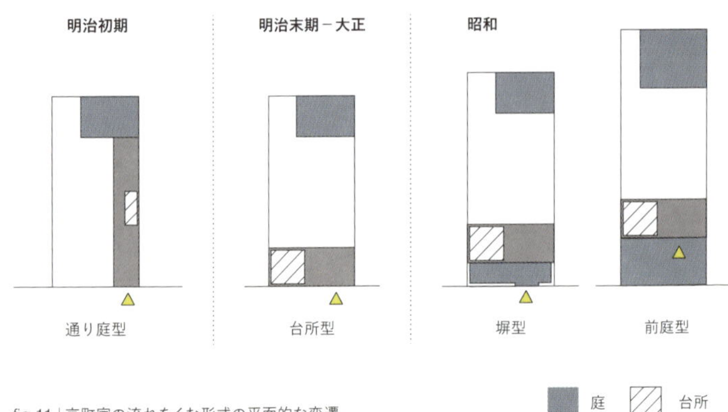

fig.11｜京町家の流れをくむ形式の平面的な変遷

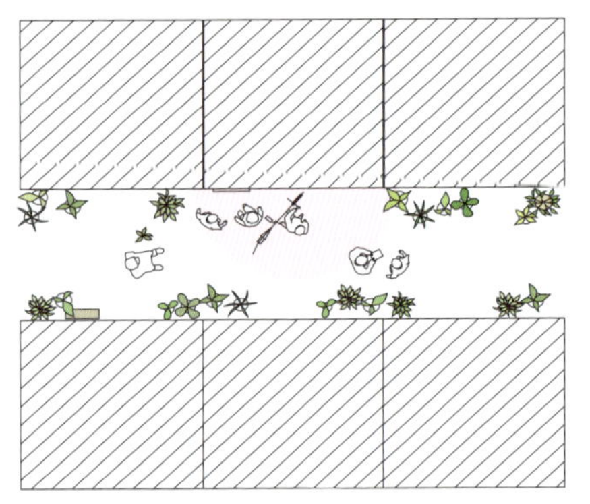

fig.12｜大阪長屋と路地の関係性

京町家の流れをくむ大阪長屋の形式 fig.11

―

｜明治初期｜

工場が次々と建設されるようになると町割りは崩れ、無秩序な市街地が展開していく。しかしそこで生まれた長屋は町家の形式を継承。トオリニワ型の長屋は前面道路に接し、トオリニワ、ミセノマを持っている。京町屋の「厨子2階」同様、軒高が低いという特徴がある。平面プランも京町屋と似ている。

―

｜明治末期から大正期｜

中流階級やサラリーマン向けの長屋供給が進み、住宅が近代化し、玄関脇に応接間を設けるなど、和洋折衷のデザインが登場していく。トオリニワの存在がなくなり、玄関と台所がセットになる「台所形」という形式になる。

―

｜昭和｜

台所形を元に邸宅風に塀を構える「塀形」、オープンスペースとして前庭を設ける「前庭形」の2つのパターンが生まれた。

―

また、大阪長屋は路地に植木鉢を置いたり、井戸端会議が行われたりと、路地に対して暮らしが開いていることが大きな特徴である fig.12。

一般化について

—

[プログラム]

|多様化する観光地の宿泊ニーズに対して|

地域の貴重な建築資源の消滅や空家、地域の魅力に寄与しない土地活用の増加などの諸問題に対する回答としたい。そのポイントとして、

► オリジナルの空間構成の持つ価値の理解

► 価値を破壊しない改修が可能な物件のセレクト

► 大資本や短期事業性に容易に飲み込まれないようなエリアのセレクト

—

|一過性という問題に対して|

古い町家を解体し空き地やパーキングにするよりは、改修し、活用していく方が良いが、その方法について、現状のままでは問題がある。流行りに乗った過渡的なものではなく、本来のその土地の建築様式や暮らしを尊重する改修方法を検討するべきであろう。

—

[他地域への適用]

町家に限らず従来の生活様式が残っている住宅の改修案として、宿泊施設に改修する場合、従来の生活様式に現代の生活様式を合わせるような改修をする。たとえば、地域コミュニティの性格が屋外へ表出する大阪長屋fig.13、生業空間である海と住宅が一体化する舟屋など、建物と生活様式が特徴的な形で息づくエリアを対象とした適用は、上記の問題意識の下での一般化の有効なケーススタディとなり得る。

fig.13|地域の観光資源となり得る大阪・野田の長屋

Team | 京都工芸繊維大学 阪田弘一研究室
Area | 大阪府大阪市福島区野田

宿泊施設のかたを援用した大阪・野田の地域計画

大阪野田地域は大阪市の中心部・梅田からほど近く、古い長屋が多く残っている場所である。地域内には小学校やコミュニティセンターなどの地域コミュニティを支える施設、そして商店街には宿泊施設の補完機能として使える施設が数多く存在する。ここに宿泊施設をつくることで、昔からの長屋の有効な保存活用と地域の活性化の両立につながると考えた。

—

長屋の風景が強く残っている場所として、右の地図で紫色で示す4つのエリアが発見できた。特に以下の3エリアは長屋文化の特徴である路地の風景が強く残っている場所である。まず、商店街の特ににぎわいのある中心部に近く、多くの人が行きかう場。次に、コミュニティセンターや小学校や緑地帯があり、既存の地域コミュニティの拠点が存在している場。そして、路地がかなり狭く、井戸端会議など親密なコミュニケーションが行われやすいスケール感を持った場である。

これらの場にある大阪長屋を以下のスキームで改修計画を地域へと拡張していく。

—

1 | 行政が共同で計画を行う事業者を募集する。

2 | 長屋を宿泊施設へ転用するパイロットモデルを官民協働で作成

3 | 実験的に1つの長屋を改修し成功事例を生み出す。

4 | 他の長屋にも適用できるように、助成制度や改修ルールを設定する。

田の字地区と野田地区の比較

—

類似性

► 生活に必要な用途施設は多数立地している
► 高度なインフラが整備されている
► 少子高齢化が進んでいる
► 空き家が多く発生している
► ニューカマーのための集合住宅が多く供給されている

—

差異性

► 歴史的建物の共存が図られている
► 景観を守るための規制が徹底されている
► 碁盤の目のような街区割をもつ
► インバウンドが顕著に発生している

京町屋と大阪長屋の比較

—

類似性

► 坪庭、光庭など、狭小な外部空間による自然環境の享受が図られる
► 近世、近代に大量供給され、老朽化した建物が多い

—

差異性

► 文化的、歴史的価値が定着している
► うなぎの寝床のような地割に建つ
► 職住一体型住宅
► ビジネスのリソースとして積極的に転用されている

3つのパイロットモデル

パイロットモデルをつくるにあたっては、古くから残る長屋に加え、長屋の連なる路地空間も重視し、宿泊者同士そして宿泊者と地域住民の接点となる場として路地空間を積極的に継承・活用していくべきものであると考え、大阪長屋の平面様式のうち同地域での典型的長屋となる「台所型」をベースにモデル設計を進めた。

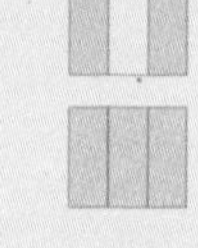

1｜一棟貸し

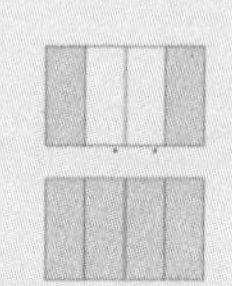

2｜カフェとゲストハウス

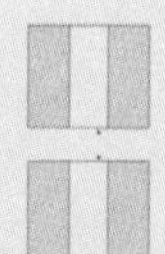

3｜お向かい貸し

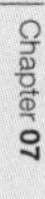

1｜一棟貸し

宿泊客のプライバシーを確保するため路地に対しては閉じた空間とするが、玄関先に自転車置き場や周辺地図などの機能を付加した地域住民とのささやかな接点となりうるバッファーゾーン的な質を与える。

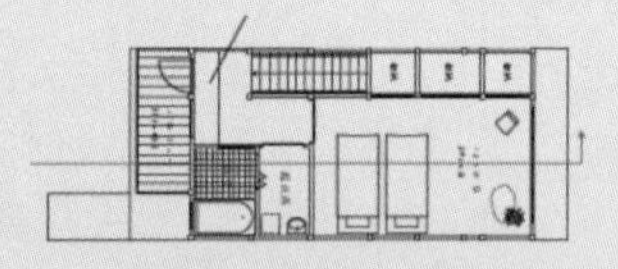
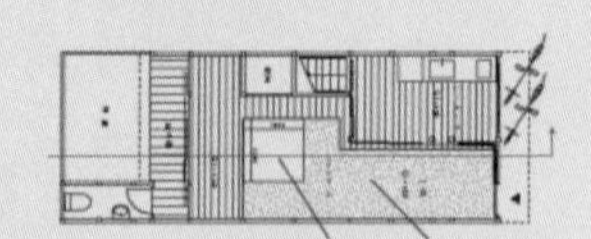
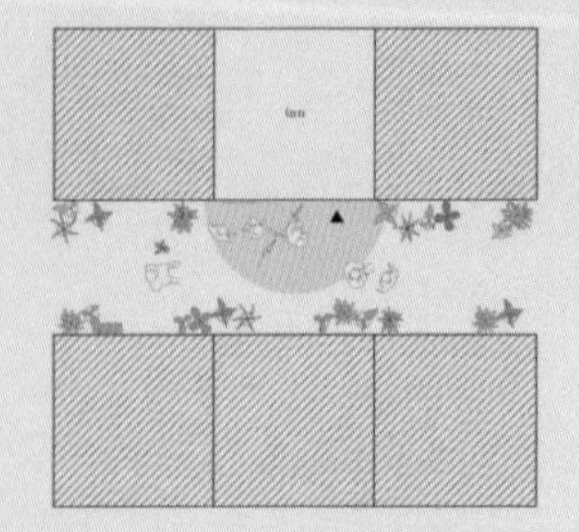

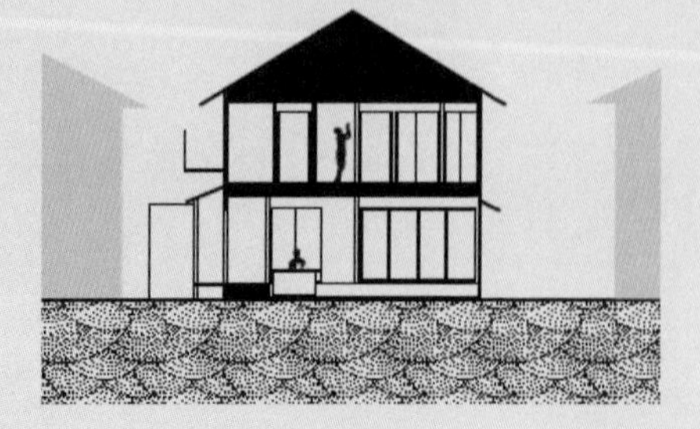

2｜カフェとゲストハウス

長屋２棟を、カフェバーを備えたゲストハウスに一体的に改修。カフェバーを路地に対してオープンなしつらえとし路地とのシームレス化を図る。

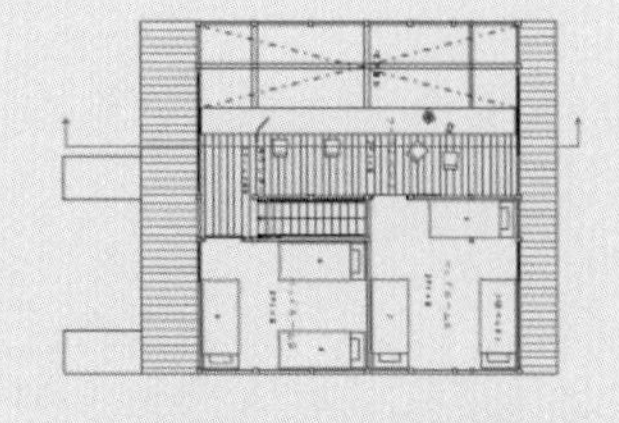

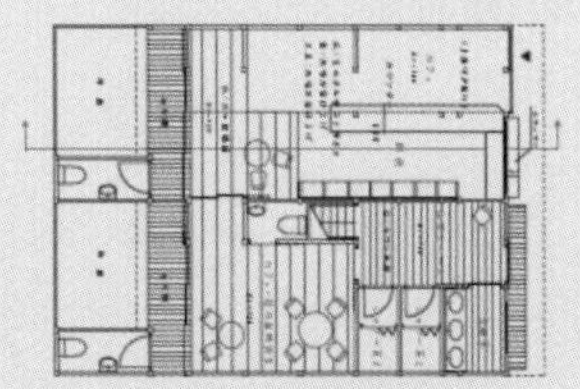

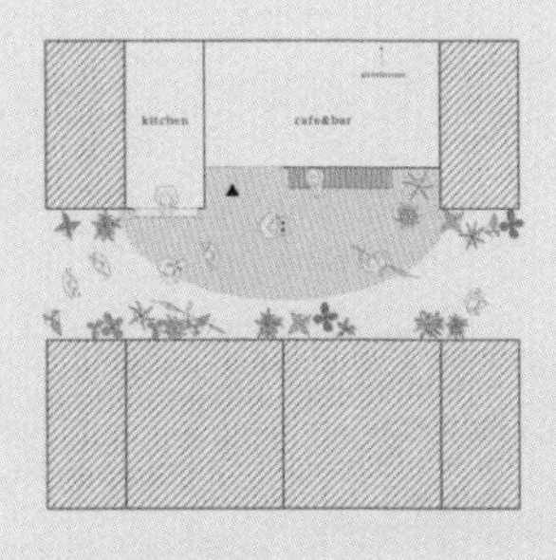

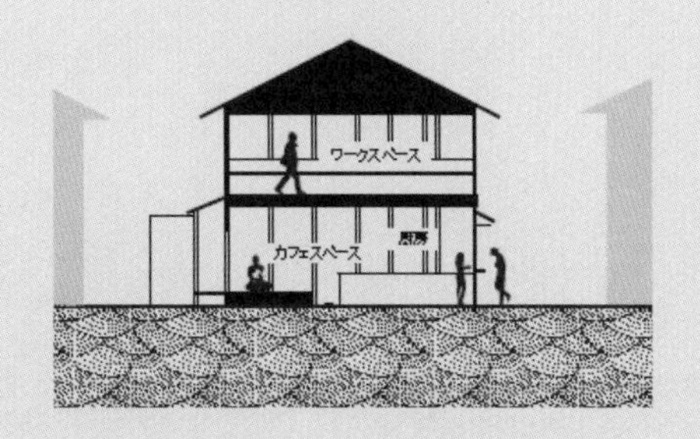

3｜お向かい貸し

向かい同士で宿泊施設を設け、路地を挟みこむように連続的なしつらえとすることで路地に宿泊客の私有空間のような親密な質をつくり出す。

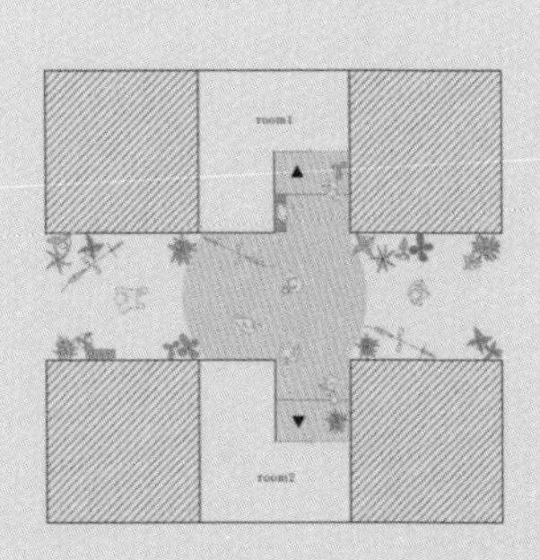

Chapter 07
Archive 4

Team | 近畿大学 松岡聡研究室
Area | 大阪府大阪市西成区釜ヶ崎

釜ヶ崎の簡易宿泊所とその地域依存性

簡易宿泊所が散らばるまち

大阪市西成区釜ヶ崎は南海本線、JR大阪環状線、阪神高速松原線、市道津守阿倍野線に囲まれた地域を指す。釜ヶ崎は古くから日雇い労働者のまちとして栄えてきたため、低価格の簡易宿泊所が多い。

今このまちに、未曾有のインバウンドによってはじき出された外国人観光客が押し寄せている。客室は1室約3畳でトイレと浴場は共同、なかには浴場がない施設もある。その結果、周辺に数多く存在する宿泊の機能を補完する特徴的な店や施設、フリースペースの利用を生んでおり、まち全体として普通のホテル以上に自由で多様なサービスを受けることができている fig.1。このまち特有の都市依存型の宿泊形態は、駅とホテルを往復するだけの画一化した宿泊施設が主流である現状から見ると、非常に魅力的であると言える。

釜ヶ崎を広域な都市空間の中で俯瞰すると、天王寺やなんばなどの有数の観光エリアに隣接し、地下鉄御堂筋線、JR大阪環状線、南海本線などの大阪を代表する大幹線が乗り入れている。さらに広域で見ると関西は日本の文化財の半数が集まり、大阪だけでなく、京都や神戸、奈良といった特徴あるまちが公共交通によって短時間でつながる世界でも稀な観光資源集積地であり、釜ヶ崎はその宿泊の受け皿として最適である。

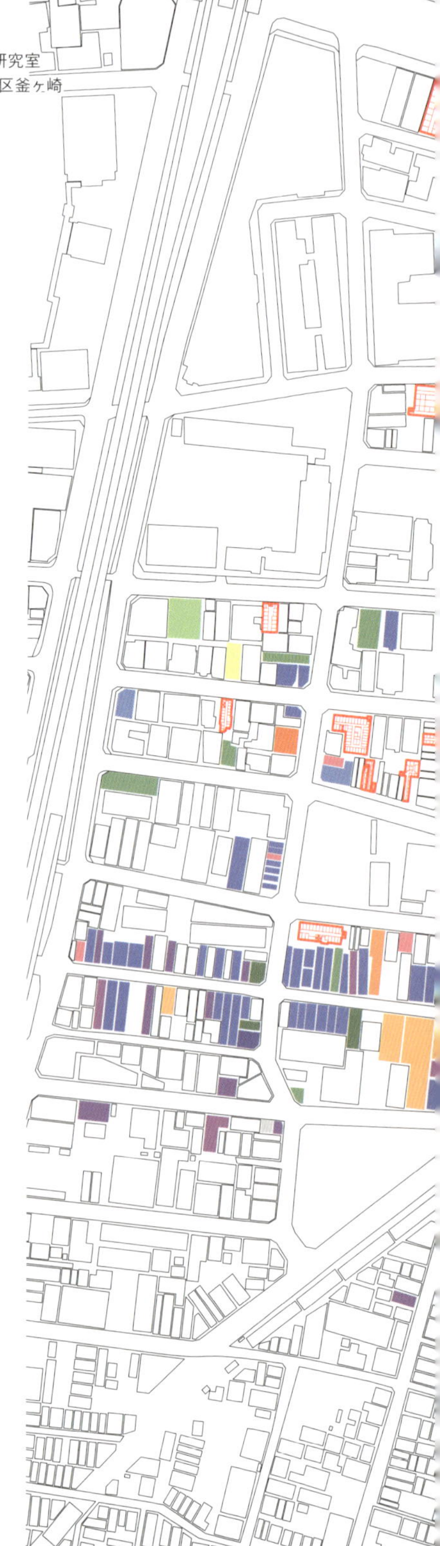

fig.1 | 全体配置図

簡易宿泊所
銭湯
ゲームセンター
パチンコ
麻雀
ロッカールーム
コインランドリー
スーパーマーケット
コンビニエンスストア
生鮮食品店
酒屋
居酒屋
スナック
外食店
カフェ
タバコ屋
お惣菜屋
(m) 0 25 50 100 200
N

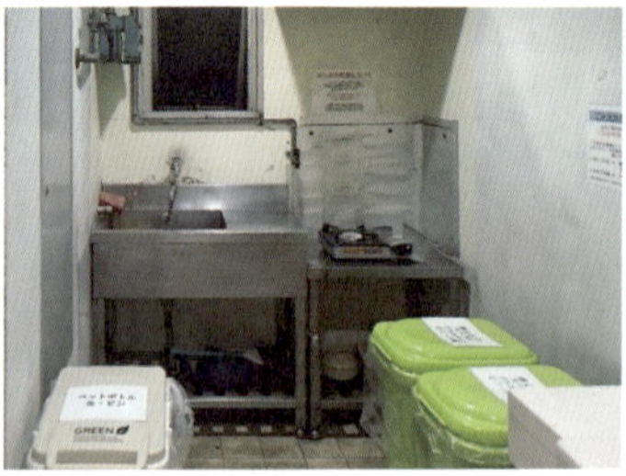

fig.2 | 使い込まれた共用調理場

fig.3 | 釜ヶ崎に多くある中廊下型の簡易宿泊所

fig.4 | 1泊1,100円の部屋

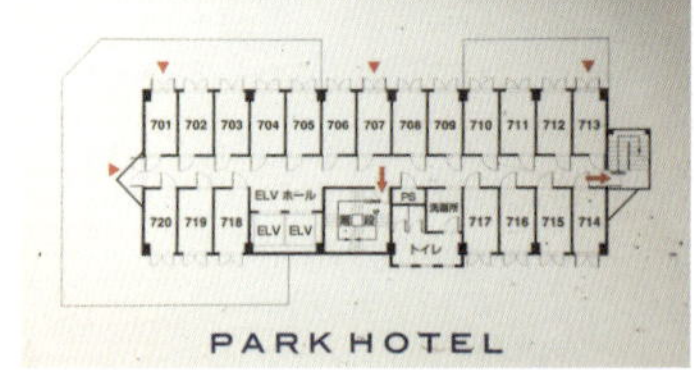

fig.5 | 全客室が3畳で構成された標準的なプラン

fig.6 | 高密度に林立する簡易宿泊所

ドヤ型簡易宿泊所

—

2016年5月13日、釜ヶ崎の複数の簡易宿泊所に複数の男子学生が宿泊し、それぞれの部屋の実測調査と撮影を行い、図面を作成したfig.2–7。一泊800円からあり、どの宿泊所も一間3畳の一人部屋であった。畳は随分昔から変えられた気配がなく黒ずんでおり、その上に一人用の布団が敷いてあった。釜ヶ崎は簡易宿泊所が密集しているため窓からは近隣の簡易宿泊所の宿泊者の様子が伺えた。部屋内の設備はテレビと冷蔵庫、エアコンだけであり、ビジネスホテルにあるようなアメニティは付属しない。廊下に出ると基本的に同じ間取りの部屋が延々と続き、フロア中央部にトイレとエレベーターなどのコアが配置され、中には狭いながらも共同調理場が備え付けてある宿泊所もあった。風呂は共同浴場で、湯船や壁、床が黄ばんでおり、衛生管理はずさんである。ただし、近年のインバウンド需要の増加を見込んで改修を行っている宿泊所も一定数見られ、そういった宿泊所では割高な宿泊料を請求されるが、衛生面を気にせず宿泊することができた。

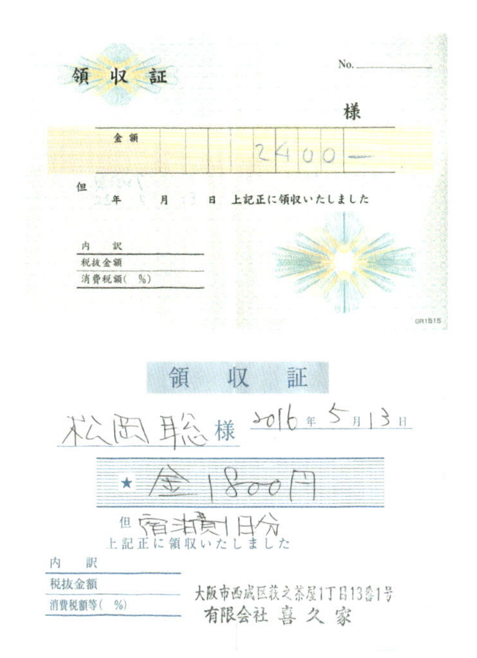

領　収　証　No.

様

金額　2400—

但

年　月　日　上記正に領収いたしました

内　訳

税抜金額

消費税額(　%)

GR1515

領　収　証

松岡聡　様　2016年5月13日

★ 金1800円

但　宿泊費1日分

上記正に領収いたしました

内　訳

税抜金額

消費税額等(　%)

大阪市西成区萩之茶屋1丁目13番1号

有限会社 喜久家

5月分領収証

602号室　伊東　殿

1.100円

1	2	3	4	5
6	7	8	9	10
11	12	13	14	15
16	17	18	19	20
21	22	23	24	25
26	27	28	29	30/31

領　収　証

様　No.

★　¥1200

内訳

現金

小切手

手形

消費税額等(　%)

但　808号 宿泊代として

H28年5月13日　上記正に領収いたしました

収入印紙

関本

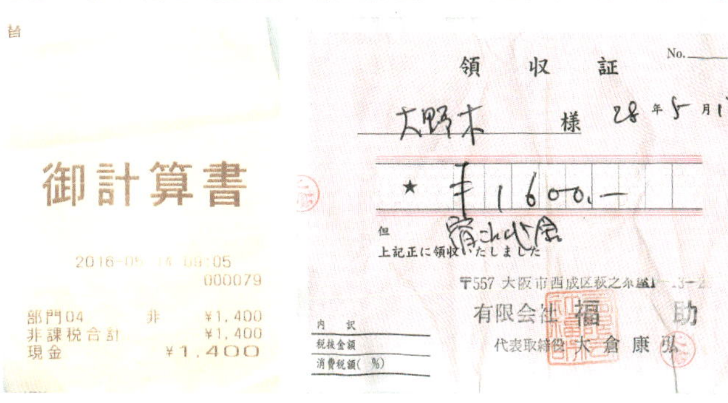

御計算書

2016-05-14 08:05

000079

部門04　非　¥1,400

非課税合計　¥1,400

現金　¥1,400

領　収　証　No.

大野木　様　28年5月13日

★ ¥1600.—

但　宿泊代

上記正に領収いたしました

〒557 大阪市西成区萩之茶屋1-3-2

有限会社 福助

代表取締役 大倉康弘

内　訳

税抜金額

消費税額(　%)

GR1215

fig.7｜1泊1,500円を超える簡易宿泊所は、一般旅行者向けに改修を行った現代的な宿。一方、1,500円未満の簡易宿泊所は、日雇い労働者や生活保護受給者の住居という側面が強く、1カ月以上の滞在を基本とし、オーナーの手入れが行き届かず不衛生になりがちである

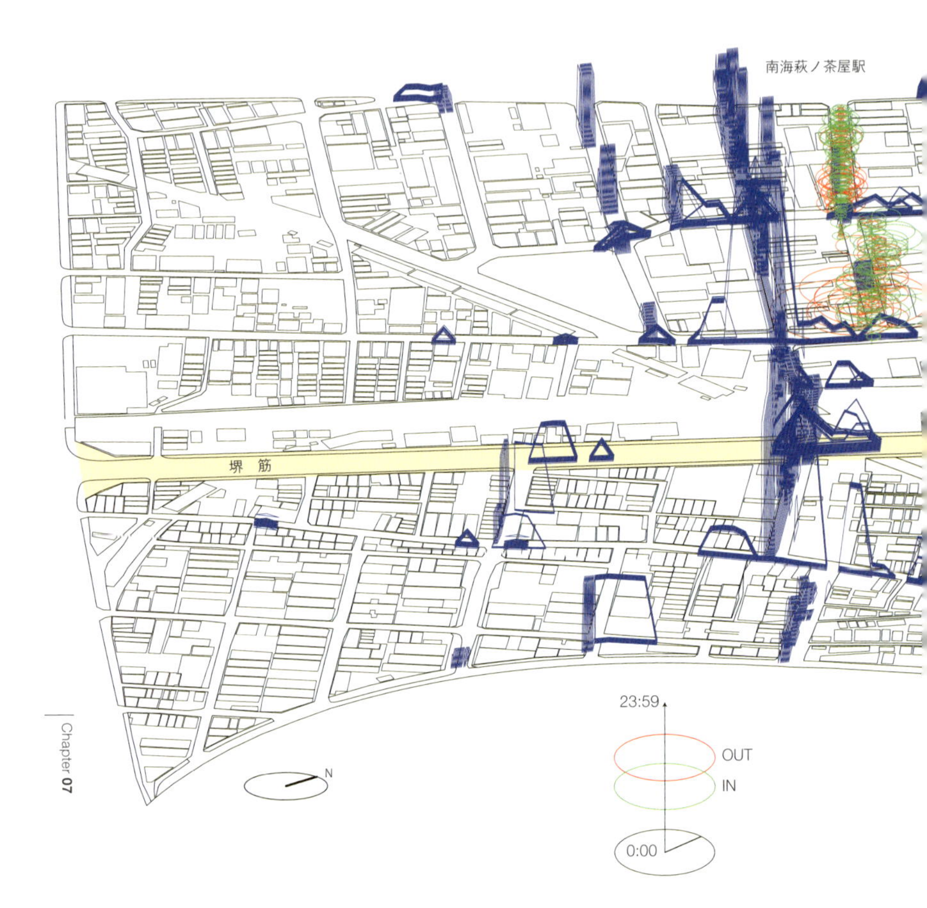

簡易宿泊所のまちの一日

実際に宿泊した簡易宿泊所の窓から見える他の簡易宿泊所の24時間定点観測を行った。持ち物と服装より宿泊者と日雇労働者を判別、15分ごとに宿泊者が簡易宿泊所からどちらの方向に出て行ったか、またどちらの方向からやってくるのかを調査し、円盤グラフで表したfig.8。下端が0時、上端が23時59分で、15分おきに半径の大きさで出入りの数を示している。実際に調査を行った簡易宿泊所については出入りの方向に向けて円盤の中心を偏心させた。

調査の結果、バックパッカー向けの宿が多い東側のエリアでは釜ヶ崎のまちに背けるように円盤が駅に向かって偏心しており、宿泊者数中に占めるバックパッカーの割合は90%を超えていた。一方、西側のエリアは円盤の偏心の方向がバラバラであり、日雇い労働者と長期滞在者の割合が宿泊者の90%を超えていた。

また、簡易宿泊所の機能を補完する特徴的な店や施設、たとえば、居酒屋、食事処、娯楽施設、銭湯などを「アメニティ施設」と定義。このアメニティ施設の営業時間の長さとキャパシティを調

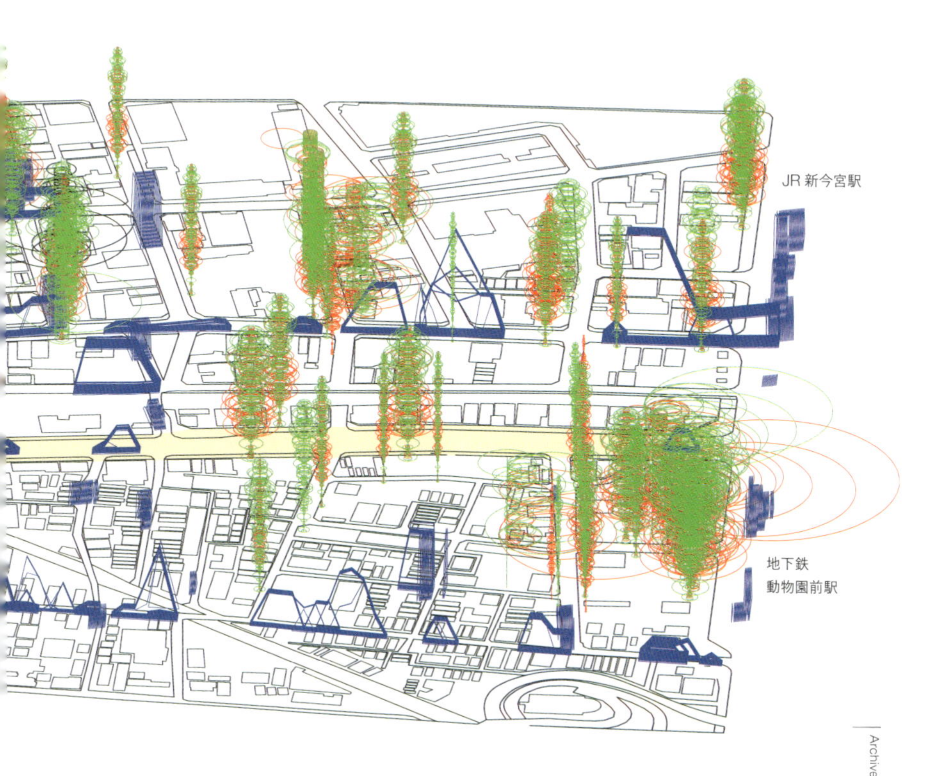

fig.8｜宿泊者の移動方向と、アメニティ施設の営業時間のインフォグラフィック

査し、同じ図上に波状グラフでプロットした。波の高さはアメニティ施設の店舗面積に比例しており、幅は営業時間の長さに比例している。東西の波状グラフを比べるとキャパシティに関しては大きな差はないが、営業時間に関しては差異が見られた。東側のエリアは営業時間が短く、昼から夜にかけて営業する施設が多く、西側は営業時間が長く、早朝から深夜まで営業する施設が多かった。

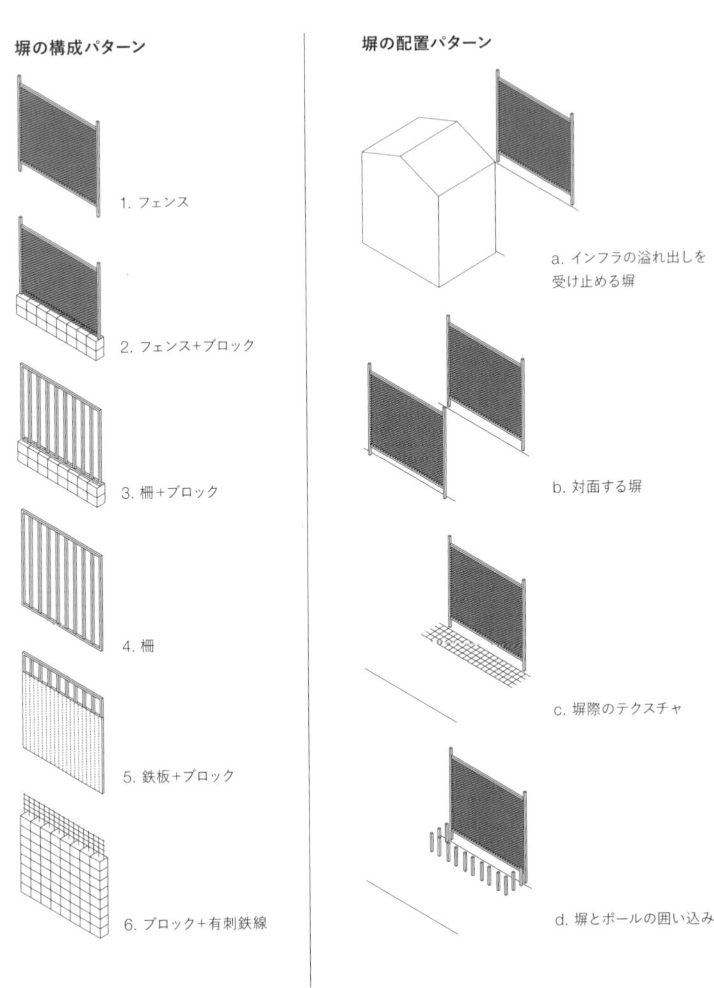

fig.9 | 塀のパターン

塀沿いのアクティビティ

釜ヶ崎では塀の周辺に人が集まる光景がよく見られ、路上を使ったさまざまなアクティビティが点在する。そこで釜ヶ崎全域を歩き、塀の場所と高さを記録し、塀のパターンを調査した[fig.9,10]。大きく分けて塀は1.フェンス、2.フェンス+ブロック、3.柵+ブロック、4.柵、5.鉄板+ブロック、6.ブロック+有刺鉄線の6種類で構成されていた。1のフェンスは、フックを使用することによる物干し竿や布団干しの代わりとなっていた。2と3の低層のブロックと他のマテリアルが組み合わされるパターンでは、ベンチの代わりとして腰掛ける人々がみられた。4、5、6では、塀そのものに接触するアクティビティは見かけられなかった。さらに、アクティビティの有無は塀の配置も関係している。実際に人々が集っていたり、アクティビティが想起される家具や什器が塀の前に並べていたりするシーンは、a.アメニティ施設の溢れだしを受け止める塀、b.対面する塀、c.塀際のテクスチャ、d.塀とポールの囲い込みの周辺で頻繁に見られた。

fig.10｜さまざまな塀利用

fig.11｜犬走りの分布

釜ヶ崎の犬走り

—

釜ヶ崎では人が通れる幅を持つ建物間の隙間がいたるところに存在する。ここでは敷地境界線と建物の外壁の間にできた隙間を「犬走り」と総称する。これらの犬走りを調査し地図上にプロットし、通り抜けられるルートを探した fig.11,12。通常、犬走りは私有のもので自由に通り抜けることができないが、通り抜けられるようにすれば釜ヶ崎のファサード面は現在の約1.7倍になり、塀や路地で行われている活動がさらに活性化する可能性がある。また、宿泊所を出てからの経路の選択肢が増え、さらなる域内流動性を増す。

fig.12｜さまざまな犬走り

Chapter **07**
Project 4

Team｜近畿大学 松岡聡研究室
Area｜大阪府大阪市西成区釜ヶ崎

まち全体を大きなホテルに見立てる

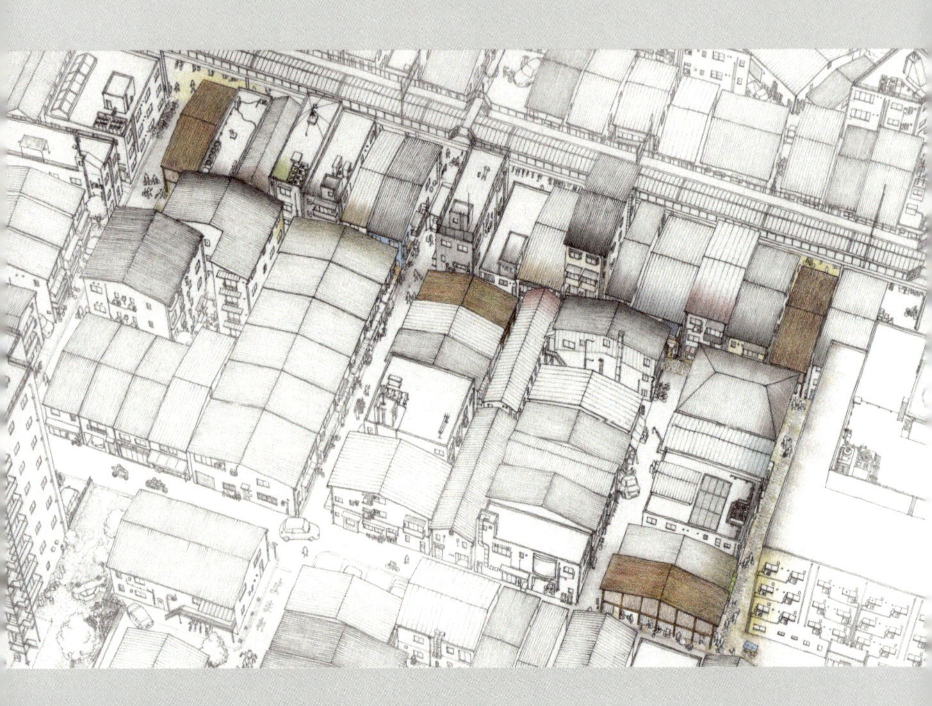

↑一塀を内包した複数のエントランス施設と犬走りが連携することで、釜ヶ崎の路上で起きているアクティビティがより活発化する

街路をホテルの廊下とみなし、まちに点在する商店や施設を簡易宿泊所のアメニティと捉え、このまち独自の宿泊形態を助長し、アメニティ施設がより活発に利用されるような提案を行う。

そこで“エントランス施設”の新設を提案する。エントランス施設とは旅行者が釜ヶ崎に来て初めに訪れる施設で、鍵の受け渡しやインフォメーションセンターなどの機能を持ったものであり、この街の新たなネットワークの拠点となる。客室はエントランス施設とは別の場所に存在する。観光客はここを始点にして客室まで向かうため、その動線がアメニティ施設の前を通り、かつ犬走りが四方八方に伸びている場所を7か所敷地として選んだ。特に東側の6か所のエントランス施設はそれぞれが犬走りを介して連携している。

また、エントランス施設や犬走りの中に塀を埋め込むことでエントランス施設に街で行われているアクティビティを取り込む。塀にはキッチンを併設し、エントランス施設の内部にはダイニングスペースを設けた。これらは街のリビングとして機能し、誰でも利用することができる。鍵の受け渡しなどは2階で行う。

1階部分は柱と、柱の中心線からオフセットさせた塀だけで構成して抜けの多い造りにし、2階部分は吹き抜けにしつつ壁で完全に覆うことで上部に囲みの空間をつくり、内部に入って来やすいが居心地は良い空間となるよう設計した。人々はここから犬走りへ導かれ、まちに拡散していく。

エントランス施設利用者は、犬走りネットワークを介してまちへと向かう

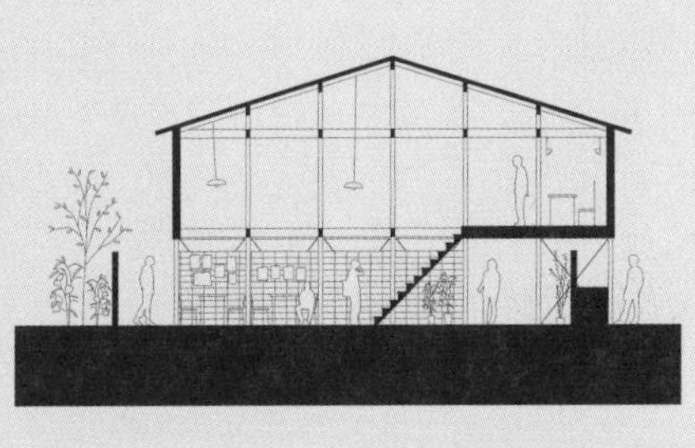

↑ | 抜けと囲みの空間をもつエントランス施設の断面図

← | 7カ所のエントランス施設の配置

まちで買い出しを済ませた地元の住民と宿泊客らがアメニティ施設やエントランス施設で調理を行う

Team｜龍谷大学 阿部大輔ゼミ
Area｜京都府京都市

京都市における
民泊と地域コミュニティの共生

好調なインバウンド観光を背景に、個人宅を旅行者に有料で貸す「民泊」に注目が集まっている。Airbnbに代表されるマッチングサービスの普及により、ホスト（貸し手）とゲスト（旅行者）の関係性に大きな変化が生じている。ここでは、まず京都市における観光の現況を整理し、多様化する宿泊施設の中から急速にその数を伸ばしている「民泊」の動向とその立地特性を調査した。

1｜京都市の観光をめぐる社会的背景

好調なインバウンドと観光客数

京都市の観光客数は2015年に過去最高の5,684万人を超え、2年連続で5,500万人以上を記録した。年間宿泊客数も1,362万人と過去最高を記録している。うち、年間の外国人宿泊客数は初めて300万人の大台を突破し、316万人を記録した。旅行･宿泊スタイルが大きく異なる外国人宿泊客の増加は、これまでの宿泊施設のあり方にも変化を要請するだろう fig.1,2。

慢性的な宿泊施設の不足

急激な宿泊客数の伸びに対し、市内の客室総数はこの10年で微増にとどまっており、宿泊施設が不足している現状が浮かび上がる。市内に大規模ホテルを建設できるような用地も限られており、今後も大幅な客室増は見込みにくい fig.3。

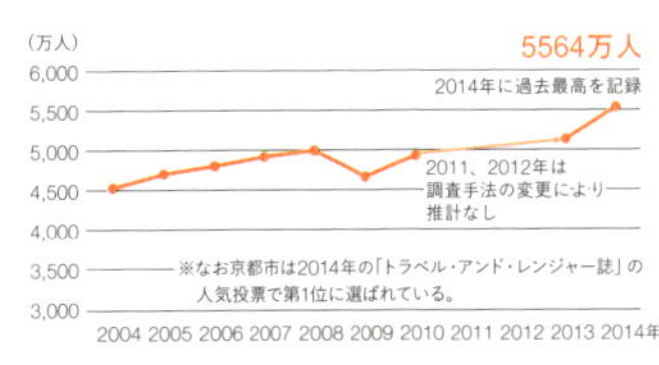

fig.1｜京都市の観光客数の推移
出典：京都市「京都観光総合調査」より作成

fig.2｜京都市の宿泊客数
出典：京都市「京都観光総合調査」より作成

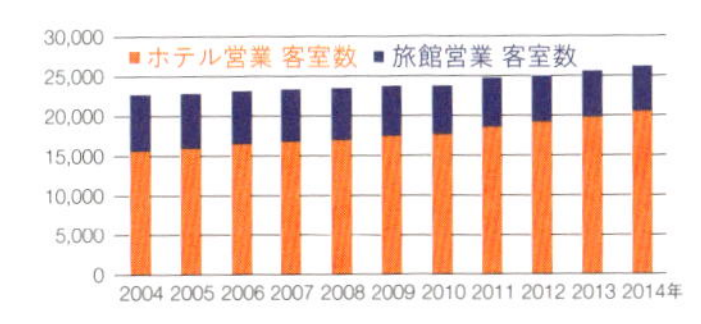

fig.3｜京都市におけるホテル・旅館の客室総数
出典：京都府「ホテル・旅館・簡易宿所及び
下宿営業の施設数」より作成

fig.4｜京都市におけるAirbnbの物件数
出典：AirLABO「京都府京都市東山区 物件データ」
より作成

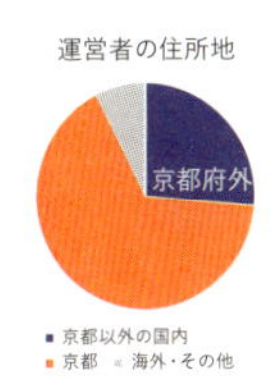

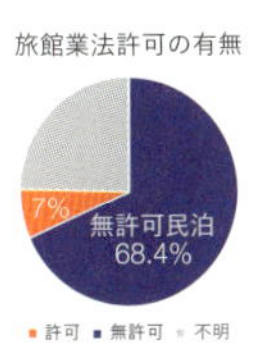

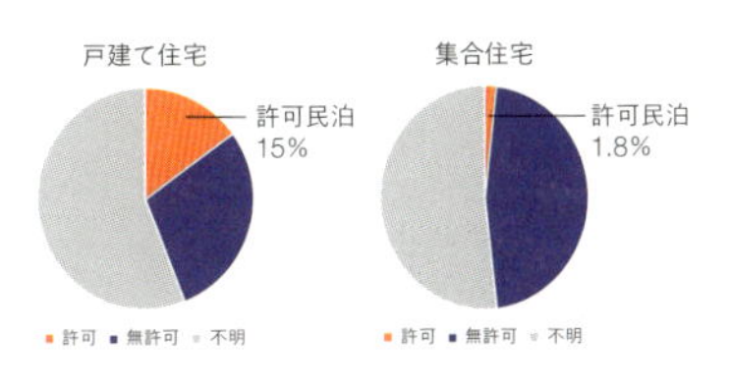

fig.5｜民泊に関する各種統計｜出典：京都市「京都市民泊施設実態調査について」より作成

Airbnbに登録される民泊の急増

2015年4月－2016年3月の1年間だけでも、Airbnbに登録されている物件数は約6倍に増加している。Airbnbに登録されているのがすべて民泊というわけではないものの、ホテル・旅館の客室数の不足の間隙を縫う形で民泊が進出してきていることが推察される。Airbnbを介した宿泊施設への平均滞在日数は3.8泊（一般的な旅行のそれは1.55泊）、市内民泊施設の価格帯は1泊あたり6,000－12,000円が38.9%を占める fig.4。

違法民泊の増加

京都市『京都市民泊施設実態調査』（2016年）によれば、市内の民泊物件で所在地が特定できたのは2,702件中の1,260件（46.6%）であり、うち旅館業の許可が確認できたものはわずか7%に留まっている。また、戸建て住宅は許可民泊が15%あったのに対し、集合住宅では1.8%に留まっており、そのほとんどが違法である。一方、集合住宅（マンション）は管理規約において民泊を禁止するところも増えつつある。また、民泊のホストが京都府以外に住んでいる場合も多く、投機目的で営業されている民泊も少なくないことが予想される fig.5。

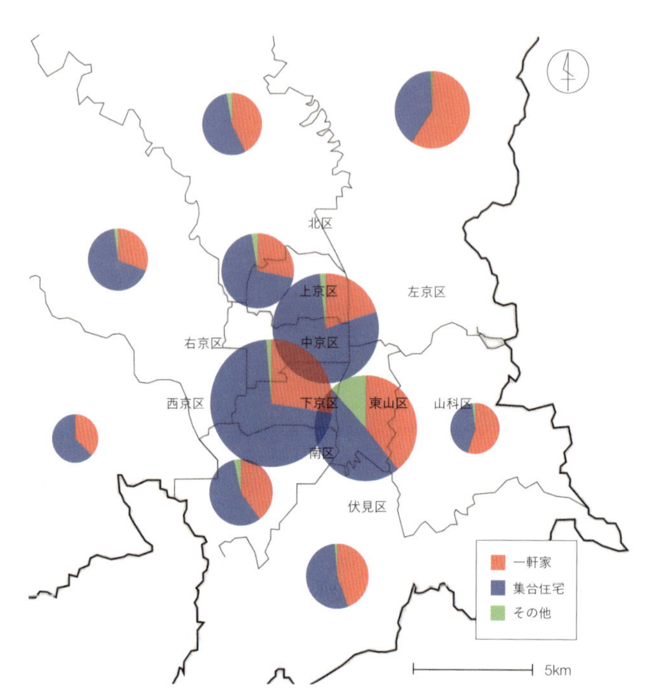

fig.6｜京都市全体の民泊立地傾向

2｜民泊の立地傾向・特性マッピング

京都市全体の民泊立地傾向

京都市産業観光局が2016年5月に発表した『京都市民泊施設実態調査について』によれば、市全体の民泊施設数は2,702件であり、建物タイプ別に見るとうち戸建てが935件、集合住宅が1,677件、その他90件となっている。戸建てと集合住宅の比率はおおよそ3:7である。区ごとに見ると、中京区（470件）、下京区（599件）、東山区（445件）の3区に全体の60%以上が集中している fig.6。

3区の建物タイプ別占有傾向

これ以降、調査の対象地を民泊が集中的に立地する傾向にある中京区・下京区・東山区の3区に絞る。各区の元学区ごとに、Airbnbに登録されている物件の建物タイプ別の件数を整理した。大まかな傾向としては、中京区は集合住宅の一戸貸しタイプが多く、下京区は一軒家と集合住宅がおおよそ半々であり、木造密集市街地を多く含む東山区は件数が最も多く、また戸建て一棟貸しでの民泊が多いことが判明した。3区に多くの民泊が集中しているといっても、立地の分布は平坦ではなく、集中立地している元学区の存在が浮き彫りとなった fig.7,8。

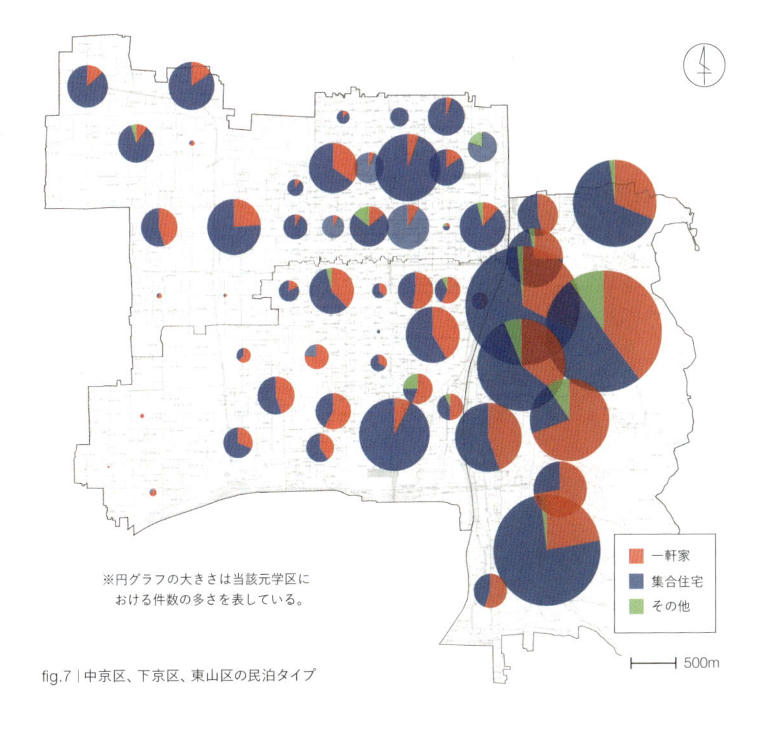

fig.7 | 中京区、下京区、東山区の民泊タイプ

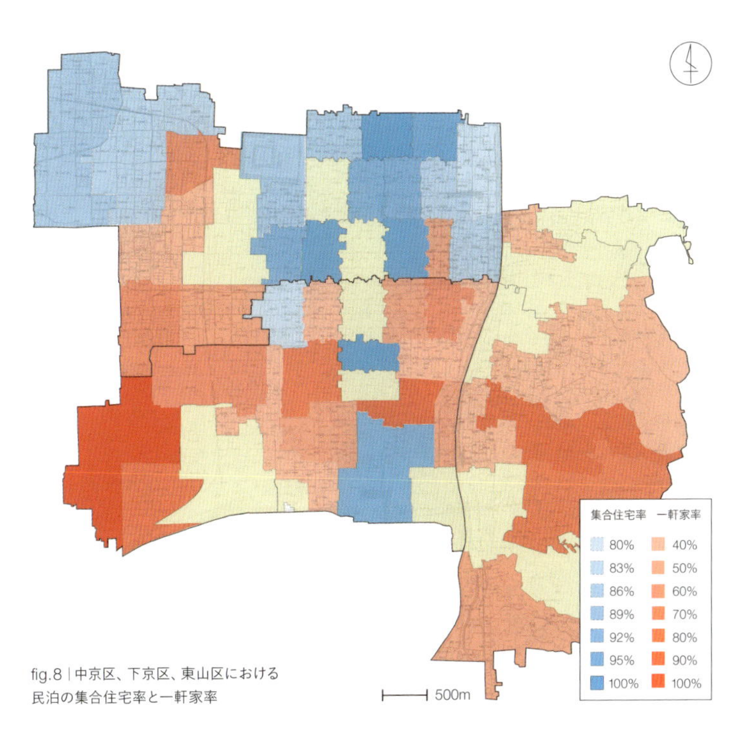

fig.8 | 中京区、下京区、東山区における民泊の集合住宅率と一軒家率

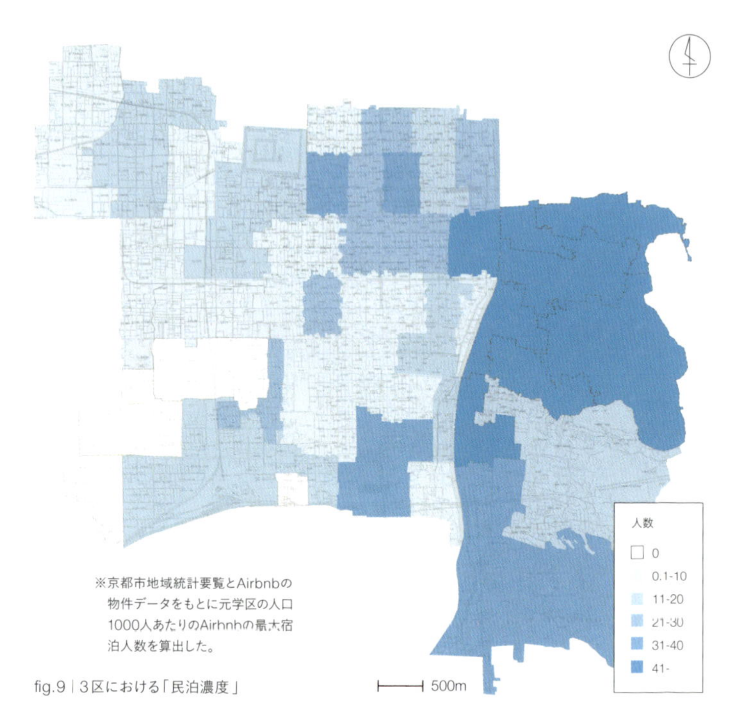

fig.9｜3区における「民泊濃度」

3区における「民泊濃度」

民泊が地域コミュニティに与える影響を推察するためには、立地分布や建物タイプ別の統計だけでなく、その民泊自体の1泊あたりの宿泊可能人数を把握することが必要であると考えた。そのため、Airbnbに登録されている各区における民泊物件のスペックを調べ、1泊あたりの最大宿泊可能人数をカウントし、各元学区の人口1,000人あたりの民泊最大宿泊可能人数として表現した。それを「民泊濃度」と名付け、濃度の高いエリアほど地域コミュニティが影響を受けやすいのではないかと仮定した。民泊濃度が最も高いカテゴリーに分類されたのは、中京区では初音、立誠、東山区では六原、清水、有済、粟田、弥栄、新道、貞教、であった fig.9。

元学区の類型化と「適正民泊許容値」の算出

以上のリサーチをもとに、元学区を単位に、無秩序かつ急速に増加し続けている民泊の戸数に制限を設けること、つまり地区の文脈に応じて最大立地可能な民泊数（＝適正民泊許容値）を定めることが必要であると考えた。民泊により地域の将来的な居住用途が消費されてしまわないように、地域の空き家率をベースに居住キャパシティ予測を算出する。

まず、「総人口」、「就業者数」、「高齢化率」の推移をもとに3区の元学区を類型化した。その結果、大まかに4つのパターンに分類された fig.10。その中で、該当する元学区数が多いのは、パターン①（「総人口↑」「就業者数↑」「高齢化率↓」）、パターン②（「総人口↑」「就業者数↑」「高齢化率↑」、パターン④（「総人口↓」「就業者数↓」「高齢化率↑」であった。この中で、総人口や就業者数が増加しているパターン①、②は民泊の影響を比較的受けにくい元学区であると考えた。一方、居住機能も生産機能も減少しており、かつ

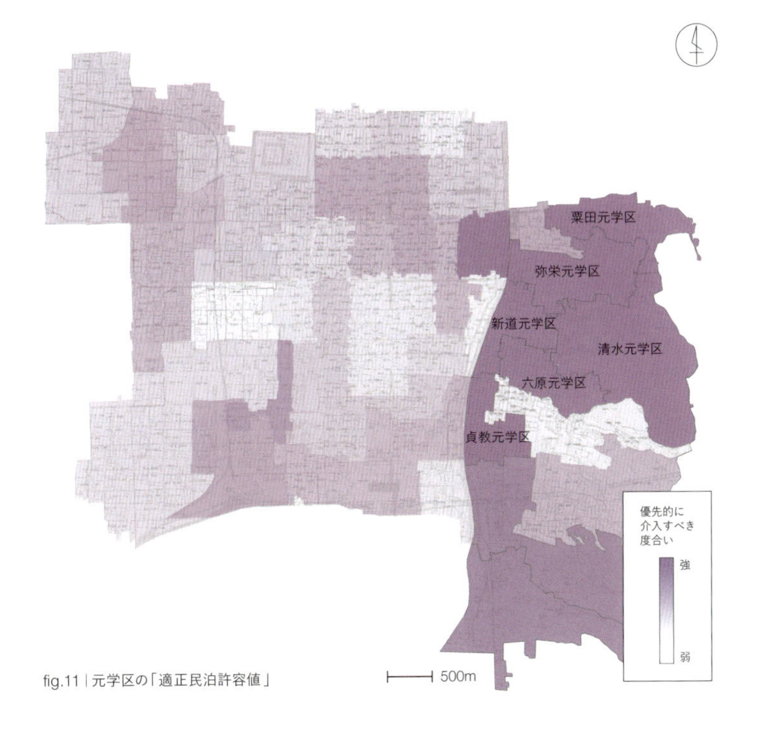

fig.11｜元学区の「適正民泊許容値」

	総人口	就業者数	高齢化率	元学区数	許容率
①	↑	↑	↓	**11**	20%
②	↑	↑	↑	**13**	15%
③	↓	↑	↓	2	10%
	↑	↓	↓	1	
	↓	↓	↓	1	
	↑	↓	↑	3	
	↓	↑	↑	3	
④	↓	↓	↑	**20**	5%

fig.10｜元学区の類型化

高齢化傾向の目立つパターン④に該当する元学区は、民泊の増加により地区の社会文化構造が崩れていく危険性の高いエリアであると考えた。

次に、こうした傾向を踏まえた上で、地域に許容される民泊の数を算出するための「許容率」を設定した（5%－20%）。その上で、以下の計算式により、元学区ごとに最大許容民泊数を算出する。

（1）元学区内の住戸数 × 空き家率＝空き家数

（2）空き家数 × 許容率＝適正民泊許容値

上記の中で衰退傾向にある元学区と現在の民泊物件数の多い元学区を重ね合わせ、優先的に介入が必要である元学区を選定した[fig.11]。

fig.12｜六原元学区の地域分析

3｜六原元学区の現況

まちづくりの文脈から見た六原の特徴

路地を核に濃密なコミュニティが生きていること、事業所が数多く立地し職住が近接していること、継続的なまちづくり活動による地域資源の保全・育成を図ってきたこと(空き家の再生や路地の看板づくりなど)が挙げられる fig.12–14。

六原の地域課題

こうした六原に民泊が急増している。我々は、六原まちづくり委員会と連携し、実際に民泊の分布状況を明らかにするためにフィールド調査を実施した。その結果、民泊は地区内に59件存在し、うち違法なままの営業を行っているものが28件あった。

市の調査(『総合的な空き家対策の取組方針』、2013年)によれば、東山区では空き家の52.2%が幅員4m以下の細街路沿いに存在しており、六原でも今後空き家の約半数は細街路沿いに生じることが推測される。そうした空き家に早いペースで民泊が立地する可能性が高く、路地を核に根付く地域の社会文化資源はこれからも変質の危機に直面し続けると予想される fig.15–17。

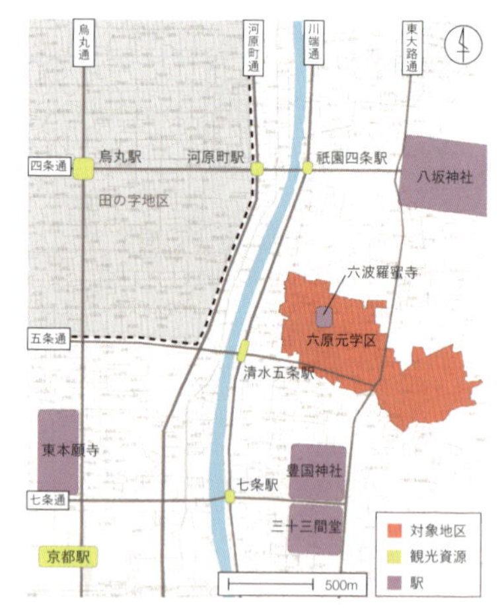

fig.13｜六原元学区の位置

fig.14｜六原の特徴

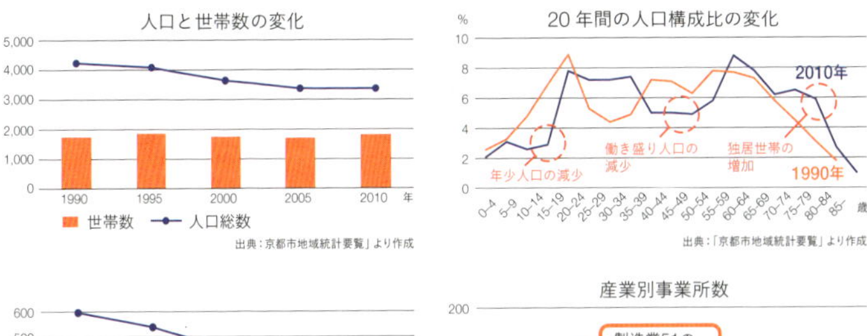

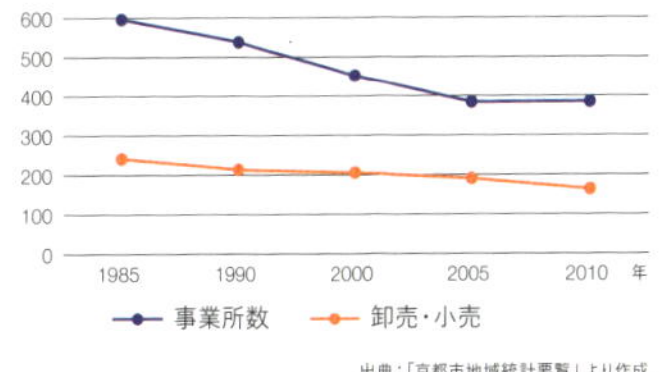

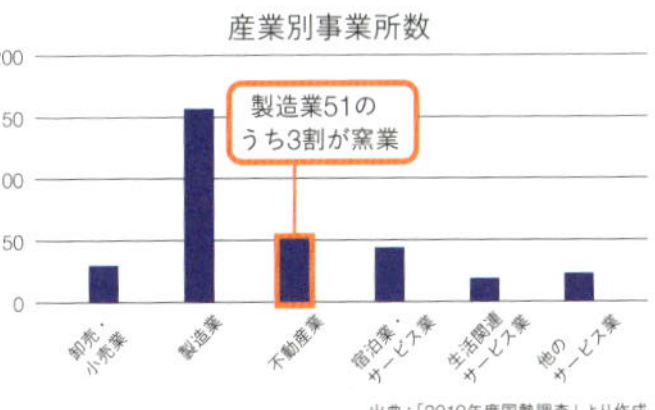

考察

- 京都市内の中でも、人口減少率、少子化の割合が高く、それに伴い事業所の数を減らしている。また、事業所数のうち、**窯業が製造業の約３割を占める**。
  好調なインバウンド観の恩恵を受け、東山区全体に**地価の上昇**が見られる。

fig.15｜六原の地域課題

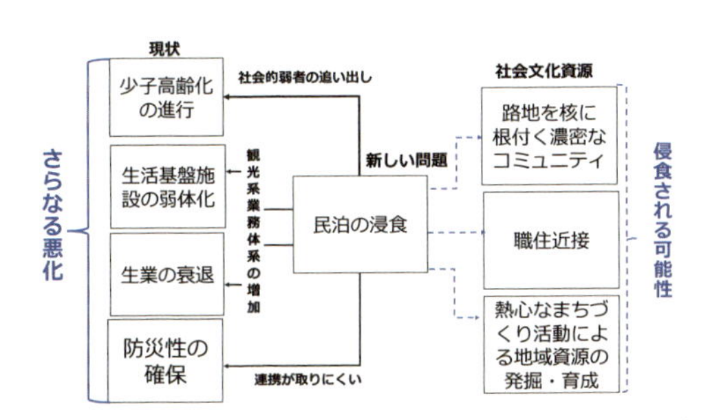

fig.16｜問題の将来予想図

fig.17｜六原元学区における生活の場としての多様な路地の存在

Team | 龍谷大学 阿部大輔ゼミ
Area | 京都府京都市東山区六原元学区

民泊エリアマネジメント：「マチノワ」でつむぐ都市の糸

ホストとゲストの新たなマッチングサービスは、都市の様相を変えていくポテンシャルを秘める一方、実際に宿泊行為がなされる「地域」がその関係性からこぼれ落ち、そこの社会文化資源が結果的に他者によってただ乗りされている現状がある。宿泊を経て「旅」を成り立たせるためには、旅人が刹那的に楽しむだけでなく、貸し手に経済利潤が舞い込み、地域に歓迎され、地域に何かしらの社会的利潤をもたらすことが、これからのツーリズムに求められる。そこで、「旅」によって、地域の社会文化資源が漸次的に活性化していくようなプロセスを構想する。旅人／貸し手／地域に関係性をもたらす「マチノワ」を民泊に埋め込むことで、都市のさまざまな「糸」——路地の生活環境・生業・防災・新たな雇用などをつむぎ、民泊時代の新たな都市像を構想する。それが「無秩序な民泊の増加の予防」「新規参入の民泊の質の向上」「既存の不良民泊の適正化」を念頭に置いた「民泊エリアマネジメント」である。

A | 立地誘導

目的

- 民泊物件の誘導を行なう。
- 適正民泊許容値だけでは制御できない無秩序な立地を防ぐ。
- 路地や街区等の都市構造と、地域住民の生活環境を守る。

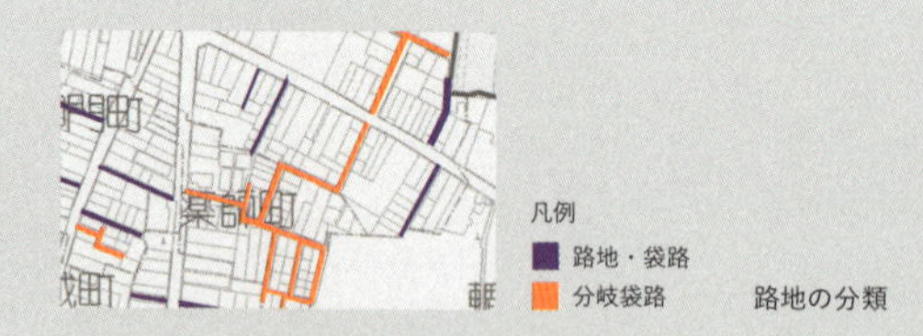

路地の分類

民泊立地のルール

1 | 一般街路：共有空間の確保
地域・ホスト・ゲストの関係性を顕在化させるため、1階部分を共有空間とし地域の問題解決や魅力の増大に寄与する。

2 | 路地・袋路：ミセノマ空間の可視化＋未使用時の有効利用
路地に面するミセノマ空間を活用することで、平時に閉じている民泊から路地空間への人の気配の滲み出しを図る。また、民泊の多くが年間の半分程度未使用の状態にあると考えられ、それを有効活用することで地域に貢献する。

3 | 分岐路地：民泊物件の入居禁止
プライベート性の高い分岐袋路では、住民の生活環境を守るため、民泊の入居建設を禁止する。

B｜マチノワの創出

目的

- 地域住民とゲストがつながるマチノワを創出
- 民泊の問題点に、ホスト・ゲストの顔が見えないことに対する地域側の心理的不安がある。そこで、ホスト・ゲスト・地域が接触せざるをえない空間を設計し、そこを拠点に地域経済を循環させる。

街路に応じてプログラムの種別を決める

固定プログラム｜不足している施設を民泊施設と共に補う。
例：立地誘導で創出された民泊の1階を昼間は託児所にし、地域の高齢者が事業の代理を行う。

不在時プログラム｜未使用期間を有効活用する
例：地域が許可した人（大学のゼミなど）が自由に使える場として暫定利用する。

	一般街路	路地・袋路
固定プログラム	民泊の案内所・帳場、食堂、コンビニ、BAR、オープンカフェ、託児所、お土産物屋さん	駐輪場、食堂、レンタサイクル、移動図書館、パブリックビューイング
不在時プログラム	地域イベント、地域行事、レンタル着物	駐輪場、大学研究室、フリーマーケット、炊き出し、屋台

プログラムの設定

C｜ソフト面の提案

目的

地域の中で隠れがちな民泊物件の存在を可視化し、地域住民の不安感・不信感を軽減するとともに、事業者をまちづくりのアクターとして位置づける。

提案1｜ネームプレートの設置と民泊Kitの提供

- 全民泊にネームプレートの設置を義務づける。さらに事業者は、コミュニティも使用できる小さなファニチャー「民泊 Kit」（テーブル、チェア、掲示板、プランターetc）を提供する。

提案2｜民泊エリマネ分担金制度＋委員会の創設

- 受益者である事業者からは「分担金」、宿泊者からは「民泊税」を徴収し、それを原資に民泊エリマネを行う。
- 分担金で「ゴミ出しの管理／路地の清掃／観光客案内ブースの設置／駐輪対策・地域プロモーション」などの事業を行い、地域内雇用の創出を図る。

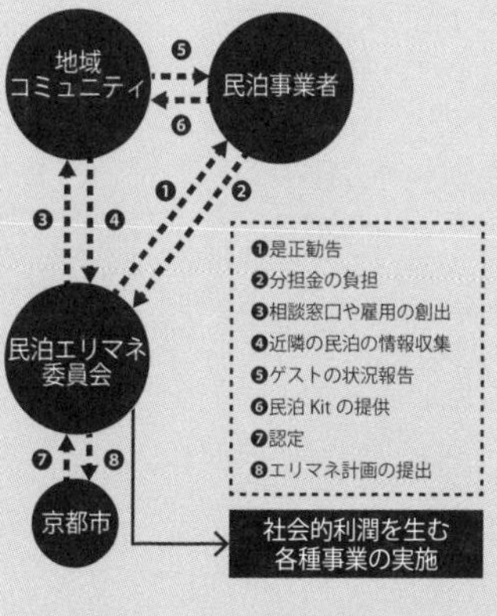

民泊エリアマネジメントの仕組み

民泊エリアマネジメントの適用を六原元学区を対象に考えた。
①適正民泊許容値、②立地誘導、③マチノワの創出、
④ソフト面の提案を漸次実施した場合、
現在から2035年にかけてどのように変化するのか
シミュレーションを行なった。

細街路
路地・袋路
分岐袋路

物件
適正民泊物件
不良民泊物件
空き家
観光系機能
事業所・商店

現在

- 松原通・大和大路通沿いに事業所・商店が数多く立地している。
- 路地・袋路、分岐袋路沿いに民泊物件が出現しつつある。
- 空き家が多く存在している。

マネジメント適用なし（2035 年）

- 民泊物件が無秩序に多数立地する。
- 観光客向けの商店が増加。事業所・商店が減少し、民泊物件に転用されている。
- 細街路沿いに空き家が数多く出現。それらの一部（あるいは多く）が民泊物件に転用されている。

マネジメント適用あり（2035 年）

- 無秩序な民泊の立地が防がれており、事務所・商店・路地空間が守られている。
- 固定・不在時プログラムが組み込まれた民泊により、地域・ホスト・ゲストの関係性が顕在化され、民泊がまちの新たな価値として発露している。
- 既存の不良民泊もプログラムの適用を受け是正される

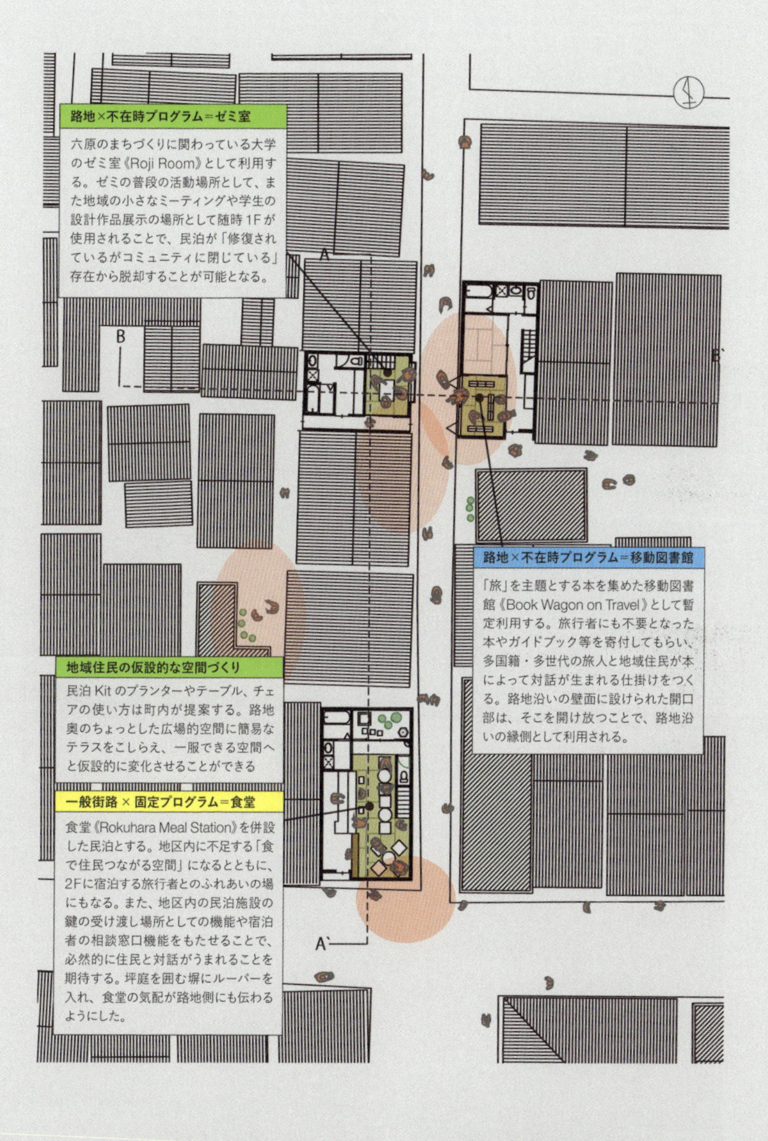
路地×不在時プログラム＝ゼミ室
六原のまちづくりに関わっている大学のゼミ室《Roji Room》として利用する。ゼミの普段の活動場所として、また地域の小さなミーティングや学生の設計作品展示の場所として随時1Fが使用されることで、民泊が「修復されているがコミュニティに閉じている」存在から脱却することが可能となる。
A
B
B`
路地×不在時プログラム＝移動図書館
「旅」を主題とする本を集めた移動図書館《Book Wagon on Travel》として暫定利用する。旅行者にも不要となった本やガイドブック等を寄付してもらい、多国籍・多世代の旅人と地域住民が本によって対話が生まれる仕掛けをつくる。路地沿いの壁面に設けられた開口部は、そこを開け放つことで、路地沿いの縁側として利用される。
地域住民の仮設的な空間づくり
民泊 Kit のプランターやテーブル、チェアの使い方は町内が提案する。路地奥のちょっとした広場的空間に簡易なテラスをこしらえ、一服できる空間へと仮設的に変化させることができる
一般街路×固定プログラム＝食堂
食堂《Rokuhara Meal Station》を併設した民泊とする。地区内に不足する「食で住民つながる空間」になるとともに、2Fに宿泊する旅行者とのふれあいの場にもなる。また、地区内の民泊施設の鍵の受け渡し場所としての機能や宿泊者の相談窓口機能をもたせることで、必然的に住民と対話がうまれることを期待する。坪庭を囲む塀にルーバーを入れ、食堂の気配が路地側にも伝わるようにした。
A`

Team | 京都建築専門学校 魚谷繁礼・池井健ゼミ
Area | 京都府京都市中心市街地

京都の修学旅行旅館

fig.1

マス・ツーリズム

—

マス・ツーリズムとは富裕層に限られていた旅行が大衆化した現象であり、団体旅行と同義に捉えられることもある。経済効果や環境破壊など、旅行先にあたる現地に及ぼすさまざまな功罪が指摘されている。
京都にはマス・ツーリズムを受け入れる宿泊施設がある。巡礼客を受け入れる宿坊や、修学旅行生という団体観光客を受け入れる「旅館」であるfig.1,2。両者に共通するのは、それぞれの客室の多くが畳敷きの和室であることだfig.3,4。
最近ではインバウンドにより多くの外国人観光客が、京都はもちろん日本各地に押し寄せている。

fig.2

fig.3

fig.4

観光都市京都

—

京都を訪れる観光客数fig.5と宿泊客数fig.6はともに増加傾向にある。また、日本の修学旅行対象生徒数fig.7は年々減少しているが、京都を訪れる修学旅行生数fig.8は増加している。京都における年間宿泊客数の1割弱を修学旅行生が占めているfig.9。京都を訪れる修学旅行生数は特に5−6月と10−11月に集中しているfig.10。

修学旅行生を受け入れる宿泊施設

—

京都市内で修学旅行生を受け入れている宿泊施設のうち、『京都府旅館ホテル生活衛生同業組合 教育旅行部会』と『京都府食物アレルギーの子おこしやす事業協力施設』に登録されている100施設を対象に、「外観」「名称」「所在地」「旅館業法上の種別」「営業許可の年月日」「客室数」「階数」「食堂の有無」「大浴場の有無」「大広間の有無」をまとめ、「外観写真」を撮影し、「外観の和風旅館らしさ」についてポイント化したfig.11。

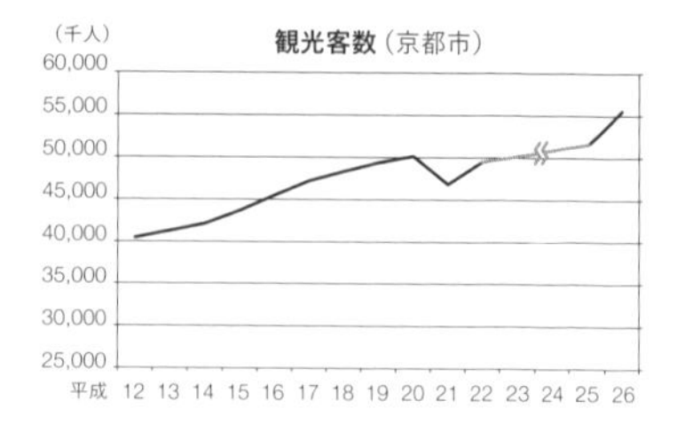

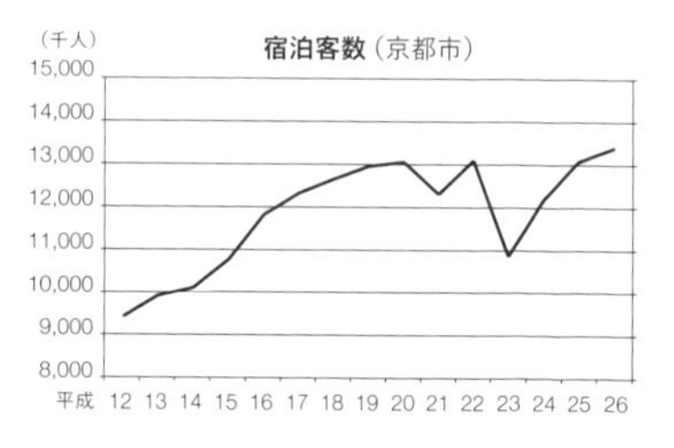

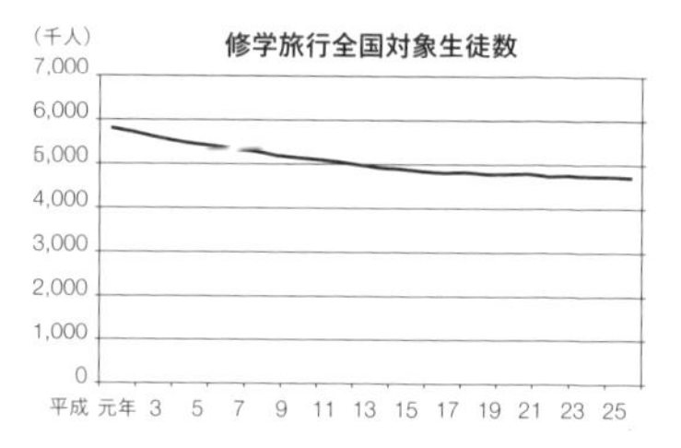

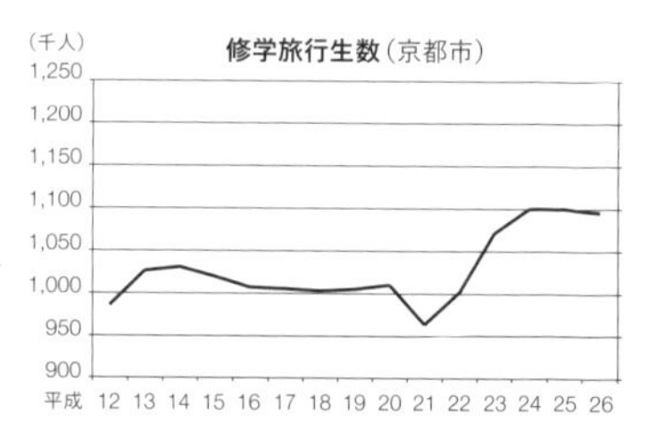

上から
fig.5｜京都を訪れる観光客数
fig.6｜京都の宿泊客数
fig.7｜修学旅行対象生徒数
fig.8｜京都を訪れる修学旅行生数

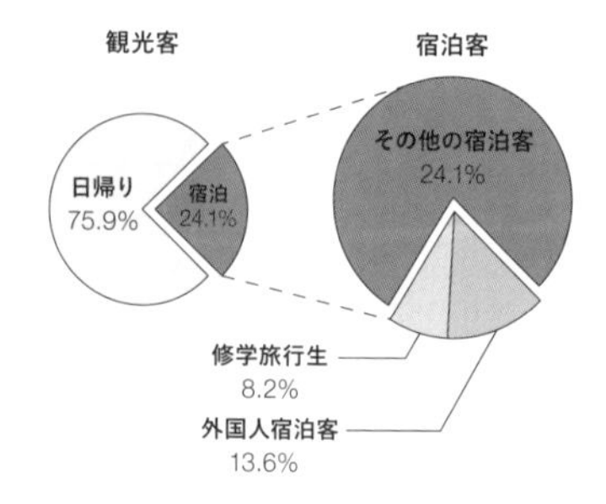

fig.9｜京都における年間宿泊客数に占める修学旅行生の割合

月別修学旅行生数

小学校　中学校　高校

（人）　平成25年総計　平成26年総計

300,000
250,000
200,000
150,000
100,000
50,000
0

1月 2月 3月 4月 5月 6月 7月 8月 9月 10月 11月 12月

fig.10｜京都市の月別修学旅行生数

それぞれ左上から、外観写真、名称、所在地、旅館業法上の種別、営業許可の取得年月日、客室数、階数、食堂の有無、大広間の有無、大浴場の有無、外観の和風らしさを示す

fig.11｜アーカイブ結果

fig.12

fig.13

fig.14

fig.15

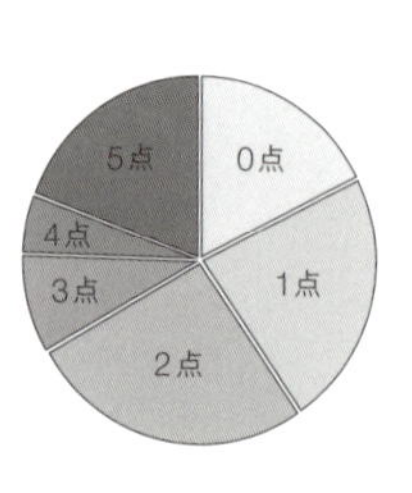

fig.16 |「外観の和風旅館らしさ」についてのポイント分布

種別

旅館業法上、宿泊施設の「種別」は〈ホテル〉〈旅館〉〈簡易宿所〉のいずれかに分類される。特に修学旅行生を積極的に受け入れている『教育旅行部会所属』の57施設のうちほとんどの54施設が〈旅館〉であった。我々は〈旅館〉と聞くと、まずはいわゆる和風旅館をイメージするかもしれない fig.12。しかし「外観写真」を一瞥すると、修学旅行生を受け入れる宿泊施設はどうも和風旅館らしくは見えてこない fig.13。

外観

「外観の和風旅館らしさ」については、〈瓦屋根か否か〉〈真壁(風)か否か〉〈3階建以下か否か〉〈和風要素(暖簾、格子、提灯、障子、虫籠窓、灯篭、犬矢来、簾のうちの最低どれか1つ)が見て取れるか否か〉について各1点、計5点満点でポイント化したものである。ただし構造が木造であればそれだけで5点とした。同上57施設のうち2点以下の施設が38施設ある fig.16、つまり約7割がいわゆる和風旅館とはいいにくい外観をしている。ちなみに「階数」については平均5.1階であり、京都においては高層(高さ15m以上)に含まれるものが多い fig.14。これは、まちなかの限られた土地で宿泊客数をかせぐためであろう。

畳による収容

上述のように修学旅行生を積極的に受け入れている宿泊施設は、和風旅館とは言いがたい外観をした(旅館業法上の)旅館が多いようである fig.15。

京都市の旅館業に関する条例においては、〈ホテル〉と〈旅館〉は洋室と和室のうちどちらの方が多いかにより区別される。さらに洋室にはベッドが、和室には畳の上に布団敷きが求められる。カーペットの上に布団を敷くことは認められていないし、畳の上にベッドを設置

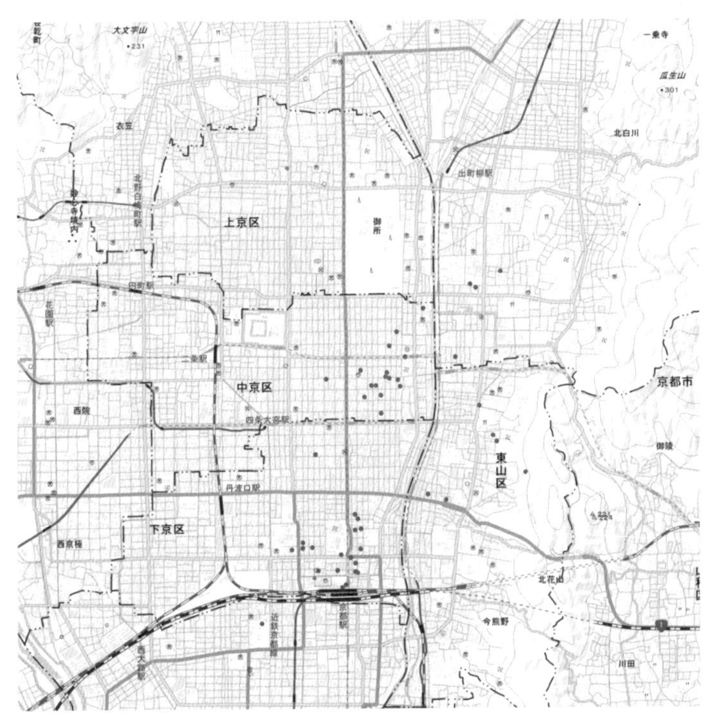

fig.17 | 京都市中心市街における『教育旅行部会』所属宿泊施設の分布　● 旅館　ホテル　● 簡易宿所

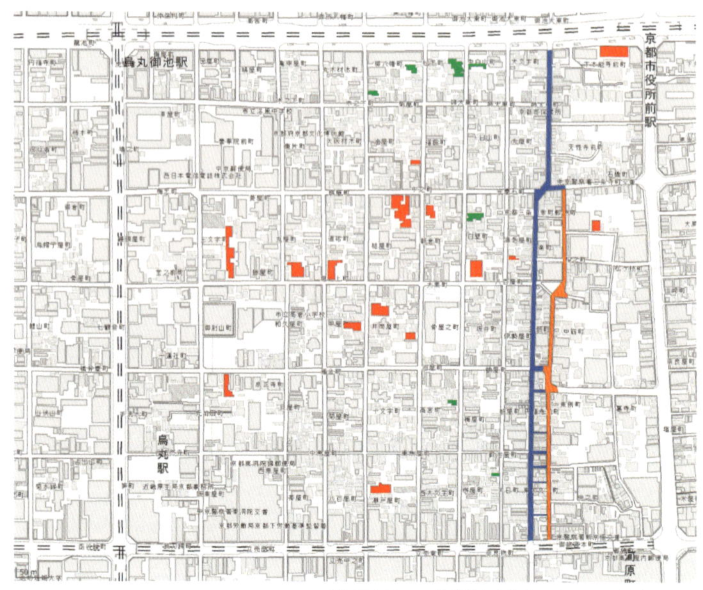

fig.18 | 烏丸御池付近の宿泊施設

■ 寺町商店街　■ 修学旅行生を受け入れている宿泊施設
■ 新京極　■ 修学旅行生を受け入れていない純和風旅館

することも認められていない。

また市の条例ではホテルおよび旅館において宿泊客数一人あたりに対し求められる寝室の面積は、洋室が$4.5m^2$（修学旅行生の場合は$3m^2$）以上、和室が$3.3m^2$（修学旅行生の場合$2.5m^2$）以上となっている。寝室の面積が同じであれば、洋室より和室の方がより多くの宿泊客を泊めることができるのである。

実際、限られたスペースに多人数が宿泊するには、洋室にベッドよりも、和室に布団の方がより便が良さそうである。一度に多数で宿泊する修学旅行生を受け入れる宿泊施設は、法的にも機能的にも、ホテルより旅館の方がより都合がいいのである。

共用スペースによる管理

—

修学旅行生を受け入れる宿泊施設の多くが、食堂、大広間や大浴場といった共用スペースを備えているのも特徴的である。これは旅行参加者が食事や催しをともにするためであると同時に、限られた時間で多人数の食事や入浴を可能にするためでもある。さらに、予め定められた予定の通りに食事や入浴を進行するのに、管理上都合がいいからであるとも考えられる。

立地

—

修学旅行生を積極的に受け入れている『教育旅行部会』所属の宿泊施設は、京都駅周辺に加え、御池通－四条通と烏丸通－河原町通に囲まれた京都の旧市街であり現中心市街でもあるいわゆる田の字地区のうちの北東エリアに集中して分布している[fig.17]。修学旅行生の多くが新幹線で京都にやってくる。まずは京都駅周辺に需要が集中することが予想される。幅員の狭い道路が多く、交通量の多い京都では、大型バスを停車しての大人数の乗り降りは容易ではない。京都駅に到着して徒歩で宿泊施設に向かう。観光はグループ行動とし、タクシーや市バスで観光地を巡る。これにより大型バスでの乗り降りが省ける。

では、田の字地区北東エリアに集中しているのは何故か。このエリアは、京都では有数の大型バスが停車可能な程度の幅員をもつ御池通から徒歩圏内で

fig.19

fig.20

fig.21

fig.22

ある fig.19。より詳しく見てみると、これら宿泊施設の多くが六角通から四条通にかけて分布している fig.18。六角通から四条通までの間には、御池通から四条通まで続く寺町商店街と平行して新京極商店街がある。寺町商店街が伝統工芸品や日用品を扱う店が多い地元向けの商店街であるのに対し、新京極商店街は土産物屋や食べ歩きができる店が多い観光客向けの商店街である fig.20。

修学旅行にお土産は必須だ。アーケードのもと、土産物屋がまとまって建ち並ぶ新京極商店街が宿泊施設の近くにあると、食事や入浴と同様、買い物も予定通り進行するのに管理上の都合がいい。土産物屋が建ち並ぶ通りというのは日本のあちこちにみられる。京都では、清水寺や銀閣寺の門前などがまず思いつく。そのほとんどが観光地に寄生するようにしてある。しかし新京極商店街周辺に目立った観光地は見当たらない。そのかわり新京極商店街周辺には修学旅行生を受け入れる宿泊施設が集中している。どうやらこのエリアでは修学旅行生を受け入れる宿泊施設と土産物屋が建ち並ぶ新京極商店街とが共生の関係にありそうだ。そしてこの新京極商店街は寺町通に連なる寺社の参道に建ち並ぶ遊興店を巡る通りに由来するのである。

マス・ツーリズムを受け入れる地域

—

漢字の書かれたTシャツや新撰組を真似た半被、はたまた京都に縁も所縁もない芸能人のプロマイド写真などが賑やかに並ぶ新京極商店街の雰囲気 fig.21 に対し批判もある。しかし、ここに集中しているからこそ、周辺の歴史的市街地にはこのような土産物屋がないとすれば、新京極商店街を肯定することもできよう。

現在、京都はインバウンドによるマス・ツーリズムに曝され、たとえば祇園のようにこれまでさほど大衆化されていなかったエリアも様変わりしてきた fig.22。このような現況に対し、新京極商店街と修学旅行生を受け入れる宿泊施設の立地や関係が参照されうる。

旅館業法および関係条例に関する記述はすべて2017年現在のもの。

Chapter **07**
Project 6

Team | 京都建築専門学校 魚谷繁礼・池井健ゼミ
Area | 京都府京都市中京区新京極通/寺町通

マスツーリズムに特化した宿泊施設

収容と管理、つまり畳と大空間、そしてスケジュールに従った団体行動のためのスムーズな動線をもつ宿泊施設の計画。この修学旅行生を受け入れる宿泊施設は、中国やインドなどからの団体旅行者にも対応しうるマスツーリズム特化型として考えた。既存の土産物屋や計画のような宿泊施設の集中によってこの地域自体がマスツーリズムに特化したエリアとなり、祇園などの個人で訪れるエリアとは差別化されることが期待される。

計画1 | 新京極通りの宿泊施設

新京極通と寺町通という並行する2本の通りに面した土地を敷地として設定。これらは京都の中心市街において希少な、アーケードのかかった歩行者専用の通りである。新京極通は1階に土産物屋や飲食店などのテナントが軒を連ね、修学旅行生などで賑わう。寺町通は1−2階に衣料品店や飲食店、伝統工芸品を扱う店など一般向けのテナントが軒を連ねる。両者ともアーケードから上部の3階以上で空テナントが目立つ。

計画は新京極通側の1階と寺町通側の1−2階を周辺と同様のテナントにしつつ、1階に寺町通から新京極通へと抜ける空間を設ける。新京極通側の2−3階と寺町通側の3階が教職員など引率者の宿泊室、4階から上が生徒の宿泊室や共同浴場にあてられる。宿泊室は新京極通側と寺町通側とに配され、その間には吹き抜けと階段を設ける fig.1。

御池通に駐車した大型バスを降りた団体一行は、寺町通のアーケードを通って宿泊施設にアプローチする。1階の玄関に荷物を仮置きし、新京極通へと抜けて買い物をしたのち、施設に戻り専用の階段で各自の宿泊室に向かう。食事やレクリエーションを行う際は3階のアーケード上部通路を通り、寺町通の3階の空テナントを利用した広間へ行く。この広間は周辺の他のマスツーリズム特化型宿泊施設と共用される。各宿泊階から共同浴場のある階へも専用の階段により階毎に順番にアプローチする。

各宿泊階から共同浴場や、アーケード上部通路、地上階へはそれぞれ独立した専用階段を通るため、2−3階の引率者宿泊階から吹き抜けを介して、集団行動から外れた生徒の行動が見張られる。また、2階の新京極通側の引率者宿泊室からは新京極通が、3階の寺町通側の引率者宿泊室からはアーケード上部通路がそれぞれ眺められ、新京極通で買い物をしたりアーケード上部通路を行き来したりする生徒が見守られる fig.2。

fig.1 | 吹き抜けと階段部

fig.2 | 新京極通り側から見る

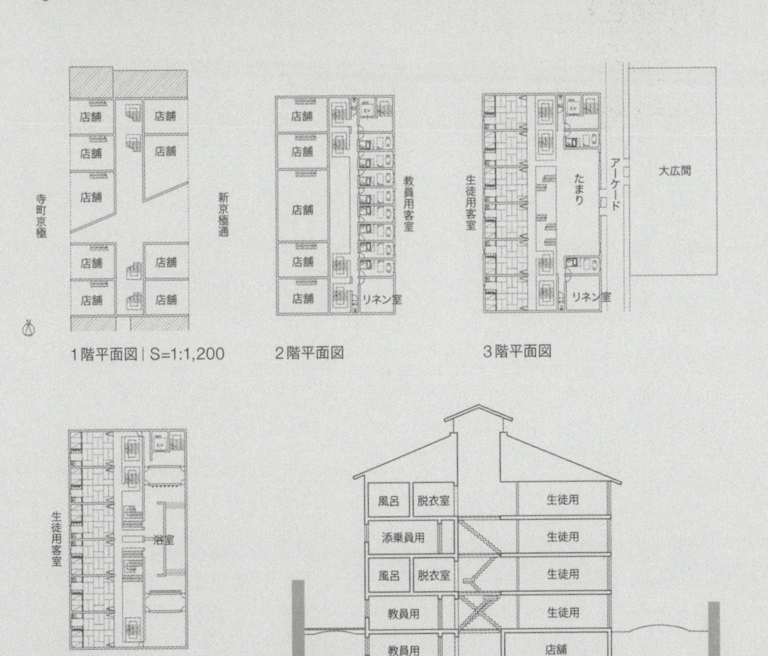

1階平面図 | S=1:1,200

2階平面図

3階平面図

4階平面図

東西断面図 | S=1:600

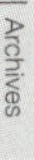

fig.3 | 外観

計画2 | 寺町の宿泊施設

—

寺町は豊臣秀吉の都市改造に由来して寺社が集中している地域である。その1寺院に付属する墓地の上部を敷地として設定した fig.3,4。

寺町の墓地群は京都の中心市街において希少な広大な空地群を形成する。葬式の多様化や檀家の減少などによる寺院離れのため、近年多くの寺院が困窮していることに着目。墓地を残す条件で土地を宿泊施設に定期借地することによる収益化を図る。

地上レベルは墓地のままに、ピロティにより持ち上げられた2階より上が宿泊施設である。団体一行は寺町通のアーケードを抜けて裏寺町通から宿泊施設に2階からアプローチ。荷物を仮置きして内部を抜け、新京極通のアーケード上部通路を通り、共用の広間で食事やレクリエーションを行った後、宿泊施設へと戻る。

2階より上は、階段状の2つの一室空間が二重螺旋形に交錯するようプランニングし、男女または異なる2校のためのゾーニングを容易にする fig.5。各一室空間は、3畳毎に仕切って3人用の就寝スペースにあてられる。そのところどころに教員等引率者用の宿泊室が配され、吹抜けを介して宿泊スペース全体が見渡せる。またこの吹き抜けにより墓地上部には鈍い光が落ちる。螺旋の最上部は共同浴場であり、団体一行による脱衣、シャワー、入浴、着衣が一方向にスムーズに進捗するよう計画されている。

fig.4｜墓地上部に建つ宿泊施設

fig.5｜階段状のフロアが
螺旋形に交錯する

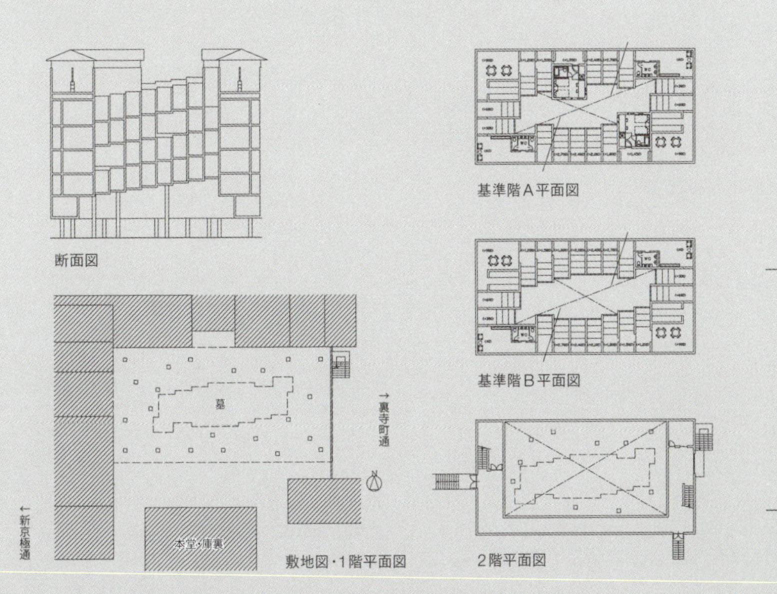

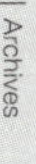

Team | 大阪工業大学 前田茂樹研究室
Area | 大阪府／兵庫県

地域と接続する病院のロビー

私たちが、今回病院ロビーを取り上げている理由は、「病院に入院することも、都市に宿泊することの1つではないか」という仮説に基づいている。

ホテルと病院の語源は同じで、古代ラテン語の「hospes」（客人の保護者）だ。それが、「hospitalis」（もてなし）に派生し、さらに「hospitale」（巡礼や旅人のための宿）、「hospital」（病院）、「hostel」という言葉に分かれ、「hostel」はやがてsが消え現代英語でいう「hotel」となっている。

近年、病院もコンビニやカフェなどがロビーに併設されている。患者や外来の方だけを対象としているだけでなく、病院に用がない方の滞留時間を増やす要素が増え、ホテルのように日常と連続した要素が設計に盛り込まれてきている。

病院ロビーとホテルロビーの相違点は、病院ロビーの方がホテルロビーよりも、多様な人を受け入れていることだ。そこで病院ロビーをリサーチすることで、よりよいロビー環境をつくり出していけるのではないかと考えた。

都市における一滞在のかたちとしての病院のあり方、そして医療と日常の境界を越えた環境設計のあり方のヒントがあるように思う。

共通点

- 語源が同じ
- 日常に近づいてきている
  >>>>> アメニティの増加
- 医療ツーリズムによる宿泊
  >>>>> 健康診断　検診

入院は都市において宿泊と呼べる

相違点

- 病院ロビーはホテルロビーよりも多様な人を受け入れている

病院ロビーをリサーチする意味
これを他の宿泊施設に適用させれば
いい宿泊に繋がる

リサーチ方法

1 | 雑誌に掲載されていた病院ランキングから大阪、兵庫、京都の病院をピックアップ。

2 | 中規模病院(病床数99－499)の集客量が多い順に並べる。

3 | ネット写真判断により対象病院を決定。

4 | 選定した病院を訪れ、家具や人の流れやアメニティの場所を観察、スケッチを行う。実体験をもとにいいロビー空間を構成する要素を決める。

リサーチ対象病院リスト

No.	地域	病院名	病床数	集客量
01	兵庫	明石医療センター	353	57.6
02	兵庫	県立淡路医療センター	441	57.5
03	大阪	関西医科大学滝井病院	494	53.3
04	大阪	りんくう医療センター	388	52.4
05	大阪	住友病院	499	52
06	大阪	府立母子医療センター	339	51.8
07	大阪	耳原病院	386	51.8
08	大阪	(国)大阪南医療センター	470	50
09	大阪	北摂総合病院	217	49.6
10	大阪	済生会茨木病院	315	49

[リサーチ項目]

a. ロビー空間構成

居心地の良さに関わる要素

■ ロビー　■ 開口部

a-1 吹き抜け型

吹き抜けがある。

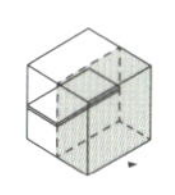

No. 02 | 03 | 04 | 05 | 06 | 07 | 08 | 09 | 10

a-2 アトリウム型

トップライトもしくはハイサイドライトがある。

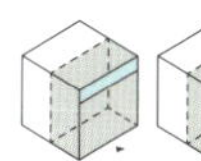

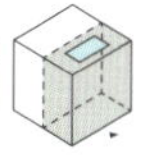

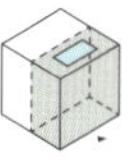

ハイサイド型　トップライト型

No. 01 | 06 | 07 | 08 | 09 | 10

a-3 エントランスガラス張り型

エントランス壁面が大きなガラス張り。

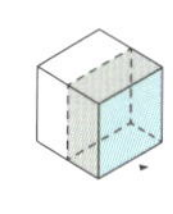

No. 03 | 04 | 05 | 06 | 08 | 10

a-4 多面ガラス張り型

エントランス面以外の壁面がガラス張り。

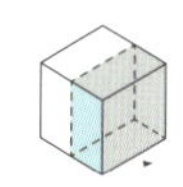

No. 01 | 03 | 05 | 07 | 09 | 10

a-5 中庭型

ロビーに面して中庭がある。

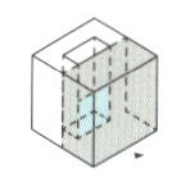

No. 02 | 08

b. 外部緑地構成

人にホスピタリティを与える要素

■ 緑地

b-1 観賞型

ロビーからでも外からでも緑が見える。

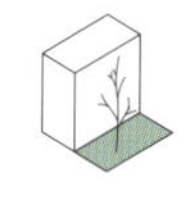

No. 03 | 04 | 05 | 07 | 09 | 10

b-2 屋上庭園型

屋上に緑地がある。

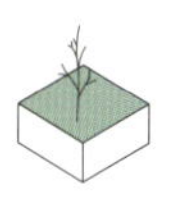

No. 02 | 03 | 05 | 07 | 09

b-3 中庭型

中庭がある。

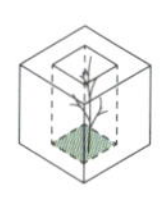

No. 02 | 08

b-4.1 プロムナード(滞留有)型

歩行空間に伴って緑地空間が計画されており、滞留空間がある。

No. 02 | 08

b-4.2 プロムナード(滞留無)型

歩行空間に伴って緑地空間が計画されており、滞留空間がない。

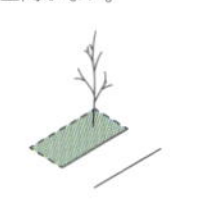

No. 01 | 10

c. ロビー空間構成

エントランスからの休息空間/待合空間の繋がり方

Ⓔ エントランス　● 待合空間　○ 休息空間

No.01 明石医療センター

No.02 兵庫県立淡路医療センター

No.03 関西医科大学附属滝井病院

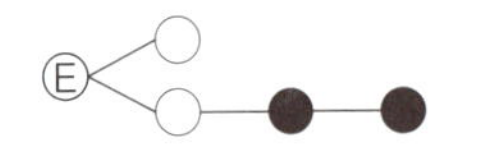

No.04 りんくう総合医療センター

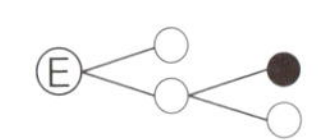

No.05 住友病院

No.06 大阪府立母子保健総合医療センター

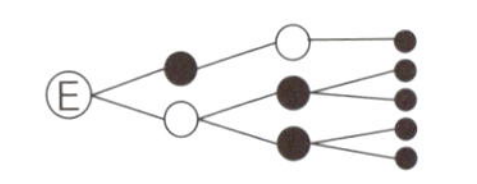

No.07 耳原総合病院

No.08 大阪南医療センター

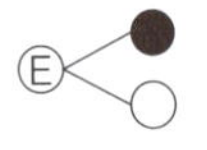

No.09 北摂総合病院

No.10 済生会茨木病院

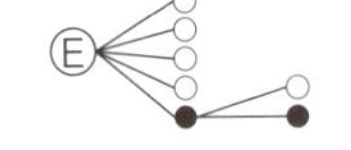

d. 駐車場構成

地域と病院の、距離/入りやすさが決まる要素

■ 駐車場　■ 病院

d-1 駐車場先行型

敷地入口と病院の間に駐車場がある。

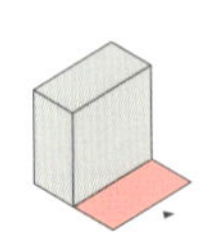

No. 02 | 06 | 09

d-2 病院先行型

敷地入口と病院の間に駐車場がない。

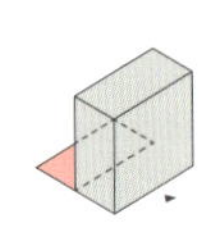

No. 01 | 04

d-3 並列型

敷地入口と駐車場が並列する。

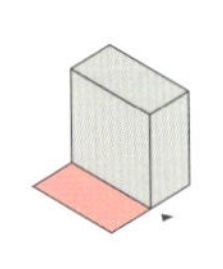

No. 04 | 05 | 07 | 08

d-4 分離型

病院敷地以外もしくは地下に駐車場がある。

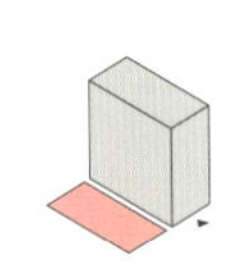

No. 03 | 10

［リサーチ項目］

e. アメニティ空間構成

ホスピタリティを高めるアメニティ空間構成要素

ロビー　緑地　アメニティ（区切無）　アメニティ（区切有）

No.03 関西医科大学附属滝井病院

2階にレストランがあり、
吹き抜けを介して、
ロビーが見える。

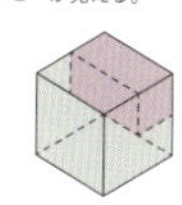

No.04 りんくう総合医療センター

レストランは低い壁で
仕切られているので、
中の様子が分かり入りやすい。

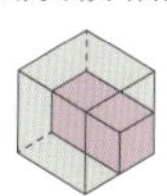

No.07 耳原総合病院

レストランは壁で
仕切られているので、
落ち着いた静かな空間。

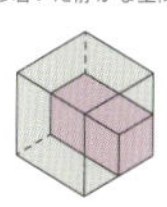

No.06 大阪府立母子保健総合医療センター

内部、外部からコンビニに
行ける。

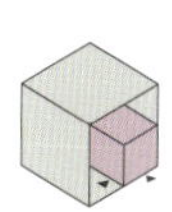

No.08 大阪南医療センター

建具が無く、入りやすい。
屋外テラスがある。

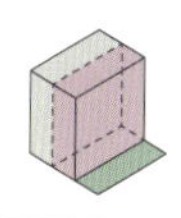

No.09 北摂総合病院

ロビーから入れるコンビニは、
建具が無く入りやすい。

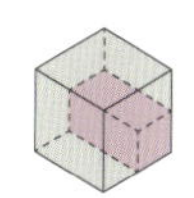

No.10 済生会茨木病院

ロビーから入れるコンビニは、
建具が無く入りやすい。

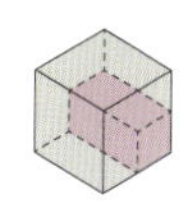

f. キャノピー構成

地域と病院の距離、病院への入りやすさが決まる要素

ロビー

f-1 誘導型

風除室からアプローチ空間にキャノピーが伸びる。

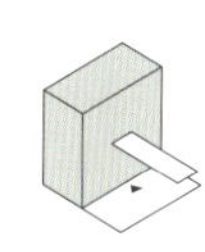

No. 01

f-2 庇型

建物に平行にキャノピーが伸びる。

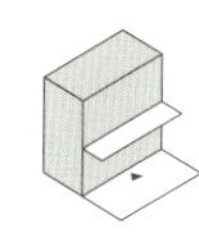

No. 02 | 05 | 06 | 09 | 10

f-3 複合型

誘導型と庇型の複合。

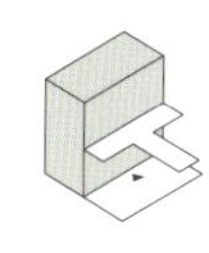

No. 07 | 08

f-4 ピロティ型

風除室がピロティ空間に内包される。

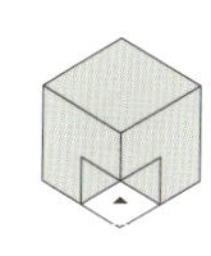

No. 03 | 04

［リサーチ病院データ］

ネットから選んだ対象病院の10ヵ所のうち、6カ所のリサーチ結果を紹介

No.02 兵庫県立淡路医療センター

大きな中庭に面しており、明るいロビー空間だった。
中庭を介して、向かい側の診察待合の様子も分かる。

エントランス
待合空間
休息空間
流動空間

No.03 関西医科大学付属滝井病院

2階にレストランがあるので、
レストランは落ち着いた静かな空間となっている。
エントランスから近いところに休息空間があるので、
入りやすい。

エントランス
待合空間
休息空間
流動空間

No.05 住友病院

ロビー空間は2面ガラス張りで、明るい。
奥には緑地が広がっている前に
くつろげる空間があり、
居心地がよかった。

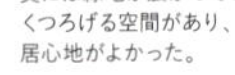

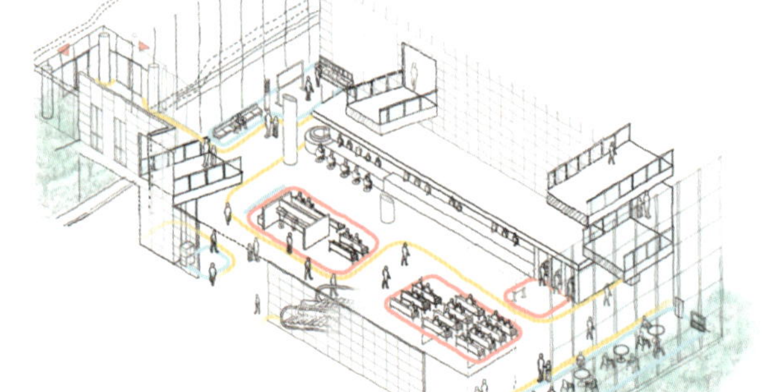

エントランス
待合空間
休息空間
流動空間

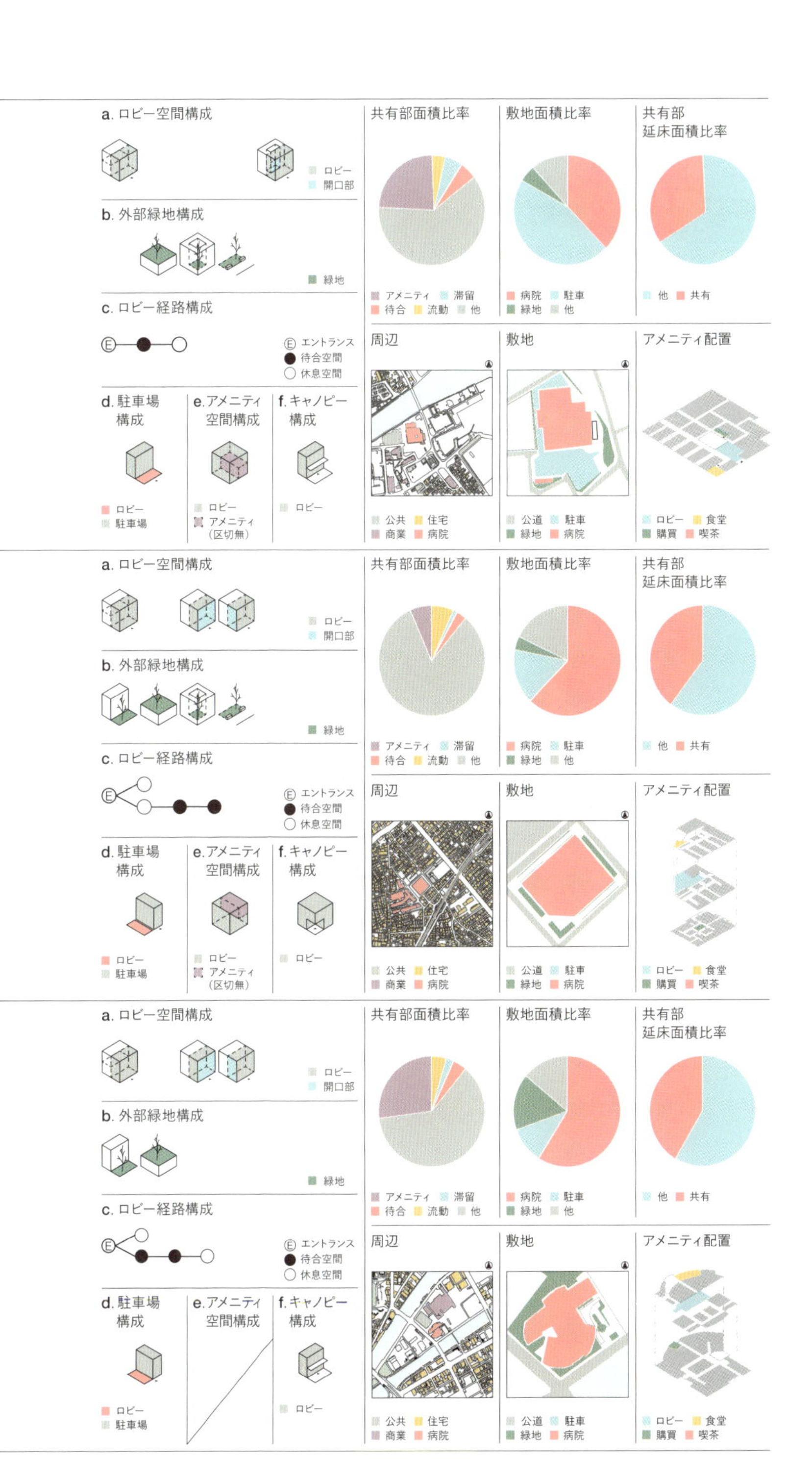

a. ロビー空間構成
ロビー
開口部
b. 外部緑地構成
緑地
c. ロビー経路構成
Ⓔ エントランス
待合空間
休息空間
d. 駐車場構成
ロビー
駐車場
e. アメニティ空間構成
ロビー
アメニティ（区切無）
f. キャノピー構成
ロビー
共有部面積比率
アメニティ
滞留
待合
流動
他
敷地面積比率
病院
駐車
緑地
他
共有部延床面積比率
他
共有
周辺
公共
住宅
商業
病院
敷地
公道
駐車
緑地
病院
アメニティ配置
ロビー
食堂
購買
喫茶
a. ロビー空間構成
ロビー
開口部
b. 外部緑地構成
緑地
c. ロビー経路構成
Ⓔ エントランス
待合空間
休息空間
d. 駐車場構成
ロビー
駐車場
e. アメニティ空間構成
ロビー
アメニティ（区切無）
f. キャノピー構成
ロビー
共有部面積比率
アメニティ
滞留
待合
流動
他
敷地面積比率
病院
駐車
緑地
他
共有部延床面積比率
他
共有
周辺
公共
住宅
商業
病院
敷地
公道
駐車
緑地
病院
アメニティ配置
ロビー
食堂
購買
喫茶
a. ロビー空間構成
ロビー
開口部
b. 外部緑地構成
緑地
c. ロビー経路構成
Ⓔ エントランス
待合空間
休息空間
d. 駐車場構成
ロビー
駐車場
e. アメニティ空間構成
f. キャノピー構成
ロビー
共有部面積比率
アメニティ
滞留
待合
流動
他
敷地面積比率
病院
駐車
緑地
他
共有部延床面積比率
他
共有
周辺
公共
住宅
商業
病院
敷地
公道
駐車
緑地
病院
アメニティ配置
ロビー
食堂
購買
喫茶

[リサーチ病院データ]

ネットから選んだ対象病院の10ヵ所のうち、6カ所のリサーチ結果を紹介

No.07 耳原総合病院

エントランスに入ると、休息空間が広がり、
レストランも見えるので、病院に用がない人でも入りやすかった。

エントランス
待合空間
休息空間
流動空間

No.08 阪南医療センター

休息空間が広く、カフェも仕切りがないので、
病院に用がない人でも入りやすかった。

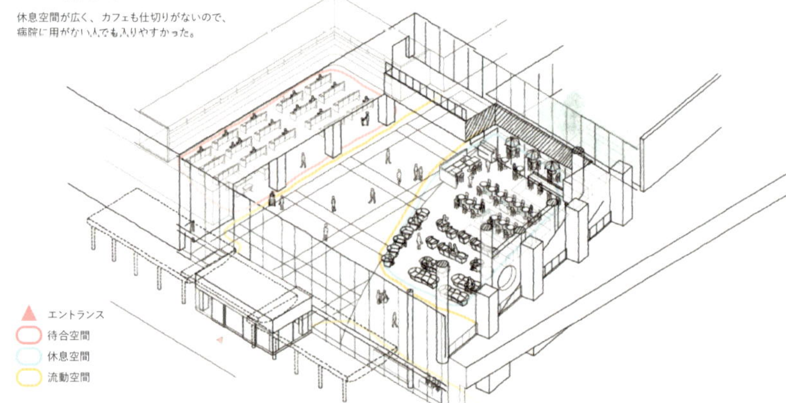

No.09 北摂総合病院

ロビー空間は決して広くはないが、
緑地がある方向に対してガラス張りであり、
トップライトもあるため、明るく、
居心地がよかった。

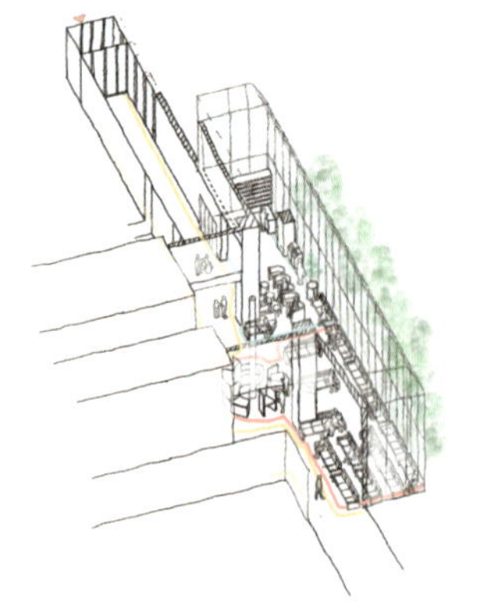

エントランス
待合空間
休息空間
流動空間

a. ロビー空間構成

ロビー
開口部

b. 外部緑地構成

緑地

c. ロビー経路構成

Ⓔ エントランス
● 待合空間
○ 休息空間

d. 駐車場構成

ロビー
駐車場

e. アメニティ空間構成

ロビー
アメニティ（区切無）

f. キャノピー構成

ロビー

共有部面積比率

アメニティ　滞留
待合　流動　他

敷地面積比率

病院　駐車
緑地　他

共有部延床面積比率

他　共有

周辺

公共　住宅
商業　病院

敷地

公道　駐車
緑地　病院

アメニティ配置

ロビー　食堂
購買　喫茶

a. ロビー空間構成

ロビー
開口部

b. 外部緑地構成

緑地

c. ロビー経路構成

Ⓔ エントランス
● 待合空間
○ 休息空間

d. 駐車場構成

ロビー
駐車場

e. アメニティ空間構成

ロビー
アメニティ（区切無）

f. キャノピー構成

ロビー

共有部面積比率

アメニティ　滞留
待合　流動　他

敷地面積比率

病院　駐車
緑地　他

共有部延床面積比率

他　共有

周辺

公共　住宅
商業　病院

敷地

公道　駐車
緑地　病院

アメニティ配置

ロビー　食堂
購買　喫茶

a. ロビー空間構成

ロビー
開口部

b. 外部緑地構成

緑地

c. ロビー経路構成

Ⓔ エントランス
● 待合空間
○ 休息空間

d. 駐車場構成

ロビー
駐車場

e. アメニティ空間構成

ロビー
アメニティ（区切無）

f. キャノピー構成

ロビー

共有部面積比率

アメニティ　滞留
待合　流動　他

敷地面積比率

病院　駐車
緑地　他

共有部延床面積比率

他　共有

周辺

公共　住宅
商業　病院

敷地

公道　駐車
緑地　病院

アメニティ配置

ロビー　食堂
購買　喫茶

Team | 大阪工業大学 前田茂樹研究室
Area | 京都府京都市下京区

ロビーが病院の顔となる

リサーチに基づき、日常に溶け込むような要素を組み込んだロビーを提案した。病院全体にも日常性が感じられるよう、道にロビーを巡らせ積層させた。また中央の吹抜けで上下のコミュニケーションを誘発し、新しいロビーの在り方を生む。

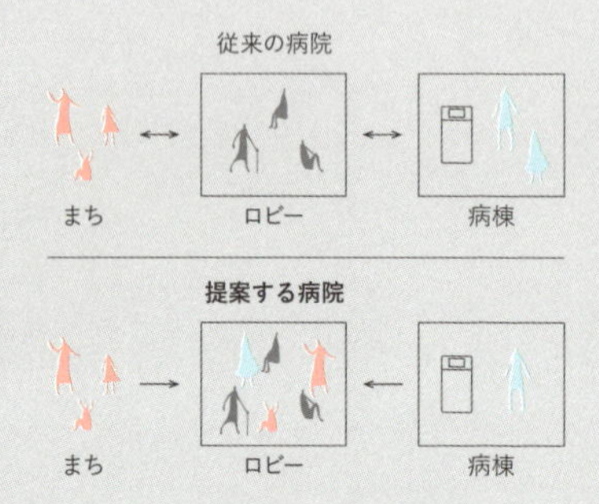

提案するロビー構成要素

リサーチを踏まえて、さらにプラス要素を与えた

要素	構成方法	効果
	アメニティの間仕切り有型・無型の どちらも兼ねる構成要素	間仕切りを動かして 空間に可変性を与える
	休息・待合空間を積層させ、外部緑地構成の プロムナード型の要素を加えた構成要素	外部からの延長により、 内部での滞留を促す
	外部緑地構成の屋上庭園型を 積層させた構成要素	ロビー内部だけでなく、 外部にも上下のつながりをつくる
	外部から入れるアメニティを プロムナード上に設けた構成要素	プロムナードで人々を引き込み、 アメニティで滞留を促す
	道路にロビーを沿わせ積層させる、 ロビー空間構成要素	道に沿わせ積層させることで、 居場所の選択肢を与える

病院全体とロビーの関係性

病院が変化し、グラフのような変化が生まれた。
病院内部にも視線の交錯が生まれ、豊かな空間ができた。

共有部－延床面積比率

既存病院　提案病院

滞留　流動　待合　他　アメニティ

管理部門
病棟部門
外来部門
ロビー
管理部門
ロビー　吹抜　病棟

Section Diagram

ロビーが病院を変える――新しい病院の提案

1階｜公園のロビー

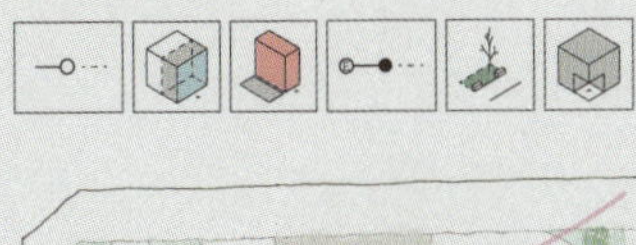

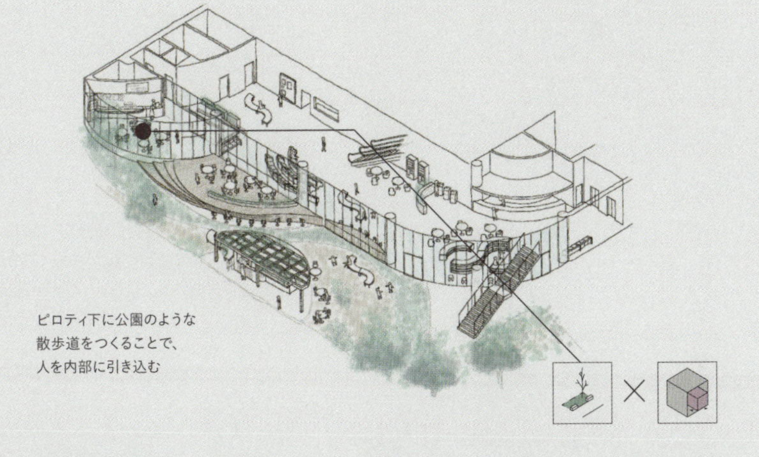

ピロティ下に公園のような
散歩道をつくることで、
人を内部に引き込む

2階｜書斎のロビー

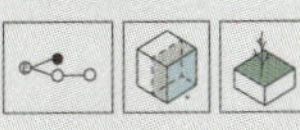

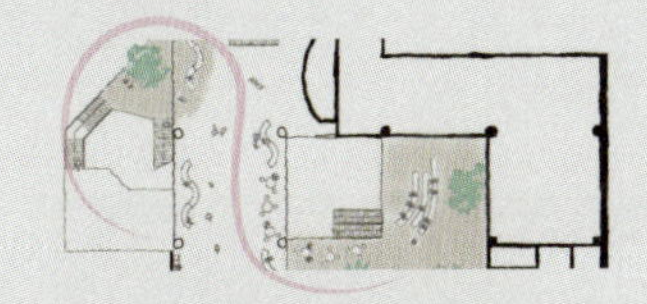

積層屋上テラスの先に内部に入ると、
外の緑が延長し、
まちとのつながりを感じる

3階｜森のロビー

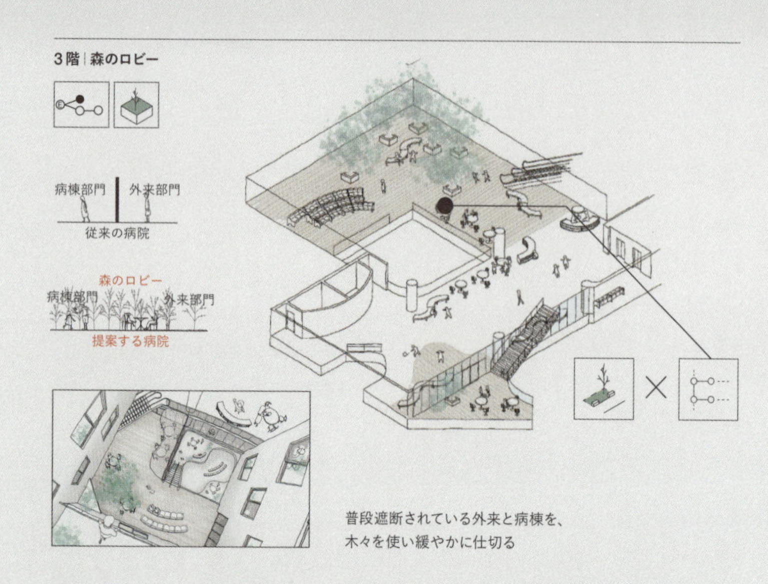

普段遮断されている外来と病棟を、
木々を使い緩やかに仕切る

6階｜ダイニングのロビー

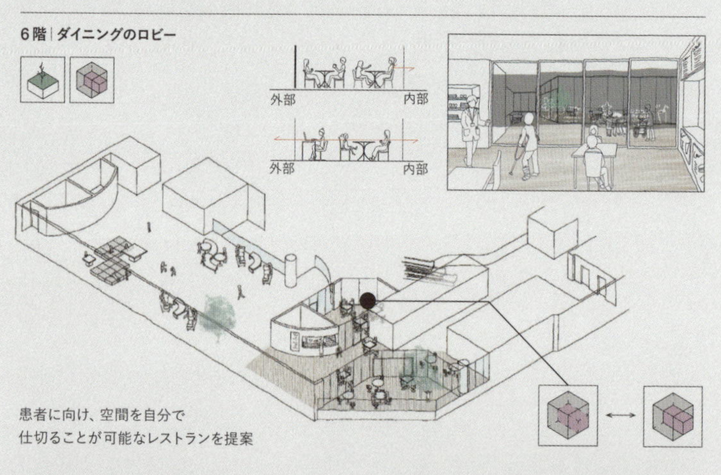

患者に向け、空間を自分で
仕切ることが可能なレストランを提案

［参加メンバーリスト］

大阪工業大学 朽木順綱研究室
–
宇田竜也
田浦克樹
舩田和希
森 友哉

大阪工業大学 前田茂樹研究室
–
岩井浩太
島野美樹
阿部彩音
田中郁帆

大阪産業大学 松本裕研究室
–
安達義人
飯田陵斗
今井直人
岩澤 大
浦﨑裕司
太田弘伸
小山翔平
金澤俊貴
佐藤 浩
田中千紘
中村友哉
福嶋瑞希
山田晃弘

京都建築専門学校
魚谷繁礼·池井健ゼミ
–
福石正幸
笹川大雅
西野奈保
池田 淳
具 泰秀
佐々木啓太
森澤一真

京都大学 田路貴浩スタジオ
–
小椋恵麻
大須賀嵩幸
川島 快
進藤拓哉
田中健一郎
中村奎吾
キミニッヒ·レア

京都工芸繊維大学
阪田弘一研究室
–
佐々木 晴
大西香苗
伊藤 響
坂根悠美

近畿大学 松岡聡研究室
–
伊東裕太郎
大野木一輝
梅河内秀成
桐山萌絵
篠原裕介
高橋茉優
辰巳 翼
田中照人
中野友梨乃
南 彰悟
宮本 昇
宗内龍弥

龍谷大学 阿部大輔ゼミ
–
石田 初
上木歩南
植田晋太郎
奥田祐香
川井千敬
越田桃子
竹本美希
松岡波里
藤井達也
山本 遼
張 嘉芪

阿部大輔｜あべ・だいすけ｜龍谷大学教授／1975年アメリカ・ハワイ州生まれ。早稲田大学卒業、東京大学大学院博士課程修了。博士（工学）。2003–06年カタルーニャ工科大学バルセロナ建築高等研究院留学、博士課程修了。東京大学特任助教、龍谷大学准教授を経て、現職。

池井 健｜いけい・たけし｜池井健建築設計事務所代表、京都建築専門学校非常勤講師／1978年愛知県生まれ。2004年京都大学大学院修士課程修了。VIDZ建築設計事務所を経て、2011年池井健建築設計事務所設立。

魚谷繁礼｜うおや・しげのり｜魚谷繁礼建築研究所代表、京都建築専門学校非常勤講師／1977年生まれ、兵庫県出身。2003年京都大学大学院修士課程修了。

朽木順綱｜くつき・よしつな｜大阪工業大学准教授／1975年京都府生まれ。2000年京都大学大学院修士課程修了。昭和設計勤務、京都大学助手、同助教を経て、現職。

阪田弘一｜さかた・こういち｜京都工芸繊維大学教授／1966年兵庫県生まれ。1992年大阪大学大学院修士課程修了。大阪大学助手、京都工芸繊維大学助教授、准教授を経て、現職。

田路貴浩｜たじ・たかひろ｜京都大学准教授、LINK DESIGN主宰／1962年熊本県生まれ。1987-88年国立パリ建築学校ラ・ヴィレット校留学、1995年京都大学大学院博士課程修了。明治大学講師、同校助教授を経て、現職。

文山達昭｜ふみやま・たつあき｜京都市都市計画局／1967年生まれ。京都大学大学院修士課程修了。建築設計事務所、GK京都を経て、現職。

前田茂樹｜まえだ・しげき｜大阪工業大学准教授、GEO-GRAPHIC DESIGN LAB.代表／1974年大阪府生まれ。1998年大阪大学建築学科卒業、2000年東京藝術大学大学院中退。ドミニク・ペロー建築設計事務所勤務を経て、2010年GEO-GRAPHIC DESIGN LAB.設立。大阪工業大学講師を経て、現職。

松岡 聡｜まつおか・さとし｜近畿大学教授、松岡聡田村裕希共同主宰／1973年愛知県生まれ。東京大学大学院博士課程満期退学。2005年松岡聡田村裕希を設立。主な設計に、「裏庭の家」「コート・ハウス」がある。主な受賞に、2014年日本建築学会教育賞（『サイト――建築の配置図集』）、2016年JIA新人賞、2018年日本建築学会作品選奨、2018年グッドデザイン賞がある。

松本 裕｜まつもと・ゆたか｜大阪産業大学准教授／1966年大阪府生まれ。1991–92年国立パリ建築学校ラ・ヴィレット校留学、2000年京都大学大学院博士課程単位取得退学、2002年国立パリ建築学校ベルビル校DEA学位取得。1994年より大阪産業大学助手を務め、同専任講師を経て、現職。

［寄稿者略歴］

浅見泰司｜あさみ・やすし｜東京大学教授／1984年東京大学大学院修士課程修了。1987年ペンシルヴァニア大学博士課程修了。東京大学講師、助教授などを経て現職。専門は、都市住宅論、都市計画、空間情報解析。

饗庭 伸｜あいば・しん｜首都大学東京教授／1971年兵庫県生まれ。1998年早稲田大学大学院博士課程単位取得退学。2003年博士（工学）取得。首都大学東京助教、准教授を経て現職。専門は、都市計画、まちづくり、建築。

大谷弘明｜おおたに・ひろあき｜株式会社日建設計常務執行役員、設計部門副統括 兼 代表／1962年大阪府生まれ。1986年東京藝術大学卒業後、日建設計入社。2018年より現職。主な設計に、「積層の家」（日本建築学会賞）、「ザ・リッツ・カールトン京都」がある。

菅谷幸弘｜すがたに・ゆきひろ｜六原まちづくり委員会委員長／1952年京都府生まれ。龍谷大学卒業。2000年より六原学区自治連合会事務局長。2011年に六原自治連合会内に六原まちづくり委員会を立ち上げ、委員長に就任。

西村孝平｜にしむら・こうへい｜株式会社八清代表取締役／1950年京都府生まれ。1973年立命館大学経営学部卒業後、積水ハウス京都営業所勤務を経て、1975年に株式会社八清入社。2002年より現職。

宮崎晃吉｜みやざき・あきよし｜HAGI STUDIO代表、一般社団法人日本まちやど協会代表理事／1982年群馬県生まれ。2008年東京藝術大学大学院修士課程修了後、磯崎新アトリエ勤務。2013年HAGI STUDIO設立。主な設計・運営に、「HAGISO」「hanare」「TAYORI」「KLASS」がある。

山崎 亮｜やまざき・りょう｜コミュニティデザイナー、studio-L代表／1973年愛知県生まれ。1999年大阪府立大学大学院修士課程修了後、建築・ランドスケープ設計事務所を経て、2005年studio-L設立。2013年東京大学大学院博士課程修了。東北芸術工科大学教授、同大学コミュニティデザイン学科学科長などを歴任。

寺川政司｜てらかわ・せいじ｜近畿大学准教授／1967年大阪府生まれ。神戸大学大学院修了。1999年CASE環境計画研究所設立。2001年CASEまちづくり研究所へ改組。専門は、ハウジング、まちづくり、都市・地域計画。

雄谷良成｜おおや・りょうせい｜社会福祉法人佛子園理事長／1961年石川県生まれ。金沢大学卒業後、青年海外協力隊でドミニカへ赴任し福祉施設建設に従事。北國新聞社、金城大学非常勤講師などを経て、現職。

あとがき

インバウンドが、これまで気にもかけていなかった都市の小さな場所を明るみに引きずり出した。地域が抱えていたひずみが一挙にふき出したようにも見える。しかし、この「インバウンド」は、現在の日本の都市を語るときの、ひとつの象徴的な言葉に過ぎない。程度の差こそあれ、都市はいつもこうして変化してきた。そして変化しながら次の変化を待ってきた。次の変化のために変化する、ともいえる。都市が大きく変わり始めたのはずいぶん以前のことだ。日本の都市は拡張をやめて、内部に向かって変化している。いまさらだが、このinbound（内向きの）は別の意味で象徴的だ。都市はますますその内奥に魅力と価値、居場所を見つけようとしている。

たとえば、民泊に関する法は年々更新され、民間の民泊ビジネスはさらにすごい速さで動いている。ストックを利用する民泊は都市の形に表れにくく、状況についていくだけで精一杯だ。都市のアーカイブなどと悠長なことは言ってはいられない。そう思われる方も多いだろう。

だから都市らしいやり方でアーカイブする。まず都市という状況がある。それが私たちの生活やビジネスにどう使えるかいろいろ試してみる。これが変化しつづける都市との対話のやり方だ。姿を隠して収集するのではなく、積極的に変化させる主体として関わる。だから都市アーカイブはまるで、等間隔に（または無作為に）、繰り返し同じ力で、都市に負荷をかけるストレステストのようなものだ。それが何のスイッチになるかを想像しながら。この正確な力のかけ方が、学生が取り組んだ「かた」というシミュレーターであり、無数の仮想トライアルのドキュメントが都市のアーカイブである。

都市アーキビスト会議2016には、8つの研究室が参加して、この内に向けたストレステストを、まさしく繰り返し議論してきた。各チームが行なったアーカイブは宿泊を通して今の都市を知る、局所的で、覗き趣味的で、いい意味でマニアックなものになった。今後も会議では、宿泊をテーマに都市の内側を見つめ続けるつもりだ。会議と出版に向けてご協力いただいた皆様には心から感謝申し上げたい。

松岡 聡

［IoUA 2016 開催記録］

4月16日（土） カンファレンス@大阪工業大学うめきたナレッジセンター
4月23日（土） ハッカソン@大阪工業大学うめきたナレッジセンター
5月15日（日） カンファレンス「アーカイブのプレゼンテーション」
@大阪工業大学うめきたナレッジセンター
5月21日（土） ハッカソン@京都工芸繊維大学テックサロン
6月18日（土） カンファレンス「かたのプレゼンテーション」
@大阪工業大学うめきたナレッジセンター
7月9日（土） ハッカソン@大阪工業大学うめきたナレッジセンター
7月24日（土） カンファレンス@大阪府立江之子島芸術創造センター
7月24日（日）－7月31日（日）
作品展示｜ギャラリートーク
@大阪府立江之子島芸術創造センター

［写真・図版クレジット］

p.036, 038–040｜阿部大輔
p.063, 122–125, 126右2点｜池井健
p.049, 102, 103右, 107｜伊東裕太郎
p.083, 085–086｜魚谷繁礼建築研究所
p.080, 082, 084｜阪田弘一
p.087, 090–096｜笹の倉舎［笹倉洋平］
p.042, 045左, 047｜スタジオムライ［鈴木正見］
p.073｜高橋康夫ほか編『図集 日本都市史』（東京大学出版会、1993年）
p.126左2点｜天理教 提供
p.045右｜Nacása & Partners［金子美由紀］
p.114, 116｜西成情報アーカイブ 所蔵
p.043上, 046｜日建設計
p.129–130, 132左｜佛子園 提供
p.076–077｜文山達昭
p.043下｜プライズ［山崎浩治］
p.044｜『文久改正新増細見京絵図大全』［部分］
（竹原好兵衛、1863年／国立国会図書館 所蔵）
p.128, 132右｜前田茂樹
p.017, 054, 057, 058, 069–070｜龍谷大学 阿部大輔ゼミ

都市アーキビスト会議ジャーナル
都市を予約する

2018年11月5日　初版第1刷発行

編者
都市アーキビスト会議／IoUA

———

松岡 聡
阿部大輔
池井 健
魚谷繁礼
朽木順綱
阪田弘一
田路貴浩
文山達昭
前田茂樹
松本 裕

———

編集
高木伸哉＋山道雄太［フリックスタジオ］
宮畑周平［瀬戸内編集デザイン研究所］

デザイン
小池俊起

発行人
馬場栄一

発行所
株式会社 建築資料研究社
〒171-0014 東京都豊島区池袋2-38-2-4F
TEL 03-3986-3239　FAX 03-3987-3256
http://www2.ksknet.co.jp/book/

印刷・製本
シナノ印刷株式会社

ISBN978-4-86358-587-4